国家社科基金
GUOJIA SHEKE JIJIN HOUQI ZIZHU XIANGMU
后期资助项目

人观 身份与意义：清江流域土家族"打喜"仪式研究

Personhood, Identity and Meaning:
A Research on the Ritual of Da Xi of the
Tujia People in Qingjiang River Basin

王丹 著

中国社会科学出版社

图书在版编目（CIP）数据

人观　身份与意义：清江流域土家族"打喜"仪式研究/王丹著.
—北京：中国社会科学出版社，2016.9
ISBN 978 - 7 - 5161 - 8796 - 8

Ⅰ.①人…　Ⅱ.①王…　Ⅲ.①土家族—宗教仪式—研究—湖北省
Ⅳ.①B928.2 ②K287.3

中国版本图书馆 CIP 数据核字（2016）第 201022 号

出 版 人	赵剑英
责任编辑	孔继萍
责任校对	郝阳洋
责任印制	李寡寡

出　　版	中国社会科学出版社
社　　址	北京鼓楼西大街甲 158 号
邮　　编	100720
网　　址	http://www.csspw.cn
发 行 部	010 - 84083685
门 市 部	010 - 84029450
经　　销	新华书店及其他书店

印　　刷	北京君升印刷有限公司
装　　订	廊坊市广阳区广增装订厂
版　　次	2016 年 9 月第 1 版
印　　次	2016 年 9 月第 1 次印刷

开　　本	710×1000 1/16
印　　张	17.5
插　　页	2
字　　数	305 千字
定　　价	65.00 元

国家社科基金后期资助项目

出 版 说 明

后期资助项目是国家社科基金设立的一类重要项目，旨在鼓励广大社科研究者潜心治学，支持基础研究多出优秀成果。它是经过严格评审，从接近完成的科研成果中遴选立项的。为扩大后期资助项目的影响，更好地推动学术发展，促进成果转化，全国哲学社会科学规划办公室按照"统一设计、统一标识、统一版式、形成系列"的总体要求，组织出版国家社科基金后期资助项目成果。

全国哲学社会科学规划办公室

序　言

王建民

　　王丹博士的这本新著是在她的博士论文基础上修改完善而成。她是民俗学硕士毕业后考取了中央民族大学人类学专业的博士研究生，随我攻读博士学位。由于她兼具民俗学和人类学两个专业的背景和她在湖北清江流域已有的田野调查基础，经过在博士学位攻读阶段的努力学习和探索，她的博士学位论文选择了这本书所呈现的田野调查地点和研究主题。仪式研究一向是人类学、民俗学专业所关注的论题之一。按照人的生命历程来说，出生仪式是人的生命过程仪式中的第一个仪式。清江流域土家族"打喜"仪式通常在新生儿满月之前举行，这一仪式使得在一个家庭添丁进口之后，新生儿及其家人身份得以确立，在亲戚和村民们共同参与、共同庆贺的一系列热热闹闹的仪式活动过程中，人们体验和分享着新成员加入的喜悦、欢愉的同时，表达了他们以人观为核心并与宇宙观相关联的生命观念，建立、巩固和调整了亲属、邻里、村落之间的社会关系，社会秩序也得到了加强和重新调适。通过田野民族志的方式探究具体场景中的仪式，是人类学田野民族志研究中非常强调的基本方法论。这种工作方式有助于深入地了解仪式本身，更有益于在仪式研究中避免陷入简单套用理论的困境。回顾国内外学术界的相关研究，我们可以发现，一些新提出的理论可能会在一定的时期里引起学界的关注，在国际学术界也会有不少人尝试用这样的理论去解释世界各地的相近文化现象，使得这些新的理论逐渐被学界所熟悉和掌握。尽管在此过程中，又会有些学者尝试对于已有的理论进行补充、完善和修改，但在一定程度上往往也会出现学术理论的"内卷化"现象。因此，一些研究者力求在研究中寻求新的突破。人类学理论突破尝试就在于扎实而细致的田野民族志。我欣喜地看到，王丹博士通过她自己的田野民族志给我们贡献了一部对于民间文化和仪式活动的认识具有启发性的著作。在仪式研究中，通过这本著作中呈现的民族志材料，我们可以看到，在作者呈现的"打喜"仪式中"打喜打嘎嘎""人到人情到""香火接到哒"三个层面的活动中，既有文化的规定性，又有人们根据各自面对的具体情形进行调整和变通的灵活性。在地方社会与外部世界的联系更加密切、社会流动性不断加强、人们必须考虑到的因素不得不更为复杂的当下，这种灵活性似乎又变得更加凸显了。王丹博士以女性特有的便利和视角，去考察和"打喜"仪式活动紧密关联的妇女坐月子习俗、女性在仪式中的参与及其阐释和感受等内容，使得读者可以在阅读中更接近这一以女性为主体的仪式，从而产生自己的认识、理解和阐释。通过田野民族志资料，这种社会关系在仪式中的复杂性也得到了更加细致的说明。主人家在"打喜"仪式主事的男女支客师、表演花鼓子的六合班、负责烹饪的焗匠和其他一些人的帮助之下，众人拾柴火焰高，各自有分工，每个参与者都有其独特的贡献，大家一起完成了这个仪式。在历史文献和田野民族志两个维度的观照下的这样关于一个仪式的描述中，我们可以更好地理解当地的社会关系，在实践场景中理解每个社会角色各自的价值和贡献。"打喜"之"打"还和仪式中的表演"打花鼓子"相关联。花鼓子歌词、曲调、舞蹈，从文学、音声和身体性的表达承载和表达着"打喜"仪式生命艺术的象征性意涵，在程式化的仪式活动中，人们通过在"打花鼓子"过程中曲目内容、舞蹈动作等表演程式方面的创造性演绎，将理性和情绪情感、程序的规定性和个人的创造性很好地放置在一起，将研究者所理解的张力或对立在艺术的更是文化的实践中消解了。我和我们的学术团队近年来对于艺术人类学的关注，正是想要从这样一个在当代社会中变得越来越重要的领域的人类学探索，在学术反思的立场上重新理解文化实践。这也正是在当代人类学学科领域中艺术人类学（anthropology of art）这一领域的学术担当。这与当地村民以礼物来同时巩固和重构社会秩序、加强和创建情感关联有着异曲同工之妙。这个有关礼物的话题也值得像我前面提到的仪式研究一样重新加以思考，当然对于从事学术研究的青年人来说，这种思考如果建立在田野民族志基础上就可能会有更大的动力。这也是我们今天的研究者应当关注的，由此可以在人们的文化实践中更好地理解曾经被严重地对立起来的、貌似二元对立的种种关系，实现新的民间知识的理解与阐释。值王丹博士的大作出版之际，她嘱我写几句话，是以为序。

目　　录

摘　　要

　　本书以清江流域土家族为庆生祈福而举办的诞生礼——"打喜"仪式为研究对象，描述和分析仪式过程的展演、时间空间的择定以及行为与语言的艺术，立足于"人观"的立场，将"打喜"仪式还原到清江土家人的生活世界中进行考察和理解，探究"打喜"仪式中社会关系建构和成员身份确立的动力机制和运行状态，探求"打喜"仪式艺术表达的意义和在清江流域土家族生命礼仪中的特殊功能，解析"打喜"仪式形成发展的历史脉络及其中包含的生命观念和文化象征，探讨"打喜"仪式与土家族其他人生仪式之间的有机联系及其内部的"文化语法"。

　　清江流域土家族"打喜"仪式的独特价值来源于它作为区域内部土家人交流和共享的仪式活动与行为艺术，来源于它作为一种"地方性知识"以及实践这种知识的创造者和传承者。"打喜"仪式透露出人类心智的共同性、土家人生活与精神的共同性，尽管这种知识植根于特定的地方性情境，之于人类和土家族整体来说不具有普适性，但是，这种知识的特殊性却成就了人类文化的多样性。

　　全书正文由六章组成，首置引论，尾有结语。

　　引论中，详细叙述选择研究清江流域土家族"打喜"仪式的由来和意义、研究现状评述、研究思路与方法，以及资料来源等。

　　第一章，基于"打喜"仪式的生成及其特点的形成离不开它所存在的区域环境的认识，本书首先选择性地介绍清江流域土家族"打喜"仪式生存与发展的自然环境和人文环境，梳理与仪式活动紧密关联的清江流域土家族妇女坐月子的习俗内容，为描写和阐释以女性为主体的"打喜"仪式奠定基础。

　　第二章，从湖北省恩施土家族苗族自治州建始县三里乡河水坪村和宜昌市长阳土家族自治县渔峡口镇双龙村举行的"打喜"仪式入手，重点描述"打喜"仪式过程的展演，突出和彰显仪式活动中生命观念的表达与现场秩序的构建，并就"打喜"仪式时间和空间的文化属性进行分析。

第三章,"打喜"仪式是一个秩序井然的过程,也是一个关系重构的过程。书中从"打喜打嘎嘎""人到人情到""香火接到哒"三个层面剖析"打喜"仪式是一种乡民共同参与、共同庆贺的仪式,分析礼物与社会秩序和情感交流的关系以及家庭、家族和社群成员身份的确立与关系的建构。

第四章,清江土家人的俗语曰:"打喜就是打花鼓子。"花鼓子歌词的文学艺术、曲调的音乐艺术、舞蹈的身体艺术是"打喜"仪式生命艺术的承载与表达,具有明确的程式化特征。同时,在程式化的表演中,自由发挥的"张力"无处不在。本章重点分析打花鼓子的曲目内容和舞蹈动作,并就花鼓子的表演程式与自由张力展开讨论。

第五章,在与土家族其他人生仪式的比较与联系中,确认"打喜"仪式生命传统的本质,分析"红事请　白事戳"的村落仪式法则和关系体系,解读花鼓子中"丑歌"的意义与价值,提炼诞生礼、婚礼和丧礼等人生仪式中生命观念表达的一致性和特殊性,寻找出清江流域土家族"人观"的独特性。

第六章,为了更深刻地感知和理解清江流域土家族的诞生礼,文中从历史和现实两个维度阐释和理析"打喜"仪式的生存土壤、生成机制和演变脉络,并借助口头记忆构建近一个世纪"打喜"仪式的历史图景。

结语从"'爱'的时空建构""'人'的关系结构""'人'的和谐生活"和"'人'的观念变迁"四个方面概括和总结清江流域土家族"打喜"仪式关于人观、身份、生命观的表述与体现。

以生命观为根本的"人观"在清江土家人的"打喜"仪式中表现得鲜明,彰显得充分。"打喜"仪式是新生儿及其家人身份确立的仪式,是社会关系建立和交流的仪式,也是社会秩序重新调适和规整的仪式。它在展现生命成长的过程中包含了清江流域土家族"个人"是如何形成与发展的认识,包含了清江流域土家族"个人""家"与"社会"密切关系的思想,包含了清江流域土家族有关人的身份与生活意义的表达。清江土家人通过语言、行为和物质等方式习得、经验和完成他们对于"人观"的认知与界定,也在时代发展和实际生活中为"打喜"仪式创造出新的形式和价值,并再创造着他们的"人观"。

关键词　清江流域土家族　"打喜"仪式　人观　身份　意义

ABSTRACT

This book studies the behaviors and art manifested and social network con-
structed through the birth celebration *Da Xi* practiced by the Tujia people in the
Qingjiang River basin. Taking the personhood as its foothold, this book tries to
explore the concept of life and the mechanism of social network construction con-
ceived in the ritual by putting the ritual back into the folk life; enquire the ar-
tistic meaning expressed by the ritual and its particular function among the whole
life rituals and its organic connection with other life rituals of the Tujia people in
the Qingjiang River basin, as well as its inherent cultural grammar.

The unique value of *Da Xi* rests in its status as an activity and artistic be-
havior practiced and enjoyed by the Tujia people in the Qingjiang River basin,
as an exhibition of local knowledge carried and inherited by the Tujia peo-
ple. The ritual of *Da Xi* shows the mind unity of mankind, the unity of life and
spirit of Tujia ethnic group. Although this kind of knowledge sets in the local en-
vironment, and is not universal to the whole Tujia ethnic group and all the hu-
man beings, its particularity contributes to the cultural diversity.

This book consists of six parts, with an introduction and a conclusion.

In the introduction, the reason and value of the choice of *Da Xi* as the sub-
ject, a review on its study history, the methods and thoughts adopted, and the
material sources are given.

Chapter One: as the ritual of *Da Xi* is formed and developed in the culture
environment and with a distinctive characteristic of local culture, first of all,
this chapter gives a brief account of the relevant natural and cultural environ-
ment of *Da Xi*, and a description of the life of Tujia women in the Qingjiang
River basin after delivering a baby, which is highly connected with the ritual
Da Xi.

Chapter Two: taking *Da Xi* performed in Heshuiping Village, Sanli Town,

JianShi County and Shuanglong Village, Yuxiakou Town, Changyang Tujia Autonomous County in Hubei province as two cases, this chapter focuses on a description of the ritual process of *Da Xi*, in order to show the expression of life view and the construction of order, as well as analyze the cultural attribute of time and space of the ritual.

Chapter Three: this chapter holds that *Da Xi* is an ordered ritual process by which social network is reconstructed, and it is participated and celebrated by all the villagers. This chapter analyses the relationship between presents and social order and emotional communication, as well as the identification of the new-born baby in the family and the construction of social order.

Chapter Four: the Drum-beating activity is an important artistic presentation of *Da Xi*, and the artistry of its lyrics, music and dancing carry on and express the artistic nature of the ritual. This chapter analyses the lyrics and dancing poses of Drum-beating activity, and discusses the pattern and casualty of the performance.

Chapter Five: by comparing with other life rituals, this chapter gives a nature of the ritual; analyses the common rules that people are invited to happy events while come unasked to funerals, and social network beneath the interaction; decodes the function and value of the blue ballads song in the drum-beating activity; extracts the conformity and particularity in the expression of life view through birth celebration, wedding ceremony and funeral, and find the unique personhood of the Tujia people in the Qingjiang River basin.

Chapter Six: in order to better understand the birth celebration *Da Xi*, its formation mechanism is explored historically and in reality. It tries to track the evolution of *Da Xi* in about one century through oral memory.

In the conclusion, thisbook summarizes the personhood, identity and meaning which the ritual of *Da Xi* formulates and embodies.

The personhood with an essence of life view is ubiquitous in the whole ritual process of *Da Xi*. *Da Xi* is such a ritual that through which the new-born baby and his other family members are identified or re-identified, social network is re-established and social order is reconstructed. This ritual shows how an individual is integrated into the family and society, as well as the idea of Tujia people that individual, family and society are closely related. By the local parole, behaviors and material culture, the Tujia people in the Qingjiang River basin learn, experience and establish their notion of person. As social changes, they are also creating new forms and granting new meanings to the ritual of *Da Xi*, and reshaping their personhood.

Key Words: the Tujia People in the Qingjiang River Basin; *Da Xi*; Personhood; Identity; Meaning

引　论

　　人生是一个过程，这个过程由一个又一个阶段组成，每个阶段有每个阶段的任务，每个阶段有每个阶段的意涵。一般而言，在每个阶段的临界点有其特定的仪式及象征符号，其中代表性的仪式有诞生礼、成年礼、婚礼和丧礼等。这些系统性的仪式及其符号标志着人生度过一个阶段，进入下一个阶段。并且人生各个阶段由许许多多文化元素聚合成一个主题，以此相互关联，完成生命的旅程。亦即诞生、成年、婚姻、死亡的仪式尽管都与生命相关，但每一种仪式在主题意义的表达和生命精神的传递等方面仍存有较大差异，这些差异外化为生命礼仪的行为和艺术表达，具体展演于仪式过程中，蕴含在符号系统里。

　　对于人生仪式的研究，目前学界通常将之确定为"过渡礼仪"。这种界定是准确的，它扣准了生命绵延的核心意义，抓住了生命过程中不同仪式活动的有机联系，暗含了人生仪式并非生命的止符，即便是丧礼，也不过是生命的"过渡"，生命过程的中转站或加油站的思想。

　　本书研究的"打喜"是清江流域土家族一个家庭在添丁进口后，为庆生祈福而举行的隆重的庆祝仪式，土家人称之为"打喜"。"打喜"即是"生了孩子，办喜事"的意思。"打喜"时，孩子母亲娘家及族人相邀一道前来祝贺，谓之"送祝米"。在这个场合，孩子的嘎嘎①是活动的主角，因此嘎嘎一方称"打喜"为"做嘎嘎"。孩子父亲家的亲友邻里届时也带着礼物赶来道喜和帮忙，因为嘎嘎是最尊贵的客人，所以孩子父亲这边来的所有客人某种程度上都是来款待和陪伴嘎嘎的，所以他们习惯上称"打喜"为"陪嘎嘎"。"打喜"之日，主人家设宴答谢亲友，也被叫做"整（办）嘎嘎酒"。宴毕，祭祖、敬神、宵夜，人们乘兴唱歌跳舞，插科打诨，热闹一宿，谓之"打花鼓子"。打花鼓子缓解了无宽裕床铺供宾

---

① 嘎嘎（音 gaga）：即外婆，是清江土家人对外祖母的称呼，有时也写成"家家"。外祖父称为嘎公，也有的把外祖母叫做女嘎嘎，外祖父叫做男嘎嘎。

客过夜的窘境,故又有"混夜""坐夜"的别称。今天,"打喜"仪式在清江流域的建始、恩施、巴东、长阳、五峰一带还广泛流传,并不断发展。

本书拟将诞生礼的"打喜"仪式置放在湖北清江流域土家族的生活之中实施考察,选取建始县三里乡河水坪村和长阳县渔峡口镇双龙村作为田野作业点,描述当下清江流域土家族"打喜"仪式的生存现状、仪式结构、符号系统等,讨论"打喜"文化谱系构成中的行为活动及其艺术表达在生命转换中的特殊性,以及诞生礼与婚礼、丧礼的联系,以期为中国诞生礼的"深度"理解和阐释提供一种新的审读视野。

第一节 选题意义与研究范围

一 选题意义

我们的研究选题是否具有意义,能否解决清江流域土家族"打喜"仪式中展现出来的一系列问题,在很大程度上取决于提出问题、分析问题和解决问题的方向与角度是否明确、是否正确和是否准确。

英国象征人类学学派大师维克多·特纳(Victor Turner)认为,任何一种人类社会都用仪式和典礼来庆祝或表达它的欢乐、悲伤和胜利。"打喜"作为清江流域土家族至今盛行的人生仪式之一,展示了清江土家人的生命观念和生活追求。全面、系统地研究"打喜"仪式可以深入理解清江流域土家族的喜庆表达方式及其背后隐藏的文化意义。

诞生礼是人类学、民俗学、社会学等学科惯常的研究课题,对它的调查和研究已经取得了较为丰硕的成果,但就中国诞生礼作出系统考察,真实、周详地记录其当下情状,精细分析其文化谱系,整体观照它与其他人生仪式之间的关联,深入探讨诞生礼在中国民众生活中的意义等则尚显欠缺。基于此,本书将清江流域土家族诞生礼的"打喜"仪式纳入土家人的生活世界当中,置放在清江特殊的文化空间内,讨论"打喜"仪式的文化谱系、生命关怀以及仪式中的行为活动、艺术表达与象征意义。具体来讲,本书研究清江流域土家族"打喜"仪式的意义体现在以下几个方面:

描写和记录当下清江流域土家族"打喜"仪式的基本情状,有效地保护和保存清江土家人的生命礼仪及其文化系统。"打喜"仪式作为诞生礼的主要环节,有零散的历史性、文化性、文学性的记载,但这些记载存在两方面的问题:其一,只记录某一个阶段或某一个文化点位;其二,只有简单的平面化描述,这势必影响到人们对清江流域土家族诞生礼文化价值的认识,影响到对"打喜"仪式中人的观念的理解。本书着重全面而翔实地记录清江流域土家族的"打喜"仪式,力图实现观察与描述的多样化和多层次化,并深入到仪式活动的内部肌理之中,揭示其间各类文化因子之间的依存关系,这将有利于保护清江土家人的生命礼仪和文化系统。

分析和诠释人生仪式的文化谱系及"文化语法"。人生仪式不是孤立的,特别是对于诞生礼、婚礼和丧礼来说,它们既有时间上的阶段性,也有文化上的延续性和共通性。本书讨论清江流域土家族"打喜"仪式不仅仅是就其礼仪本身而言,而是以诞生礼的"打喜"仪式为基点,探寻它与婚礼、丧礼等人生仪式之间的谱系性连接和特殊关系,挖掘"打喜"仪式之于清江土家人生存发展的意义。"打喜"仪式作为生命个体步入社会的一种仪式,有它自身的文化逻辑,通过深度调查和研究,笔者试图阐释清江流域土家族人生仪式存在和传递的"文化语法"。

研究清江流域土家族的"打喜"仪式,有益于观照和解读清江土家人的生活态度和生命观念。"打喜"仪式是人生社会性的开始与转换,其仪式活动承载着厚重的生命精神,包含了清江土家人对生命的认知和理解。对"打喜"仪式的考察、描述和解读,能够充分而清晰地彰显出清江流域土家族生命观念的表达及其传统法则。

研究清江流域土家族的"打喜"仪式,有益于丰富中国人类学、民俗学等学科的象征解释方法。"打喜"仪式的行为方式和艺术表达多姿多彩,这些行为和艺术有着浓厚的象征意义,且具有不同层次的象征表达。本书将在"局内人"的眼光和"局外人"的立场上,寻找契合"文化持有者"的象征解释方法,以此还原清江流域土家族"打喜"仪式行为和艺术象征的真确性。

总之,本书力图将"打喜"仪式放在生活状态中,置于生活传统里进行考察,兼及历史文献、文本分析等研究方法,以回答"打喜"仪式与清江流域土家族文化传统之间的关系、"打喜"仪式的地域性和民族性形成的文化生态、"打喜"仪式的谱系性和"打喜"仪式的行为与艺术的象征意义等问题。

"打喜"仪式既是一个文化不断积累的过程,也是一个意义渐趋生成的过程。在这个过程中交织着多方力量,也交织着多重因素,"打喜"仪式的文化生产就是在人们的生活实践和期待视野中得以进行、得以完成、得以持续。因此,本书将"打喜"仪式纳入生活传统和传统生活中,实现从更深层次上理解清江流域土家族"打喜"仪式的实质,实现从清江土家人的生命立场上阐释诞生礼以及其中"打喜"仪式的意义和价值。

二　研究范围

本书的书写与研究着力于调查、分析和描述建始县三里乡河水坪村和长阳县渔峡口镇双龙村多户人家生子"打喜"举行的仪式,进而把握和阐释当下土家族生存与发展的一个特殊的空间范围内的诞生礼仪式。这个空间范围主要是指湖北西部的清江流域,大致包括建始、恩施、巴东、五峰、长阳等县市。这里"连山叠岭和险峡急流,地僻民贫,易守难攻,历史的节拍比外围地区舒缓。北起大巴山,中经巫山,南过武陵山,止于南岭,是一条文化沉积带。古代的许多文化事象,在其他地方已经绝迹或濒临绝迹了,在这个地方却尚有遗踪可寻"①。

建始县位于湖北省西南边陲,隶属于恩施土家族苗族自治州。它东以野三河为界,连接巴东县;西以太阳河为界,毗连恩施市;南以长河、茶寮河为界,邻接鹤峰县;北至大岩岭界石垭与重庆市巫山县毗邻;西北至三县桩,与重庆市奉节、巫山两县接壤,共辖业州、红岩、高坪、景阳、官店、花坪6个镇,三里、长梁、茅田、龙坪4个乡。建始县境地势呈东北至西南走向,南北长,东西短,南北两端高,中间陷落为小盆地,版图形似蘑菇云,平均海拔1152米,少数民族人口以土家族、苗族居多。三里乡距建始县城30公里,有大小河流十条,东龙河、马水河、中坦河龙家沟形成三大流域,东龙河西流与马水河相汇,龙家沟经长梁两溪河汇入马水河,三河相汇大沙河入清江。三里乡地势西北高,东南低,中部沿东龙河、河水坪一带沿岸至蟠龙,由北而南形成12公里长的冲积河谷,呈陷落盆地。东龙河流至九母滩两岸,土地肥沃,气候温润,是建始县水稻和油菜的主产区。三里乡的山脉多呈东北至西南走向,蜿蜒连绵,属长江中下游天然林自然保护区。农田遍布于山谷平坝,夏秋季节,坡土相连,金黄一片,河水坪村就嵌缀在其中。

长阳土家族自治县地处鄂西南,隶属于宜昌市。它东邻宜都市,西接恩施州的巴东县,南毗五峰土家族自治县,北与秭归县和宜昌市交界。地势西高东低,西多高山峻岭,东多低丘河谷。境内山重水复,沟壑纵横,

---

① 张正明:《土家族研究丛书总序》,见朱炳祥《土家族文化的发生学阐释》,中央民族大学出版社1999年版,第4页。

属武陵山区，八百里清江自西向东流经全域。长阳县辖龙舟坪、磨市、都镇湾、资坵、渔峡口、榔坪、贺家坪、高家堰8个镇，大堰、鸭子口、火烧坪3个乡，土家族约占全县总人口的51%。渔峡口镇处于长阳最西端。史料记载，巴人首领廪君带领子民沿清江向西开疆拓土，行至盐阳（今渔峡口镇境内），建立了巴国都城——夷城，也留下了与盐水女神的千古爱情绝唱。在镇东0.5公里处的清江北岸，有一山峰似香炉，据考证为古夷城所在地。香炉石旁为白虎垄，相传为廪君化虎升天的墓地所在。双龙村位于渔峡口镇东南部，清江南岸，它依山而建，地势起伏较大。双龙村的主山脉形似一条巨龙，山岭珍珠寨两旁各有一口龙井，位置相对，如同龙的一双眼睛，双龙村因此而得名。村民田少林形容说："一条脊岭分东西，珍珠宝寨与天齐，大龙小龙来相会，慕珠望到龙口里。"① 双龙村与外界交流的主要通道就是清江，一条盘山公路串联全村。虽与五峰县交界，但至今交通不便，较为闭塞。

从建始到长阳是清江流域的核心地带，也是土家族文化生成、发展、传续的中心区域。这里既相对安定，又具一定的流动性，是历史上中南地区西进和西南地区东出的交通要道，因而历来就是各种文化的交汇点。清江文化既是一种地域文化，也是一种民族文化，始终留存着土家族文化的基本内核，千百年来从未中断，绵延丰富。

第二节　诞生礼仪式研究学术史

新生命降临，是一个人人生的开始，也是一个家庭的大事。在清江流域土家族，孩子一出生，父亲便要给孩子嘎嘎家报喜，接嘎嘎"洗三"，并商定"打喜"的具体时间，诚邀亲朋好友，共同庆贺。"打喜"的正日子，陪嘎嘎，敬神祖，打花鼓子。孩子满月，祭拜火神、灶神、井水神等诸神，并"出窝窝"，孩子由父母带着到嘎嘎家，也有去其他亲戚家的。"打喜到周岁没得什么活动。"② 周岁抓周，接嘎嘎，宴亲友。孩子在成长过程中可能出现一些病痛，遇到一些困难，清江土家人称之为"关煞"，如"百日关"。人们认为，孩子满百日是一个关口，极易受到疾病甚至鬼

---

① 访谈对象：田少林，访谈时间：2010年7月18日晚上，访谈地点：湖北省长阳县渔峡口镇双龙村覃孔豪家。

② 访谈对象：覃好宽，访谈时间：2011年2月23日上午，访谈地点：湖北省长阳县渔峡口镇双龙村覃好宽家。

怪的侵扰,所以这一天要格外谨慎地照顾好孩子,一般不外出。土家族有谚语云:"男怕将军箭,女怕阎王关",这是依生辰八字算出来的。男儿若带"将军箭",女儿若带"阎王关",就要采取措施以规避危害。比如,在路口用石头或者木头立一块"挡箭碑",这既是为行人指路,做好事,又可以用来抵挡恶煞的侵害。还有的人家请道士做法事解煞,或者为孩子拜继干亲,以保其健康平安地成长。"解关煞这些子现在基本都消失了,没得了。"① 12岁是清江流域土家族的人生童限,但没有特别的礼仪突出和强化这一界限。"成年没得什么界限,原来男的十二三岁就结婚,到十六岁结婚就算年纪很大了,一般女的比男的大几岁,结了婚就算成年了。"② 如今,18岁成年的观念已逐渐被清江土家人所接受。但是,"只要他结婚了,他就成年了;如果他还没结婚,那就还是爹妈的娃儿"③ 的思想依然主导着清江土家人对于成年的认定和判断。整体上看,清江流域土家族的诞生礼是以"打喜"为核心的围绕新生命孕育、护养而展开的仪式活动,且只有"打喜"保存最完整,内容最系统,并盛行至今。

诞生礼是人生仪式中的重要内容,人类学家、民俗学家和社会学家等分别从不同角度探讨人生仪式,包括诞生礼具有的生命价值和社会意义,讨论人生仪式各要素之间的有机联系及文化关系。总览国内外人生仪式的研究,成果丰富。

一 国外诞生礼仪式研究的历史与现状

仪式(rite)是人类学和民俗学的传统探究主题,早期的仪式研究着重于古典神话和仪式的诠释,理论支撑来自于人类学的古典进化论,爱德华·伯内特·泰勒(Edward Burnett Tylor)、赫伯特·斯宾塞(Herbert Spencer)、詹姆斯·乔治·弗雷泽(James George Frazer)等都是这方面的代表性学者。神话仪式学派的影响和理论方法的有效性,直接催生出人类学研究的学理规范:将仪式研究视为人类学学术传统和认知系统的重要部分,从仪式的维度研究文化事象各要素之间的关系和意义。人类学的仪式研究不仅把仪式看作宗教行为,而且人类学倾向于把仪式作为具体的社会行为来分析,考察其在整个社会结构中的地位和作用,以爱弥尔·涂尔干

---

① 访谈对象:萧国松,访谈时间:2011年2月23日上午,访谈地点:湖北省长阳县渔峡口镇双龙村覃好宽家。
② 同上。
③ 访谈对象:覃好宽、覃孔豪、田少林、萧国松,访谈时间:2011年2月23日上午,访谈地点:湖北省长阳县渔峡口镇双龙村覃好宽家。

（Émile Durkheim）、马歇尔·莫斯（Marcel Mauss）、埃德蒙·利奇（Edmund Leach）、维克多·特纳（Victor Turner）等人的研究为代表，其中贡献最为突出的是法国社会学派的涂尔干、英国功能学派的马林诺夫斯基（Bronislaw Kaspar Malinowski）和美国解释人类学派的克利福德·格尔兹（Clifford Geertz）。涂尔干厘清了作为人类经验的分类系统中仪式与信仰之间的差异，他在《宗教生活的基本形式》① 中将宗教分解为信仰和仪式两个基本范畴。循着这条路径，涂尔干把世界分解为"神圣—世俗（the sacred and the profane）"，认为信仰与仪式支撑的世界是神圣的，而与此相对的平凡的日常生活则是世俗的，并且重点讨论了"苦行仪式""模仿仪式""表现仪式或纪念仪式"以及"禳解仪式"的神圣性与世俗性及它们彼此之间的转换等学理问题。马林诺夫斯基对仪式的研究遵循了"功能主义"（functionalism）分析原则，将文化现象，包括巫术、神话、仪式等，与人类和自然的相互关系这一"功能"相连接。他认为所有的巫术和仪式从根本上说都是为了满足人们的基本需要（basic needs）。他在详细分析特洛布里恩德群岛的成年礼和丧礼的过程中认为，人生仪式是一种仪式性的、戏剧性的表达，这种仪式对于部族知识的传承、传统的延续和维护部族内聚力是一种有效的手段。结构人类学的代表克洛德·列维－斯特劳斯（Claude Levi-Strauss）认为，通过仪式的表演可以深入人类的心灵去体察人类文化的深层结构。坦姆比亚（S. J. Tambiah）则把仪式看作一种文化建构起来的象征交流系统和由一系列模式化和序列化的言语和行为组成，并且借助多种媒介表现出来的文化。格尔兹把仪式称作一种"文化表演"，在这种表演舞台和内部有严谨的"文化语法"。这种文化表演中富含符号的表述，仪式的功能就是使文化表演者确认符号所承载的"意义"的真实性，使之成为信念或信仰。他在《巴厘的人、时间、行为》② 和《深层的游戏：关于巴厘岛斗鸡的记述》③ 等文中强调，婴儿是在不断地学习符号、理解符号和应用符号的过程中逐渐开始认识自己和世界的，婴儿与母亲之间的所有手势、声音交流对婴儿来说都是符号，这些

---

① ［法］爱弥尔·涂尔干：《宗教生活的基本形式》，渠东等译，上海人民出版社 1999 年版。

② ［美］克利福德·格尔兹：《巴厘的人、时间、行为》，见［美］克利福德·格尔兹《文化的解释》，纳日碧力戈等译，上海人民出版社 1999 年版，第 415—470 页。

③ ［美］克利福德·格尔兹：《深层的游戏：关于巴厘岛斗鸡的记述》，见［美］克利福德·格尔兹《文化的解释》，纳日碧力戈等译，上海人民出版社 1999 年版，第 471—521 页。

看起来难以理解的"符号体系构成其他体系（如物理的、有机的、社会的和心理的体系等等）的模型，并在此过程中构成了——以及，在有利的场合下，在人们期待这些体系动作的方式中——（如我们所说）'理解'结构的方式。思考、概念化、程式化、领会、理解、知道你心里有什么，这些都不是在头脑里莫名其妙地发生的，而是符号化模型的状态和过程与更为广阔的真实世界的状态和过程的匹配"①。这些学者在讨论仪式和人生仪式的过程中，强调了仪式的不同功用，强调了仪式中象征符号的重要性，将仪式中的象征看作沟通社会、理解社会和表达自身观念的途径。这些观点有力地推进了考察非日常生活事件——"仪式"的不断深化，对于理解人生仪式具有重要的价值。

人生仪式的研究在国外学人那里是一个常说常新的命题，并且取得了很大成就。利奇曾经就人生仪式中人的角色问题进行了较为精辟的研讨。他在《从概念及社会的发展看人的仪式化》②和《关于时间的象征表示》③中认为，人生过渡礼仪中的青春期仪式、婚礼、丧礼都有专门的服饰、专门的食物和放纵性的行为。他意识到过渡礼仪与人生周期有关，与时间表达有关。在人生仪式中，人们采用各类形象化的隐喻表达时间，其中仪式的言语部分和行为部分有着深刻的有机联系。利奇认为，如果不重视个人和社群的文化背景，就不可能解释人生仪式的序列行为，就不可能对人生过渡礼仪的意义做出解释。在利奇看来，仪式中的过渡性质总是以身份转换表达社会秩序的混乱。

法国学者阿诺德·范·杰内普（Arnold Van Gennep）是人生仪式研究方面的杰出人物。他在《过渡礼仪》④中提出了"过渡礼仪"（the rites of passage）的思想，认为个体或群体在生存发展中都将经历从一种状态到另一种状态的过渡，即"过渡礼仪"，该礼仪包括分隔仪式（rites of separation）、边缘仪式（rites of margin）和聚合仪式（rites of aggregation）。分隔仪式可称为阈限前（preliminal）仪式，边缘仪式可称为阈限（liminal）仪式，聚合仪式可称为阈限后（postliminal）仪式。"过渡礼

---

① [美]克利福德·格尔兹《作为文化体系的意识形态》，见[美]克利福德·格尔兹《文化的解释》，纳日碧力戈等译，上海人民出版社1999年版，第241—242页。

② [英]埃蒙德·R.利奇：《从概念及社会的发展看人的仪式化》，见史宗主编《20世纪西方宗教人类学文选》（下卷），上海三联书店1995年版，第503—511页。

③ [英]埃蒙德·R.利奇：《关于时间的象征表示》，见史宗主编《20世纪西方宗教人类学文选》（下卷），上海三联书店1995年版，第486—502页。

④ Arnold Van Gennep, *The Rites of Passage*, Trans. by Monika B. Vizedom and Gabrielle L. Caffe, Introd. by Solon T. Kimball, Chicago: University of Chicago Press, 1960.

仪"适合于对人生各阶段的礼仪分析，适合于对岁时节庆、巫术等生活文化的研究。在范·杰内普看来，过渡礼仪的实现表现在诸多方面，其中过渡礼仪的空间是封闭性的，即新成员在经过边缘仪式后再聚合到原来的群体中，这是一种直线式的地域或空间的边缘过渡。范·杰内普指出，一个人从出生到死亡要经历不同阶段的过渡，每个阶段都会在仪式活动中进行社会关系和家庭关系的调整，确认自我在社群和家庭中的身份和恰当的位置。范·杰内普提出的三个不同阶段的过渡仪式，各自隐含着不同的象征意义。象征分离往往在分隔仪式中，诞生礼和婚礼则更多地体现边缘仪式和聚合仪式。过渡礼仪中的分隔、边缘和聚合，通常表现为人开始在稳定的状态中，然后进入脱离群体而处于中介状态，此时，仪式的当事人的身份变得模糊起来，最后拥有清晰的身份角色而处于稳定的状态中，拥有先前没有的权利与义务，所有的角色转换都是由仪式完成，由仪式中一系列象征性行为和符号完成。范·杰内普在过渡礼仪上尽管没有明确强调"整个社会事实"，但十分注意"仪式的社会意义"。他强调，对礼仪的研究不应是静态的，脱离社会背景的，要注意到"动力性"问题。范·杰内普晚年时高度评价了这部著作："坦白地说，虽然我并不太看重我的其他著作，但《过渡礼仪》就像我身上的一块肉。它是我彷徨了近十年，犹如内心里突然出现一束光明驱散了黑暗后所带来的结果。"① 继范·杰内普之后，美国学者特纳对"过渡礼仪"中的"边缘仪式"模式产生了浓厚兴趣，并有了创新的研究。如果说范·杰内普的"边缘仪式"或"阈限仪式"是为了说明从一种状态到另一种状态的过渡进程是分离或降低于正常社会活动的话，那么，特纳的"阈限性"（liminality）观念是从有序世界之外的视角来看，是"确定正常社会生活类属之前的模糊阶段"。

特纳继承了范·杰内普对仪式的研究策略，继续就仪式内部过程进行分析，他将仪式作为结构性冲突的模型来认识，于1969年出版了《仪式过程：结构与反结构》②。特纳的仪式理论以社会结构（structure of society）和交融（communitas）为核心，涵括了社会关系建立起来的稳定结构和具体的、历史的建立的个体关系，从结构与交融的维度讨论社会与个体的关系。他认为在过渡礼仪的阈限时期，"过渡者"在结构上是"不可见

① 转引自张举文《重认"过渡礼仪"模式中的"边缘礼仪"》，载《民间文化论坛》2006年第3期。
② ［英］维克多·特纳：《仪式过程：结构与反结构》，黄剑波、柳传赞译，中国人民大学出版社2006年版。

的",但是在形体上是可见的。他将人的社会关系状态分为日常状态和仪式状态两种类型。日常状态中,人们的社会关系保持相对固定或稳定的结构模式,即关系中的每个人都处于一定的"位置结构";仪式状态是一种处于稳定结构之间的"反结构"现象,是仪式前后两个稳定状态的转换过程。特纳认为,围绕着仪式而展开的日常状态—仪式状态—日常状态这一过程,是一个"结构—反结构—结构"的过程,它可以通过仪式过程中的行为,重新构筑和强化社会地位的差异结构。特纳指出,过渡礼仪的功能在于提高过渡者的地位。韦兹丹(Monika B. Vizedom)则对范·杰内普的过渡礼仪提出了批评,他指出:"尽管哲乃普清楚地认识到个体作为一个整体应该与社会群体分开考虑,并在这一点上批判涂凯姆,但是他没能认真考虑个人经历礼仪的动力性会是什么,或者说没能仔细检验在某社会中的一系列礼仪与该社会的典型生活的关系如何⋯⋯进一步的问题留给了后人。"①

　　试图以"人观"(personhood)作为理论研究对象讨论人生仪式,是人类学晚近的尝试。法国学者莫斯在 *Sociology and Psychology* 一书中提出了 persona 和 individual 两个相对的概念。persona 是社会所给予的人的观念,individual 是指生物意义上的个体,而 self 多偏重于心理学的层面。自莫斯发表 "A Category of the Human Mind: the Notion of Person; the Notion of Self" 研究以来,人类学有关人观的著作就试图指出"自我""个人"有其社会历史发展的背景,认为人观随着社会情境、社会角色的改变而界定其内涵,并且认为躯体上的实体与人的观念有密切关系。莫斯关于人的观念的阐释涵括了人生仪式方面的思想,后来,在人类学研究领域,因功能主义学派的支配地位,莫斯开创的人观研究被忽视。20 世纪 50 年代,列维－斯特劳斯指出莫斯关于人的观念讨论具有独立自主性,关于人的观念形成的仪式性的自主性,然而,人类学界一直尚未从人观维度专题性地探讨人生仪式。不过,在许多民族志报告中,依然包括有不少界定"自我"的社会脉络、构成"自我"的成分、被界定的"自我"之界限范围、"自我"的本质之量度与强度等主题的资料。

　　20 世纪 60 年代后,格尔兹对巴厘社会的诸多称号/称谓体系予以分析,这些都是巴厘日常社会生活中最常使用的符号。"亲属称谓"和"从

---

① Monika Vizedom, *Rites and Relationships: Rites of Passage and Contemporary Anthropology*, Beverly Hills, London: SAGE Publications, 1976, p. 20. 转引自张举文《重认"过渡礼仪"模式中的"边缘礼仪"》,载《民间文化论坛》2006 年第 3 期。

子名"等称号体系被视为巴厘人获得秩序感的文化手段，而且他认为每一种称号的作用在于强调和加强个人之间关系中隐含的标准化、理想化和普遍化，即巴厘个人身份观念中的去人化、去个性化。正是格尔兹从人观的立场讨论了巴厘人的日常生活世界，总结出巴厘人在人观上的去人化、时间观念上的去时间化和社会交际的仪式化，从而解开了巴厘人文化结构的密码。格尔兹解释文化中的人和文化运行中人的因素，为揭示婴儿的人化和社会化讨论提供了有益的启示。格尔兹在探析巴厘人的人的观念时，试图使用个人的名字、亲属称谓、亲从子名制、身份上的名位、公众名位等，证明他们对人的看法，但是，这种做法仍然无法贴近巴厘人对人的主观观点。

莫斯的学生路易·迪蒙（Louis Dumont）在 Homo Hierarchicus 中对印度种姓制度进行研究，着力证明阶层（hierarchy）的基本原则——纯净与非纯净（the pure and the impure）是了解种姓制度所必需的，从中也发现印度人的人的观念来自于他们的种姓制度。迪蒙不仅指出印度人的人的观念存在于其社会整体中，而且强调人的终极价值观或世界观在了解人观上的重要性，他开创了人类学家透过被研究者的世界观或宗教信仰来了解被研究者对人的主观看法。① 迪蒙认为，对人、生命与自我的不同看法才是最深刻的文化差异的表现。由于迪蒙的研究侧重于种姓制度，所以，人生仪式在其研究成果中很少提及。

雷纳托·罗萨尔多（Renato Rosaldo）调查研究了菲律宾吕宋岛北部的伊隆戈人（Ilongot）。在他看来，伊隆戈人的人的观念是动态的，它可以随着个人经验的增加而增加知识的成分，减少感情的成分，而且其人的观念完全能够在日常生活中得到体现，而非存在于抽象的概念中。换句话说，由实际生活的经验，每个人都在改变知识与感情的成分与比例，从而组合成一个特定的人。② 由此可见，人的观念在不同的社会文化中，有其不同的表现方式。

事实上，人类学对不同文化中人观的研究已有久远的历史。美国历史学派代表人物弗朗兹·博厄斯（Franz Boas）就一直强调只有长期的田野工作，才能了解土著的心理活动和思维特征。随后，他的弟子继续发展了

① Louis Dumont, *Homo Hierarchicus*: *The Caste System and its Implications*, London: George Weidenfeld and Nicolson Ltd, 1970；［法］路易·迪蒙：《论个体主义：对现代意识形态的人类学观点》，谷方译，上海人民出版社 2003 年版。
② ［法］罗纳多·罗萨尔多：《伊隆戈人的猎头：一项社会与历史的研究（1883—1974）》，张经纬、黄向春、黄瑜译，北京大学出版社 2011 年版。

他的思想,形成了文化与人格学派和心理人类学的研究,着重从文化与地理的互动关系层面,探究文化现象的特质和成因。马林诺夫斯基深受欧洲人类学传统的影响,他在实证研究的名著《西太平洋的航海者》一书的结尾处写道:"研究土著人最令我感兴趣的,是他对事物的看法、他的世界观、他所呼吸的生命气息和他生活在其中的现实。每一种文化都给他的成员某种确定的世界观、某种确定的对生命的激情。漫步人类历史、游历世界各地,最令我入迷的是能够从不同的、为某文化所独有的角度体谅生命和世界,并由此激励我深入探究其他文化,理解其他类型的生活。"①时至今日,这仍然是人类学对人观研究意义的最好诠释。法国社会学派对于人类心智和精神世界及其发展历程的研究作为一种传统被继承和发扬。

20世纪80年代以后,学者们试图从比较的视角讨论不同民族"人"的观念的差异性和相似性,其中人生仪式的研究成为内容之一。近20年来有关人观的探讨,反思文化与人格研究中注重心理学的行为主义及方法上的实证主义的倾向,进而强调被研究者主观上对人的看法的重要性,强调"个体""自我"与"社会人"在每种社会文化中的自我界定及其关系。但是,我们也看到人观研究往往注重一般现象的表达而忽视了特殊仪式中文化表达的意义,忽视了人的观念的自主性与生命礼仪之间的联系,忽视了人观如何被被研究者接受、经验、发展与改变,乃至运用和再创造人观。

二　中国诞生礼仪式研究的批评与反思

国内学界对人生仪式的研究得益于对仪式文化的关注。早在20世纪二三十年代,岑家梧在《图腾艺术史》②中以"图腾艺术"为研究对象,将世界各地的图腾艺术按文学、装饰、雕刻、图画、跳舞、音乐等分类,分门别类地收录书中,阐述图腾艺术产生的原理、功能及其象征意义,并且清楚地给出了艺术产生的场景、时间等相关信息。20世纪五六十年代,全国掀起了大规模的民族社会历史调查热潮,其中就涉及了大量仪式艺术的资料,包括人生仪式的调查材料,不过,这些资料基本上以描述为主,谈不上对仪式象征的理论探求。

20世纪80年代以来,一大批人类学工作者将西方新近的人类学研究

---

① 　[英]马凌诺斯基:《西太平洋的航海者》,梁永佳、李绍明译,华夏出版社2002年版,第446页。
② 　岑家梧:《图腾艺术史》,商务印书馆1937年版。

成果推介给国人，使采用人类学方法研究仪式中的艺术逐渐得到学人的认同，一些美学、艺术学学者开始依托人类学理论与方法解释仪式的艺术行为。但是，这多数仍然是对艺术文本的阐释，缺少对整体文化的把握和理解。随着调查的深入，民间仪式中艺术与音乐的关系成为学界关心的重要内容，诸如杨民康的《贝叶礼赞——傣族南传佛教节庆仪式音乐研究》①、薛艺兵的《神圣的娱乐——中国民间祭祀仪式及其音乐的人类学研究》②、马盛德和曹娅丽的《人神共舞：青海宗教祭祀舞蹈考察与研究》③ 等。这些仪式艺术的研究成果为诞生礼仪式及其艺术行为的研究提供了可资借鉴的路径。

中国学者从人观角度研究人生仪式较为显著的成果集中体现在黄应贵主编的《人观 意义与社会》④ 中。这本论文集收录了 14 位学者从历史、宗教、社会、文化和人生仪式等方面对人观的研究成果，尤其引人注意的是许功明从排湾人丧葬制度讨论人观、陈文德从卑南人生命过程探究人观的文章。黄应贵在分析布农人"人"的观念与意识的时候，比较了非洲、新几内亚、大洋洲的不同部落的"人"的观念，指出了"人"的观念的自主性与生命礼仪之间的关系。在《东埔社布农人的社会生活》⑤ 一书中，黄应贵专门探讨了"人观与仪式"，谈到了传统布农人对人的看法，描述和分析了他们的生命仪礼以及他们与周遭人、物之间的关系，指出"传统布农人经由他们传统的生命礼仪来表现并经验他们传统的人的观念。更透过生命礼仪的不断履行或实践，使得他们的传统的人的观念得以不断地再生、持续下去"。简美玲、刘涂中《坐家、莱姑、自梳女：人观、女性结群与中国南方婚后双居的区域性初探》⑥ 一文从贵州东部高地苗人的"坐家"、福建惠安的"不住家"和广东顺德的"不落家"的双居制现象切入，探析三个地方社会之婚后居现象中结伴情感及其趋向的相同和差异，通过地方社会对于一个女人生命之完整意义的界定，对于女人生前和死后祭拜与安身世界之安置的连续过程，来理解经由不同地方社会

---

① 杨民康：《贝叶礼赞——傣族南传佛教节庆仪式音乐研究》，宗教文化出版社 2003 年版。

② 薛艺兵：《神圣的娱乐——中国民间祭祀仪式及其音乐的人类学研究》，方志出版社 2003 年版。

③ 马盛德、曹娅丽：《人神共舞：青海宗教祭祀舞蹈考察与研究》，文化艺术出版社 2005 年版。

④ 黄应贵主编：《人观 意义与社会》，台北"中研院"民族学研究所 1993 年版。

⑤ 黄应贵：《东埔社布农人的社会生活》，台北"中研院"民族学研究所 1992 年版。

⑥ 张江华、张佩国主编：《区域文化与地方社会"区域社会与文化类型"国际学术研讨会论文集》，学林出版社 2011 年版，第 343—362 页。

的习俗所形成的区域性特质及其背后所显现出的女性人观。应该说,着力于从生命礼仪来研究人观的命题具有创新性。

　　诞生礼一直是中国古代文献典籍记录的传统内容。《礼记·月令》记载了先秦时期朝廷举行的求子仪式;《礼记·内则》记录了生男生女报喜存在的差别;《礼记·檀弓上》记叙了周代人如何为孩子取名,等等。东汉王充《论衡·命义》提到了妇女孕期的禁忌;北齐颜之推《颜氏家训·风操》描述了南北朝时期人们为孩童举行"抓周"仪式的过程;宋代吴自牧《梦粱录》谈到了宋代杭州人为新生儿"洗三朝"的活动,等等。至于在历史文献中出现与诞生礼相关的社会现象和文化事象就更多了,诸如《后汉书·西南夷列传》《搜神记》《蛮书》《山海经》等都有诸多民族生育和诞生方面的神话和传说,这些建立在实际诞生礼基础上的文学建构为后人了解中国早期社会诞生礼的基本面貌提供了极佳的认识途径,也充分体现了记录者对诞生礼的认知和理解。钟敬文主编的《中国民俗史》[1] 和陈高华、徐吉军主编的《中国风俗通史》[2] 均利用古文献对先秦、汉魏、隋唐、宋金辽元、明清等各个时期各地的诞生礼俗进行了描述。

　　诞生礼属于生育文化的一部分,在长期的生产生活实践中形成了一整套观念、信仰、风俗习惯、价值标准、仪礼规范、行为方式等,对它的研究关涉人类学、民俗学、民族学、社会学、人口学等诸多学科领域。20世纪40年代,费孝通写有《乡土中国　生育制度》[3] 一书,该著作论述了家庭所担负的有关生育子女的若干理论问题,其中包括配偶的选择、婚姻关系、家庭组织、父母的权力、世代的隔膜、社会继替、亲属的扩展等。之后较多讨论生育习俗,与诞生礼相关的著作有李银河的《生育与村落文化》[4],彭希哲、戴星翼主编的《中国农村社区生育文化》[5],但这两本著作侧重于社会学和人口学的阐析。从社会学的角度研究诞生礼更多地倾向于探讨儿童社会化的问题。社会学家们认为诞生礼是儿童社会化的第一步,并详细讨论这个阶段社会化的具体行为及其对儿童生活的影响。宋兆麟的《中国生育信仰》[6] 较详尽地阐释了中国生育信仰的历史发展、

---

　　① 钟敬文主编:《中国民俗史》,人民出版社 2008 年版。
　　② 陈高华、徐吉军主编:《中国风俗通史》,上海文艺出版社 2001 年版。
　　③ 费孝通:《乡土中国　生育制度》,北京大学出版社 1998 年版。
　　④ 李银河:《生育与村落文化》,中国社会科学出版社 1994 年版。
　　⑤ 彭希哲、戴星翼主编:《中国农村社区生育文化》,华东师范大学出版社 1996 年版。
　　⑥ 宋兆麟:《中国生育信仰》,上海文艺出版社 1999 年版。

表现形式、社会功能等方面的内容，展示了我国宏观与微观两个层面的生育信仰状况。王晓丽的《中国民间的生育信仰》[①] 指出，我国生育信仰的核心生育观是"生育至上"。刘咏聪的《中国古代的育儿》[②]，吴格言的《中国古代求子习俗》[③]，杨筑慧的《中国西南民族生育文化研究》[④]，张一兵的《生育文化》[⑤]，郑晓江、万建中主编的《中国生育文化大观》[⑥]，赵国华的《生殖崇拜文化论》[⑦]，傅道彬的《中国生殖崇拜文化论》[⑧]，杜芳琴的《生育文化的历史考察》[⑨] 等论著，分别对我国各地各民族自古及今的生育文化做了比较系统的探析，其中不乏对诞生礼的叙述和分析。但是，这些著作主要把诞生礼作为一种生育现象和社会现象来看待，并没有深入讨论诞生礼的文化结构及其意义。

总体而言，中国关于人生仪式，包括诞生礼的研究成果主要有以下几个方面：

运用西方过渡礼仪理论分析中国人生仪式中的现象。我国学人引进和理解"过渡礼仪"理论源自对范·杰内普著作的翻译。1932 年，杨堃就注意到《过渡礼仪》一书，他将范·杰内普翻译成汪继乃波，"过渡礼仪"翻译成"过路仪式"。吴泽霖在《人类学词典》中将"过渡礼仪"译为"生命转变礼仪"（包括分离、过渡、组合）。何星亮对范·杰内普的理论进行了较为详细的介绍与解析。中国台湾学者李亦园曾就过渡礼仪理论讨论了中国文化的特殊性问题。另外，如翁玲玲的《从外人到自己人——通过仪式的转换意义》[⑩] 以中国汉族"坐月子"习俗为例，探讨媳妇的身份转换、社会关系网络建构和权力资源分配等情况。

侧重对我国各民族各地区人生仪式的介绍和梳理。比如邢莉的《图说中国诞生礼仪》[⑪] 以图文的形式介绍了中国诞生礼，认为诞生礼包括人

① 王晓丽：《中国民间的生育信仰》，社会科学文献出版社 1999 年版。

② 刘咏聪：《中国古代的育儿》，商务印书馆国际有限公司 1997 年版。

③ 吴格言：《中国古代求子习俗》，山花文艺出版社 1995 年版。

④ 杨筑慧：《中国西南民族生育文化研究》，中央民族大学出版社 2006 年版。

⑤ 张一兵：《生育文化》，北方文艺出版社 1991 年版。

⑥ 郑晓江、万建中主编：《中国生育文化大观》，百花洲文艺出版社 1999 年版。

⑦ 赵国华：《生殖崇拜文化论》，中国社会科学出版社 1996 年版。

⑧ 傅道彬：《中国生殖崇拜文化论》，湖北人民出版社 1990 年版。

⑨ 杜芳琴：《生育文化的历史考察》，见李小江、朱虹、董秀玉主编《性别与中国》，生活·读书·新知三联书店 1994 年版，第 305—322 页。

⑩ 翁玲玲：《从外人到自己人——通过仪式的转换意义》，载《广西民族学院学报》2004 年第 6 期。

⑪ 邢莉：《图说中国诞生礼仪》，世界图书出版公司 2007 年版。

们生育过程中的一系列行为、仪式和信仰,诸如求子、婚俗、诞生、抚育等方面,累积着劳动人民的生产智慧、生活经验、医药知识、民间信仰等。万建中的《中国民俗通志·生养志》① 和《民间诞生礼俗》② 依凭大量文献梳理和叙述了中国人从"生"到"养"的过程以及在这个过程中存在和体现的诸多习俗,阐释了生养习俗的意涵。

从文化象征和交流的立场解读人生仪式。比如阎云翔的《礼物的流动》③ 从互惠的原则上探讨了各类仪式场合,也包括诞生礼仪式中礼物交换、馈赠的特殊价值。沿着这条研究路线,陈兴贵的《土家族人生仪式中礼物馈赠的文化解读》④、李禧的《湘西土家族育儿礼俗探研》⑤ 等,都就诞生礼中的礼物流动和社会关系建立及其特有的象征进行了分析和描述。

从地域角度和民族角度探析人生仪式,除了梳理其流变之外,还用大量民族志材料研讨了人生仪式具有的特殊功能和价值。罗承松、李娅玲的《拉祜族人生仪礼及其变迁》⑥ 完整理析了拉祜族的人生仪礼变迁以及它们在拉祜族民众生活中的意义。管彦波的《礼仪圈中的西南民族服饰》⑦讨论了民族服饰与人生仪式之间的关系,并就西南民族服饰映射出来的文化思想给予了阐释。张小娟的《论满月仪式中巫婆与花婆信仰的关系》⑧详细记录了壮族满月仪式的过程,指出巫婆为婴儿招魂,并借助花婆的神力,保佑婴儿生命安全的情状,进而揭示壮族满月仪式与巫术之间的关系。

至于土家族诞生礼,当前多只是一些零星的记录和单篇文章的介绍,缺少精深的研究。比如,明清时期至今的一些土家族地方志、民族志著作简要记录了这一仪式,但大多缺失或模糊了对曾经和现在存续的诞生礼时间和空间的叙述。杨昌鑫的《土家族风俗志》⑨、周兴茂的《土家学概

①　万建中:《中国民俗通志·生养志》,山东教育出版社 2005 年版。
②　万建中:《民间诞生礼俗》,中国社会出版社 2008 年版。
③　[美] 阎云翔:《礼物的流动》,李放春、刘瑜译,上海人民出版社 1999 年版。
④　陈兴贵:《土家族人生仪式中礼物馈赠的文化解读》,载《湖北民族学院学报》2007 年第 6 期。
⑤　李禧:《湘西土家族育儿礼俗探研》,载《东南文化》2005 年第 1 期。
⑥　罗承松、李娅玲:《拉祜族人生仪礼及其变迁》,载《思茅师范高等专科学校学报》2006 年第 2 期。
⑦　管彦波:《礼仪圈中的西南民族服饰》,载《西南师范大学学报》1998 年第 4 期。
⑧　张小娟:《论满月仪式中巫婆与花婆信仰的关系》,载《柳州师专学报》2009 年第 2 期。
⑨　杨昌鑫编:《土家族风俗志》,中央民族学院出版社 1989 年版。

论》①、曹毅的《土家族民间文化散论》②、刘伦文的《母语存留区土家族社会与文化》③ 等均将诞生礼放入人生仪式中进行了描述。在土家族诞生礼仪式研究中，有涉及"打喜"行为和艺术表达的关切，比如周兴茂的《土家族的四大礼仪及其人文价值》④ 对土家族诞生礼、婚礼、丧礼和寿礼分别进行了叙写和论述。田世高的《土家族的打喜花鼓》⑤、胡献锦的《土家族传统民间舞蹈"花鼓子"初探》⑥ 等，都对"打喜"仪式中的花鼓子进行了文化艺术的分析。当然，还有一些著作涉及土家族诞生礼的学理讨论，但这些论析只看到诞生礼的表面形式，却未能较好地发掘现象背后的结构关系以及由此生发的社会意义和生命价值。萧洪恩的《土家族仪典文化哲学研究》⑦ 立意从哲学立场研究土家族仪典文化，不过，深入到仪典内部挖掘其蕴含的哲学观念和绵密的仪式关系仍有待推进。

由于中国诞生礼研究存在着只看片段、未看到整体，只看到个性化因子、未看到各个因子之间的联系等不尽如人意的地方，由于清江流域土家族诞生礼缺乏系统记录和深入理析，这就激发笔者从人类学与民俗学相结合的视角调查和探究这一特定文化空间中土家人的诞生礼。本书期望通过对当下清江土家人举行的诞生礼"打喜"仪式的调研，以人观为研究的基本维度，全面展现清江流域土家族"打喜"仪式的整体情状，充分探讨"打喜"之于清江土家人生命延续和生命表达的特殊价值和功能，深入阐析"打喜"仪式中的行为与艺术及其符号背后的象征意义。

第三节 研究的问题及其可行性

一 问题的设定

本书的研究主要回答三个方面的问题：

第一，清江流域土家族"打喜"仪式的文化谱系。围绕拟设的论题，

---

① 周兴茂：《土家学概论》，贵州民族出版社2004年版。
② 曹毅：《土家族民间文化散论》，中央民族大学出版社2002年版。
③ 刘伦文：《母语存留区土家族社会与文化》，民族出版社2006年版。
④ 周兴茂：《土家族的四大礼仪及其人文价值》，载《重庆三峡学院学报》2003年第5期。
⑤ 田世高：《土家族的打喜花鼓》，载《民族音乐研究》2000年第2期。
⑥ 胡锦献：《土家族传统民间舞蹈"花鼓子"初探》，载《重庆文理学院学报》2007年第6期。
⑦ 萧洪恩：《土家族仪典文化哲学研究》，中央民族大学出版社2002年版。

从清江土家人"打喜"仪式现场的调查和描述中建立问题意识。从求子习俗、生育习俗、护子习俗等方面入手,讨论清江流域土家族"打喜"仪式中传统礼仪之于"人"的结构与反结构之间的关系,讨论"打喜"仪式行为与艺术符号表达的象征意义。在清江流域土家族"打喜"仪式文化谱系研究中,重点阐释"打喜"阶段呈现出来的艺术表达的符号象征体系。

第二,"打喜"仪式与清江流域土家族的生命观念。这个问题的解答侧重两个层面:一是将"打喜"仪式放在特殊的时空场域中进行考察,解读仪式中诸多传统元素涵括的生命精神;二是比较作为诞生礼的"打喜"仪式与婚礼、丧礼表达生命观念的相似性与差异性。

第三,从人观的立场,讨论清江流域土家族"打喜"仪式的社会化和个性化的特点,讨论"打喜"仪式过程中社会关系的建构。在传统土家人那里,人的观念是通过生命礼仪来表达的。透过这些仪式的实践过程,清江土家人不仅继续繁衍原有的人的观念,而且亲身经历并创造人的观念,尽管个人在仪式实践过程中各有不同的身份角色差异,尤其是在感受上存在差异,对人的观念产生不同的经验。本书将生命礼仪的所有生命元素,包括生命的延续、生命的价值、生命的保护等,作为清江流域土家族人的观念的主体部分,在当代"打喜"仪式的考察中,从参加人员、现场情境、仪式过程和符号表达等方面来分析"打喜"仪式之于家族成员、姻亲关系、聚落社会在交往联系中表现出来的特点及意义、价值。

二 研究的可行性

清江流域土家族"打喜"仪式的行为、艺术和文化意义的阐释是可操作和可进行的。这种研究的可行性主要体现在如下方面:

人从诞生之时起,就在不断地接触社会,感知社会,创造社会。他在社会传统中成长,他逐渐被社会化。"打喜"仪式正好处在新生个体确认个人身份和建立社会关系的第一阶段,有许多行为和符号潜隐着特殊的含义。因此,讨论这一阶段仪式的文化象征及其意义表达就成为可能。

"打喜"仪式是由诸多传统元素和时代元素组成的,这些元素体现了清江流域土家族的个性特征和传统的时代性。而传统文化和时代元素由丰富多彩的行为和艺术形式得以彰显,它们有机地集合成完整的"打喜"仪式及其文化谱系。所以,研讨"打喜"仪式的文化谱系以及行为和艺术的有机联系就有了具体可把握的依托。

"打喜"仪式是非日常生活的时刻,这种非日常性与日常生活之间是相互依存的，且在一定场景下可以彼此转化。构成"打喜"仪式"非日常性"的组合元素有哪些？它们是如何投射到家族关系和社会关系中的，这些问题都能够从"打喜"仪式研究中找到精确的答案。

为了更好、更深入地研究"打喜"仪式中的行为和艺术的象征意义，笔者进入清江流域建始县和长阳县土家人的"打喜"仪式现场实施观察、访谈与记录。土家族广泛分布于我国的湖北、湖南、重庆和贵州等地，这些区域连成一片，均属山区丘陵地带，武陵山、大娄山、大巴山等横贯其间，酉水、澧水、清江、溇水、乌江等纵横交错。清江是长江流经湖北省的第二大支流，至今仍是土家人主要的生活区域。土家人生活的清江流域山高谷狭，林深树茂，江河水碧，交通不便。这里是巴文明的发祥地之一，也是土家族文化的发源地之一。古老的巴文化与荆楚文化频繁交汇碰撞，沉积为特色鲜明的地方民族文化，诸如诞生礼的打花鼓子、丧礼的跳撒叶儿嗬①以及由此衍生的各类民间艺术活动依然十分盛行。

清江流域发掘有距今 215 万年至 195 万年的"建始人"化石、距今 19.5 万年的"长阳人"化石，发现有距今 13 万年左右的伴峡小洞遗址、距今 12 万年至 9 万年的鲢鱼山遗址和距今 2 万年的伴峡榨洞遗址等，还有"巴人故里"武落钟离山（今恨山）、"巴都夷城"香炉石等。清江两岸的考古遗层从旧石器时代开始就没有中断，并且文化层级十分清晰。清江流域的土家族文化丰厚，境内的文化传统绵延不绝。这就为考察清江土家人"打喜"仪式的文化传续和剖析他们生命精神的表达提供了历史文化根基。

清江土家人重视生命，重视生命礼仪。他们的生命礼仪复杂而丰富，尽管发生了时代性的变化，但是，生活在大山深处的土家人仍旧沿袭着"打喜"仪式的传统，仍然通过"打喜"仪式中的一系列符号传达自己的生命诉求。清江流域土家族认为生命是循环的，所以，无论是诞生，还是死亡，他们都要唱、要跳、要歌、要舞、要喜、要贺。在这里，以"打喜"为核心的诞生礼和以"跳撒叶儿嗬"为中心的丧礼都被认为是生命开始的祝福仪式和转换仪式，其中张扬出来的强烈而独特的热爱生命的态度与精神昭示了清江土家人豪迈豁达、乐观向上的生存智慧。这些为从整体上解读清江流域土家族"打喜"仪式的生命观念提供了可能。

总之，在清江流域展开土家族诞生礼"打喜"仪式行为和艺术表达

① 跳撒叶儿嗬：清江流域土家族一种独特的丧葬仪式。土家山寨每有老人辞世，四山五岭的乡亲们都会赶到孝家，在堂屋亡人的灵柩前，男人们载歌载舞，女人们围观助兴，通宵达旦，送老人最后一程。因其歌词中有衬音"撒叶儿嗬"，所以被称作跳撒叶儿嗬，也叫打丧鼓或者跳丧。

的研究不仅可行,而且具有深远的意义。

三　研究难度

"打喜"仪式过程依托于特殊的空间和特定的时间里的活动主体,因此,"打喜"仪式的空间不但是物理空间,而且是有着深厚文化意蕴的关系系统。在调查现场,如何捕捉"打喜"仪式的符号意义和礼仪空间展现的家族关系、社会关系,如何将这些意义和关系很好地描述出来,如何将"打喜"仪式的传统元素精准地、系统地予以观察和描写,成为清江流域土家族"打喜"仪式研究的一个难点。

"打喜"仪式是人生社会化的一个阶段,这个阶段是如何体现出清江流域土家族婴孩社会化的特殊性;在社会化过程中,哪些元素是最主要的,哪些元素是辅助性的;社会化与社会关系的构建在"打喜"仪式中是以怎样的方式进行与表达的,这些既是研究的重点,也是研究的难点。

"打喜"仪式如何体现清江流域土家族对生命的认知和理解;"打喜"仪式中有哪些特殊的符号和行为;清江土家人的生命精神是如何在仪式中得以表达和表现,即"打喜"仪式通过艺术符号展示的生命精神与土家人日常生活中生命精神表达的一致性和差异性;"打喜"仪式与其他人生仪式的关联性以及由此而生成的文化意义和历史价值成为本书关注和研究的重点和难点。

第四节　研究方法及资料来源

一　研究方法

因不同的研究方法被引入不同的研究领域,学科理论体系及其分支学科才能够最终确立自己的"合法"地位。解释清江流域土家族"打喜"仪式的意义和价值离不开有效的研究方法。针对诞生礼及"打喜"仪式研究的现状和对已有研究的反思,本书的研究主要采用以下方法:

(一)文献考据研究法:诞生礼的产生很早,土家族的诞生礼以及"打喜"仪式也不例外,因此,在讨论清江流域土家族"打喜"仪式的时候,必须梳理诞生礼以及"打喜"仪式的缘起及其演化脉络,这就需要采用大量的考古资料和文献资料。文献考据研究法的运用主要是:利用考古资料,充分挖掘清江流域土家族诞生礼的发生、发展和演变;利用文献资料，尤其是宋代以后的地方志资料，整理清江土家人的诞生礼和"打喜"仪式的记录，在此基础上建构清江流域土家族"打喜"仪式传统的基本面貌，并且观照历史上地方文化精英对"打喜"仪式记录的侧重点，以此探索清江流域土家族"打喜"的文化主旨和民众在诞生礼中寄寓的人生追求。

（二）整体研讨方法：这种方法的采用主要体现在两个方面：将现有清江流域文献记录的"打喜"仪式予以全面搜集整理，诸如地方志、民族志和民间文化的相关资料；将"打喜"仪式放在特定时空中考察，系统观照"打喜"仪式及相关的所有信息。也就是说，不仅要关注业已记录下来的清江流域土家族"打喜"仪式的资料，还应该将"打喜"仪式置于特殊的生长环境中，置于特殊的历史场域和现实情境中，在纵横交织的文化关系中理解清江土家人的"打喜"仪式；同时，也应该关切"打喜"仪式具有的个性化和时代性特点，而理解这些必须在具体而深入的田野考察中展开，体悟"打喜"仪式的各种行为与艺术表演。本书力图通过整体研讨方法，完成对清江流域土家族"打喜"仪式的动态建构，最大限度地恢复清江土家人"打喜"仪式的真实面貌。

在限定的"打喜"仪式的文化空间里，我们既把这种空间看作文化空间，又把它当作举行"打喜"仪式的现实生活空间，这个空间既不是目前政府划定的行政空间，也非自然村落空间，而是笔者在长期田野调查中，从学理的高度进行认识和界定的一个文化和现实空间，所以，这个空间既具有行政区域的特点，也有自然村落的性质。在该空间内，人们的生产、生活、历史和现实都将纳入诞生礼的研究视阈中，把它作为包含着一个历史意义和现实存在的文化整体，在这个整体内阅读和理解"打喜"仪式。解释以"打喜"为核心的整体内部各种结构关系的有机联系及其生成的意义，将"打喜"仪式举行的空间视为关系空间来讨论。

基于上述整体研讨的层次，在建构"打喜"仪式和其他文化关系的过程中，我们能够多方位、多侧面、多层次地对"打喜"仪式实施考察，从而更加真实地理解"打喜"仪式在清江土家人生活中存在的意义。

（三）比较研究法：笔者对清江流域土家族"打喜"仪式的研究，除了探讨"打喜"仪式的历史脉络以及与其他文化的关系以外，更多地关注"打喜"仪式构建的仪式空间中的各种关系，这些关系不是虚幻空洞的，而是植根于具体实在的生活中。为了更好地提炼出清江流域土家族"打喜"仪式的生命精神和文化思想，比较研究也就成为不能不用的方法了。

在限定的文化空间内,土家人的"打喜"仪式既有着极强的共同性,也有着家庭和村落的差异性,这就要求选取有典型性和代表性的地区和家庭的"打喜"仪式进行调查,选取的研究对象应该最大限度地表现"打喜"仪式的传统面貌和现代生存情态。

清江流域土家族的"打喜"仪式与其他地区土家族的诞生礼是否有内在联系,与周边地区民族的诞生礼是否有关系,"打喜"仪式与其他相关文化之间的关联,这些均离不开比较研究的方法。

本书采用比较研究方法,立足于当代"打喜"仪式的文化层面,即共时的比较。"共时的比较,总是假定比较的对象是处在同一时间平面上的,同时还假定它们是静态的和固定不变的。"① 虽然每一次"打喜"仪式的举行总是即时的和瞬间的,但是,每一次"打喜"仪式都是对清江流域土家族传统的表达和再现,笔者尽量将"打喜"仪式的过程描述下来,尽量在过程和结果中讨论"打喜"仪式的行为属性和艺术表达的意义。在研究清江流域土家族"打喜"仪式的时候,笔者不是单方面地描述、单方面地比较,而是在比较中试图去重建"打喜"仪式的文化传统。诚如索绪尔所言,"如果重建的唯一方法是比较,那么,反过来说,比较的唯一目的也只是为了重建"②。同时,也在比较中试图凸显清江流域土家族"打喜"仪式的文化个性和生命关怀的特殊性。

(四)民族志研究法:"打喜"仪式既是一个历史演化过程,又是一个文化继承过程,更为重要的是,"打喜"仪式的当代形态具备浓重的活性特征。因此, "打喜"仪式民族志式的调查和研究,就显得特别重要了。

费孝通曾经指出:"一个在实地研究过的人应该明白,问题并不仅是研究者不在现场,因为研究者尽管身在现场,而对于现场的种种现象可以视而不见,听而不闻。所以对社会人类学的研究工作来说,实地调查是个比较可以得到科学性较强的资料的方法。但不应满足于现场去呼吸新鲜空气而已,还要掌握一套科学的理论来指导现场观察,就是还要解决观察什么样的问题。"③ 研究清江流域土家族"打喜"仪式,在民族志理论方法

---

① 刘魁立:《历史比较研究法与历史类型学研究》,见刘魁立《刘魁立民俗学论集》,上海文艺出版社 1998 年版,第 101 页。

② [瑞士]费尔迪南·德·索绪尔:《普通语言学教程》,高名凯译,商务印书馆 2002 年版,第 305 页。

③ 费孝通:《从马林诺夫斯基老师学习文化论的体会》,见周星、王铭铭主编《社会文化人类学讲演集》,天津人民出版社 1996 年版,第 11 页。

的指导下，笔者深刻认识到"打喜"仪式并非单一的文化现象，它常常与其他社会文化现象黏合在一起。在清江土家人看来，他们创造的文化是一个整体性的生活系统。这就决定了在观察、记录和阐释"打喜"仪式的时候，不能离开田野民族志的研究方法。通过田野调查，不仅记录"打喜"仪式现场的完整过程，而且要观照与"打喜"仪式相关的所有活动，也就是说，将"打喜"仪式置放于地方传统和民间生活当中来研究。

田野资料的获得，民族志研究方法的运用十分关键。全面且有重点地调查和记录与土家族"打喜"仪式有关的清江流域的历史、民俗和信仰等情况；观察、访谈和感受参加"打喜"仪式的所有人员，包括举行"打喜"仪式的家庭的成员，如孩子的父母、祖父母、外祖父母及其相互关系，乡邻的参与与体验，等等。这些既是田野工作最基本的目标，也是建构"打喜"仪式阐释理论的基础。

清江流域已有不少"打喜"仪式被采录上来，形成了较丰富的书面文本资料。但这些资料由于记录的时空性质和主观倾向等，其真实性和科学性必须仔细甄别。因此，要将原来记载的书面材料放到田野中去，放到"打喜"仪式的现场与原先记录的仪式过程中实施周详的比较，以此来洞悉清江流域土家族在继承"打喜"仪式传统和发展传统方面的贡献。这就要求在考察"打喜"仪式的时候，充分利用田野民族志研究方法的优势，为阐析清江流域土家族"打喜"仪式行为和艺术的真确性做好基础工作。

民族志作为本书的重要研究方法，是笔者研究清江流域土家族"打喜"仪式的一种视角，这种视角源于选取清江流域土家族"打喜"仪式当代时段的情状进行的深入调查。至于清江流域庞大的民间知识体系，非笔者个人能够全面把握，所以，选取"打喜"仪式具体案例作为进入田野和学理探讨的视点，以此贯穿田野研究的全过程，进而增强田野工作的理论意义和阐释力。

除了上面四种主要研究方法以外，本书在梳理"打喜"仪式的历史，尤其是20世纪清江流域土家族"打喜"仪式的时候，必然依凭大量的口述资料。这些资料的获取，笔者更多运用口述历史研究法，以期尽可能全面有效地反映"打喜"仪式以及与"打喜"仪式相关的各类文化的关系。因此，口述史研究也就成为一种行之有效的研究方法了。

二 资料来源

本书将"打喜"仪式放在清江流域土家族具体的仪式场域加以研究，

该仪式既是一种象征仪式,又是一种家庭和社会事件,有相对固定的传统过程,又不乏灵活的生活内容,因此,从田野里、从文献中获取真实可靠的资料是构思与写作的前提。资料的丰富是进行研究和书写的第一步。从现阶段来讲,本书的资料来源主要有田野调查资料和文献典籍资料两个方面。

(一)田野调查资料

这部分资料主要是笔者在清江流域,尤其是其核心地带的建始和长阳等地进行田野调查搜集的诞生礼和"打喜"仪式以及与"打喜"仪式有关的各种资料。这些资料包括清江土家人"打喜"仪式现场的仪式过程;与当地老百姓的访谈,特别是与熟知这方面地方知识的人员的访谈;对当地文化人士的采访,等等。

(二)文献典籍资料

本书将对前人关于仪式和"打喜"仪式研究的成果加以有选择、有鉴别的吸纳和引用。这些资料主要包括:

田野调查文化区间的人类学、民俗学、民间文学和宗教学等资料,凡关涉清江流域土家族社会、历史、文化等方面的书面资料,均被纳入参阅的资料范围。

地方志资料是本书重要的参考文献。从清江流域土家族地方志文献记录中考察历史上的"打喜"仪式基本情况,以此回溯和讨论当下清江土家人"打喜"仪式的文化根脉。

借鉴国外理论,尤其是仪式、人观和文化结构等方面的理论成果,从阅读相关论著中获得有意义、有启发的新思路,为本书的写作奠定坚实的理论基础。

总之,本书的资料来源是丰富的,也是多样的,它是笔者完成田野调查和研究工作的必要前提。

第一章 "打喜"仪式的文化生境

"生境"在生物学意义上大致指生命生存的具体环境，通常包含水分、土壤、温度、阳光等相关的环境因子。"打喜"仪式的生成、发展及其特点与它所存在的区域环境有着密切关系，"文化生境"的考察和描述就是将各种现实要素，包括生态环境、地理区位、历史传统等视为影响清江流域土家族生育文化和生命体演进的作用力，以此探究"打喜"仪式的生存根基。

第一节 "打喜"仪式的自然环境

发源于恩施土家族苗族自治州利川市西部齐岳山东南麓的清江，是长江流经湖北省境内的第二大支流，主要流经利川、恩施、宣恩、建始、巴东、长阳、宜都等 7 个县市，它时而奔腾，时而荡漾于武陵山脉和大巴山脉交汇处的群山万壑之中，终至宜都的陆城注入长江。整个清江流域地跨恩施州的利川、咸丰、恩施、宣恩、建始、巴东、鹤峰和宜昌市的五峰、长阳、宜都等 10 个县市，土家族的"打喜"仪式就广泛流行于清江流域的恩施、建始、巴东、长阳、五峰等县市。这一带地形以山地为主，交通不便，发展滞后，属于我国老、少、边、穷、库地区。这里的大山、大河交相映衬，相依相伴，一条条河流如同一道道白练缠绕着翠绿葱郁的山川，其中最夺目的就是清江了。

清江古称"夷水"，又名"盐水"，其名与源在《禹贡》《汉书·地理志》《通典》《太平寰宇记》《文献通考》《太平御览》等典籍中均有记载。比如《后汉书·南蛮西南夷列传》注中记有："施州清江县水，一名盐水，源出清江县西都亭山。"清江全长 423 千米，从海拔 1500—2000 米的源头到海拔不足 200 米的长江入口，落差达 1300 多米。郦道元在《水经注·夷水》中写道，夷水因"水色清照，十丈分沙石"而得名"清江"。

图1-1　清江山水（王丹　摄影）

清江主道平阔，澄清明亮，于山川沟壑之间奔驰跳跃，如活力四射的少年；于田畴平畈之际穿行流淌，如温婉可人的少女，变幻多姿而又端庄壮美。清江水系发育成熟，支流密布，主要有忠建河、马水河、野三河、龙王河、招徕河、丹水、渔洋河等，整体呈羽状分布。依照地貌和水系特征，清江沿岸地域可分为上、中、下三段，中游河段多处在高山峡谷之中，重峦叠嶂，坡度较大，大致从恩施市到长阳县资坵镇，全程160千米，落差280米。清江一线除利川、恩施和建始境内的三个小盆地和河滩附近的三个冲积扇平地外，其他地区基本是山地，山地面积占总面积的80%以上。

清江两岸陡峭的山崖、险峻的峡谷、繁复的地形，深深印刻于行走过清江的人的心里。清末民初的地理学家杨守敬在《水经注疏》中这样写道：

　　余尝由清江上溯，至长阳之资坵，舟行止此，其间滩险以数十百计，两岸山峡壁立处，较巫峡又狭数倍。由资坵以上，则崎岖更甚。其水有悬崖数十丈若瀑布者，必不可通舟。若古时又有江水并流，势力漫山溢谷，非唯险逾三峡，将沙渠很山之间无居民矣。①

---

① 杨守敬、熊会贞疏：《水经注疏》（下），江苏古籍出版社1989年版，第3055页。

驰骋在崇山峻岭中的清江蜿蜒曲折，江道滩沱多、险、密。一首《清江吟》生动形象地描绘道："峰峦重叠锁天骄，钱塘一怒脱链逃，冲破群山无险阻，叠成险滩逐浪涛，更欲天公挥天斧，汇集清流傲清高，追上长江东流去，沧海一跃归老巢。"旧时清江并非所有的水域都可以通航，仅长阳县资坵镇以下可季节性航行，这一段也因滩头暗沱多而充满了危险。长阳有歌唱："清江滩多水又恶，要过九弯十八沱。大水怕的膀子石，小水怕的猫子滩，七难八鱼共九洲，七十二滩上资坵。"① 这些险要的滩沱自然给当时土家人的生存带来巨大威胁。

时宽时窄的江道，时陡时缓的地势，逢遇洪水暴发，生活在清江两岸的土家人就要遭受灾害，蒙受损失。譬如，历代长阳县志中就有不少清江水灾的记载。仅清代，乾隆五十三年（1788年）："清江大水，坏城郭，漂没沿江田庐无算。"咸丰十年（1860年）："夏五月，大雨如注，日夜不绝，清江骤涨，坏城邑，平地水深六尺，沿江冲没田舍无算。"光绪九年（1883年）："六月初六日，清江大水，坏田宅无算。"新编《长阳县志》记载：1949—1985年的36年间，（全县）大水灾年份有7年，间隔期平均为5年左右。36年中只有4年无水灾，32年中发生的大小水灾共44次，平均每年1.1次。② 从这个意义上讲，清江既是一条土家族的母亲河，也是一条灾难之河，它一方面滋养着世世代代的土家人，另一方面也不断摧毁着土家人辛勤耕耘的家园。

清江逶迤于大山之间，其北部为巫山山脉，东南部和中部是武陵山脉，西部是齐岳山脉，三大山脉在清江流域呈现不同的走向，河流交错穿梭在山川之中，地形地貌极其复杂。比如，建始县由清江切分为南北两个部分，清江以南属于武陵山脉，清江以北属于巫山山脉。巫山山脉从建始县北部入境，绕伸东南，构成建始县境内的主干山脉，并且伸展至清江北岸；武陵山脉沿县境与恩施市、鹤峰县交界地带延展至清江以南。

清江一线山峰与平坝落差极大，山峰与山峰之间彼此阻隔，这既造化了隽美之景，又致使交通险阻。因山路崎岖，忽岭忽谷，行路艰难，很多地方不得不忍受"经年不食盐，昏夜不点灯"之苦。清人顾彩在《容美记游》中写道："武陵地广袤数千里，山环水复，中多迷津……夫其以地广人稀，山险迷闷，入其中者不辨东西南北……皆在群山万壑之中，然道

---

① 长阳土家族自治县文化局编：《中国歌谣集成湖北卷·长阳土家族自治县歌谣分册》，长阳土家族自治县印刷厂1988年版，第174—175页。
② 湖北省长阳土家族自治县地方志编纂委员会编纂：《长阳县志》，中国城市出版社1992年版，第107页。

路险侧，不可以舟车，虽贵人至此，亦舍马而徒行，或令其土人背负，其险处一夫当关、万夫莫入。宜乎自古迄今，不能改土而设流也。"[①] 由此也生成了一个相对独立的生态单元。不难想见，局域性的气候和地貌养成的生态环境和生存境况，造就了清江流域土家族封闭传统的民俗心态，也为动植物的生长提供了天然庇护所。

　　清江流域的动植物资源丰富，是我国动植物分布多样性的典型地区。"山则有熊豕鹿麂，豺狼虎豹，诸兽成群结队，咸若共性；水则有双鳞、石鲫、重唇诸色之鱼，举网即得，其味脆美而甘。时而持枪入山，则兽物所在必获，时而持钓于河，则水族终至盈筒，食品之佳其山肴水鱼，虽山珍海味，龙脑凤髓未有能出其右者。其小物苦竹鸡、白雉鸡、毛野鸡、凤凰锦鸡、上宿鸡、土香鸡，真有数之不尽，用之不竭之慨。"[②] 动物物种有禽类、畜类、兽类、鱼类、虾类、蟹类、贝类等，共计146科，500多种。植物资源包括林木类松、杉、柏、桐、棕、槐、檀、漆等，竹类有金竹、水竹、紫竹、冬竹、窝竹等，种类齐全，类型众多。这里还生长了栀果、木瓜、杜仲、天麻、黄柏、芍药、独活、厚朴等名贵药材，以及核桃、板栗、白果、枇杷、山楂、猕猴桃等果类植物，还有茶、桑、菇、木耳、烟叶、魔芋等经济作物。地下矿产也十分丰富，有煤、铁、硒、磷、锰、汞、硫铁、铅锌、赤土、硅石、石灰岩、白云岩、粉砂岩、耐火黏土等各类矿物70余种。

　　清江流域属于中亚热带季风性山地湿润气候，受地形影响，冬天不严寒，夏日不酷暑，光照充足，雨量充沛，雨热同季。这里气温随海拔增高而降低，雨量随海拔递高而增多，有"山高一丈，大不一样"的说法。流域内湿气较重，山多坪少，自山腰以上常笼罩在浓浓的雾霭之中，令人有云蒸霞蔚之感，田畴村舍忽隐忽现，缥缈悠然，这便是清江土家人生活的自然景致。

　　地貌气候对于人类文明的发生和发展有着重要作用，不同气候条件下出现的不同文明类型尽管不能完全归结为气候的影响，但是，地貌气候培育的文化环境、人性德行都作用着文化品格的形成。因此，清江流域的自然物候对于构成土家族文化类型的特殊性具有特别的功用。

---

① （清）顾彩：《容美记游》，见中共五峰县委统战部、县民族工作办公室，中共鹤峰县委统战部、县史志编纂办公室编印《容美土司史料汇编》，1984年版，第296页。

② 鹤峰山羊隘：《向氏族谱》，见鄂西土家族苗族自治州民族事务委员会编《鄂西少数民族史料辑录》，1986年版，第91页。

第二节　"打喜"仪式的人文环境

清江流域土家族以清江为魂，以大山为灵，创造了中国南方典型的山地农耕文化，过着"一层麻布一层风，十层麻布也过冬。饱餐稀饭懒豆腐，格兜火畔热烘烘"① 的简朴生活。早期，土家人农耕劳作，兼营渔猎，"刀耕火种，以渔猎为业"②。峡江的施南府人"负弩农暇，郎以渔猎为事"③ 的场景处处可见。由于地处山区，在艰辛的农业耕作中，刀耕火种烧畲田的习俗得以形成，且延续时间很长，影响很大。宋代范成大《畲耕》诗序曰："畲田，峡中刀耕火种之地也。春初砍山，众木尽蹶，至当耕时，伺有雨候，则前一夕火之，借其灰以粪。明日耕作，乘热土下种，则苗盛倍收。"清代《恩施县志》载："乡间僻处，男坐家中，接宾客饮酒，而刀耕火种，皆妇女。"这种"刀耕火种""力于田亩"④ 的农耕劳作方式变革为大规模的农业生产，时间较为晚近。史书中记载寇准到巴东劝民垦殖，是宋代的事情。可以说，刀耕火种烧畲田的农耕经济生活直到中华人民共和国成立前还不同程度地影响着清江流域土家族地区。

农事虽繁重，耕耘虽辛劳，清江土家人依然情绪高涨，精神饱满，天真烂漫。"栽秧插禾满村啼，正是栽秧插禾时。口唱秧歌骑秧马，晚来还带鲊包归。"⑤ 这股田间的芬芳、这种劳动的快乐、这份乡野的妙趣，似平淡，却祥和，映现着清江土家人悠然自得、积极向上的生命情怀。

山高林密，平坝谷地少，大山深谷多，因而"居民鲜少"⑥。清江流域土家族就在"土广人稀，荒山未辟，畅茂繁殖"⑦ 的境况中谋求生存与发展。土地贫瘠，有的连片区域甚至连一块相对平整的耕地都没有。"司中地土瘠薄，三寸以下皆石，耕种止可三熟，则又废而别垦，故民无常

---

① 杨发兴、陈金祥编注：《彭秋潭诗注》，中国三峡出版社1997年版，第190—191页。
② （明）王锡修，张时纂：《归州全志》卷上"风俗"，见《天一阁藏明代方志选刊续编》，上海书店据明嘉靖刊本影印，1990年，第62页。
③ （清）松林、周庆榕纂修：《增修施南府志》卷一"地理志"，同治十年（1871年）。
④ （清）廖思树、肖佩声纂修：《巴东县志》卷一"舆地纪"，同治五年（1866年）。
⑤ 杨发兴、陈金祥编注：《彭秋潭诗注》，中国三峡出版社1997年版，第184页。
⑥ 汪应辰：《文定集》卷四"御札再问蜀中旱歉"，《四库全书》本。
⑦ （清）松林、周庆榕纂修：《增修施南府志》卷十一"食货志"，同治十年（1871年）。

业,官不税租。有大麦,无小麦,间有之面色如灰,不可食。种荞与豆则宜。"① 靠天吃饭的土家人"屋漏偏逢连夜雨",他们又常遇水灾、旱灾、雹灾等自然灾害,这样最基本的粮食需求也无法得到保障。很多时候,他们不得不"以葛粉、蕨粉和以盐豆贮袋中,水溲会之。或苦荞大豆,虽有大米,留以待客,不敢食也"②。"蕨粉、葛粉荒年尤多,二者相得乃成。"③

依山择地而居的土家人多以种植苞谷(玉米)、洋芋(土豆)、薯类等作为口粮。"乡民居高者,恃苞谷为正粮,居下者恃甘薯为救济正粮。……郡中最高之山,地气苦寒,居民多种洋芋。……各邑年岁,以高山收成定丰歉。民食稻者十之三,食杂粮者十之七。"④ 土家人将苞谷粉和稻米一起做成饭食,称作"金包银的饭",还有炕洋芋、烤红薯、葛根粉等。此外,为了果腹,能够食用的竹笋、天蒜、野菜等也都进入土家人采集的食物之列。"民食所资,杂粮为多",于是"乡人于农隙之后以猎兽捕鱼为事"⑤。

清江流域土家族饮食上喜酸辣,俗语曰:"筷子碗一端,少不得咸辣酸。"旧志谓"丛岩幽谷中,水泉冷冽,岚瘴郁蒸,非辛辣不足以温胃健脾"。酸辣能祛除因潮湿引发的身体不适。夏秋之交,辣椒成熟,土家族家家户户都要腌制、磨制、晒制各种各样的辣椒制品,或直接当菜食用,或作为佐料备用。入冬杀年猪,将肉剁成长块,再用盐腌制,吊挂在火塘或者灶头烟熏火烤,经月即成美味鲜香的腊肉,尤以腊蹄子、腊坐墩子(猪后腿连带后臀肉)为珍品。逢年过节抑或宴请宾客,土家人多作筵席款待。"邑俗,客至款饭。遇节,相互宴饮。姻家显贵,依时款,或十簋、或八簋一火锅、或五簋四盘、或四簋二盘不等。"⑥ 民间百姓则将筵席上比较讲究的菜肴统称为"十碗八扣",即除第一碗和最后一碗不加扣碗以外,其余菜肴均加扣碗上席。当然随着生产的发展、物资的丰裕,而今多数筵席上菜肴已不止十碗,做法也在发生着变化。

---

① (清)顾彩:《容美记游》,见中共五峰县委统战部、县民族工作办公室,中共鹤峰县委统战部、县史志编纂办公室编印《容美土司史料汇编》,1984 年,第 337 页。

② 同上书,第 320 页。

③ 同上书,第 338 页。

④ (清)松林、周庆榕纂修:《增修施南府志》卷十,同治十年(1871 年)。

⑤ (清)张金澜等修:《宣恩县志》卷十"风土志",同治二年(1863 年)。

⑥ 民国《长阳县志》(稿)整理编辑委员会整理,陈金祥校勘:《长阳县志》(民国二十五年纂修)卷七"风俗",方志出版社 2005 年版,第 143 页。

清江土家人"民风淳厚，不尚奢华""入山愈深，其淳愈浓"①。人们友好往来，和睦共处。"蕨饭馨香咂酒甜，小机当户织双缣。与人钱财都抛却，交易唯求一撮盐。"② 相传，清代容美土司田舜年每有佳肴必赠，屡次诚恳挽留，临别时"慷慨欷歔，泣数行下"③。这里流传着这样一句土谚："日日聚财不为富，天天待客不得穷。"《巴东县志》载："惟家里人客至，则系豚开酒坛泡之以为敬……（猪）肘至膝以上全而献之，谓之脚宝，特以奉尊客，切肉方三寸许，谓之拳肉。酒以碗酌，非此不为敬。"④ 乡民常聚首畅谈作乐，宾客来家，美酒必不可少。长阳旧志载："乡人好酒，俗虽陋而风古。"在土家族的饮酒习俗中，以竹管、芦秆、麦秆或藤枝吸饮的"咂酒"最为独特。《恩施县志》记载："俗以曲蘖和杂粮于坛中，久之成酒，饮时开坛以沸汤，置竹管其中，曰'咂篁'；先以一人吸'咂篁'，曰'开坛'，然后彼此轮吸。"⑤《长乐县志》也曾绘声绘色地描述："土司有亲宾宴会，以吃咂酒抹坛为敬。咂酒抹坛者，谓前客以竿吸酒，以巾拭竿，请他客也。酒以糯米酿成，封于坛中。款客则取置堂荣正中，沃以沸令满，以细竹通节为竿，插透坛底。堂中则陈鸡肉、蔬果。碗用粗三级者曰莲花碗；肉以两头盖通碗口为度，谓之过桥。每一坛设桌一，桌上位及两旁，则各置箸一，而不设座。客至以次列座。左右毕，主人呼长妇开坛肃客。妇出，正容端肃，随取沸汤一碗，于坛侧就竿一吸毕，注水于坛，不歉不溢谓之恰好。每客一吸，主人一注水。前客吸过赴桌，再举箸，而后客来，彼此不以为歉也。凡吸歉溢皆罚再吸，故酒虽薄亦多醉。主客喧哗，随意唱蛮歌、俚曲，欢然而散。但不吸者，主人亦不强。今闻其酒尚有旧俗，略变。"⑥ 土家族亦饮茶好烟，客至，必奉茶上烟为敬。茶香酒甘的欢畅与热闹展示了清江流域土家族豪迈粗犷、热情友善的民族性格以及团结互助、坦诚豁达的人生态度。"邑中风气，乡村厚于城市，过客不裹粮，投宿寻饭无不应者。入山愈深，其俗愈厚。"⑦ 淳朴的乡风、豪爽的秉性、乐善的情怀成为土家人世代生存与进

① （清）李勷修，何远鉴、张钧纂：《来凤县志》卷二十八"风俗志"，同治五年（1866年）。
② （清）顾彩著，吴柏森校注：《容美纪游》，湖北人民出版社1998年版，第357页。
③ 同上书，第360页。
④ （清）廖思树、肖佩声纂修：《巴东县志》，同治五年（1866年）。
⑤ （清）多寿、罗凌汉纂修：《恩施县志》卷七"风俗志"，同治七年（1868年）。
⑥ （清）李焕春原本，郭敦祐续修：《长乐县志》卷十六"杂纪志"，光绪元年（1875年）增刻本。
⑦ （清）李勷修，何远鉴、张钧纂：《来凤县志》，同治五年（1866年）。

取的根基和动力。

"不唱不喊,不得一天到晚。""一日三餐歌拌饭,夜里睡觉歌枕头。"
"三天两头不唱歌,喉咙就像虫子梭。逢年过节连更唱,两口子床前也盘
歌。"诸多的土家族谚语俗句表明清江土家人创造和承继着厚重的歌唱传
统。清江河里流淌着歌,武陵山中回荡着歌。"要问歌师几多(多少)歌,
歌儿硬比牛毛多,高山打鼓唱三年,歌师喉咙都唱破,才只唱个牛耳朵。"
在清江流域土家族,遇上老人辞世,通宵达旦"打丧鼓"要唱歌;遇上婴
孩出生,欢喜"打花鼓子"要唱歌;遇上娶媳妇、嫁姑娘,要陪十兄弟、
陪十姊妹,唱歌传递真情实感。"长大成人要别离,别娘一去几时归。别娘
纵有归来日,能得归来住几时?妹妹去,哥也伤心嫂伤心。门前一道清江
水,妹来看娘莫怕深。四川下来十八滩,滩滩望见峨眉山。峨眉山上般般
有,只少芍药对牡丹。"① 歌中唱出了对父母的感恩,对姊妹的难舍,对家
乡的眷恋。就连繁忙的劳作也离不开歌,振奋的薅草锣鼓鼓歌齐鸣。"四五
月耘草,数家共聚一家,多至三四十人。一家耘毕,复趋一家。一人击鼓,
以作力气;一人鸣钲,以节劳逸,随耘随歌,自叶音节,谓之薅草鼓。"②
清代诗人田泰斗赞叹道:"农人随口唱山歌,北陌南阡应鼓锣。莫认田家多
乐声,可怜一锄汗一窝。"③ 即便是清江放排,劳动强度大,河道滩涂险,
亦有清亮的"清江号子"震天响。"千里清江放木排,一声号子穿浪来。两
岸青山把路让,满江春水把我抬,船工喊歌多开怀!"歌解乏,歌提劲,歌
传情,歌达意,歌是清江土家人无限豪情壮志的最好见证。

生存环境的恶劣,自我力量的有限,催生了清江流域土家族的信仰文
化。对超自然力的崇尚,对神鬼精灵的膜拜,土家人试图借助这些源于生
活又超越现实的事物来化解生活的困惑和生命的劫难。

清江流域土家族热爱自然,崇拜祖先,"万物有灵"观念培育了其多
神信仰体系。土家族先民以白虎为图腾。在他们活动过的广大地区,有众
多虎饰文物如錞于、铜剑、铜戈、铜钺等出土,留存有大量白虎庙、白虎
寺以及与虎有关的景观和建筑。土家人视白虎为家神,用纸或布画虎贴于
堂屋,用以驱邪。人们结婚时铺虎毯,打喜时送虎头帽、虎头鞋,丧葬时
唱"三唱白虎当堂坐,当堂坐的是家神"一类的祭祀歌。

清江流域土家族人家堂屋正对大门的墙上设有神龛,供奉着祖先牌

---

① (清)朱叔香主修:《长阳县志》,道光二年(1822年)。
② (清)李勰等修纂:《来凤县志》卷二十八,同治五年(1866年)刻本。
③ (清)李焕春原本,郭敦祐续修:《长乐县志》卷三"风俗",光绪元年(1875年)增
　　刻本。

图1-2 清江岸边的土家人家（王丹 摄影）

位，两旁或下面粘贴着安神镇宅的祥符吉语。在土家人看来，祖先的亡灵
能够守卫家园，保佑子孙，令家族壮大，财源滚滚，鸿运亨通。所以，凡
是重要节日和喜庆之际，都要祭祀先祖。

> 我们这里吃团年饭一般是下午一点到四点，也有人赶着第一家过
> 年，过早年。通常弄十个吃饭的碗和筷子，每个里面放一点儿米饭，
> 再把筷子放在碗上面，请以前的亡人吃饭，再倒酒，后面倒茶。以前
> 家里有狗的还要把狗赶走，因为狗是很有阳气的，仪式完了，把筷子
> 和碗拿走了，才放鞭炮。还煮猪尾巴呢。那个肯定是当家人吃，猪头
> 和猪尾一起吃了叫有头有尾。猪头煮的是整的，拿到外面烧三炷香，
> 年三十早上开始祭，还烧纸。每家每年必须得有个猪头、猪尾。即便
> 家里没杀猪，都要去买。①

巫文化是清江流域土家族文化的重要组成部分。从文化地理学的角度
来说，北以大巴山为起点，经巫山，到武陵山，南至五岭，特别是巫山与
武陵之间的广阔地带，早在传说时代，就是巫文化生发和盛行的地区。

---

① 访谈对象：李晓明，访谈时间：2009年1月19日晚上，访谈地点：湖北省建始县三里
乡河水坪村颜家艳家。

"廪君之先,故出巫诞"即表明清江流域土家族先祖与巫有着异常深厚的渊源关系,并以之作为诸多事务的处理方式。早先时期,土家人运用巫术办理大小各类事情,长阳县香炉石遗址中发现的占卜用具,以及巫师使用的占卜术等就是明证。尔后,巫术又与传入的道教、佛教杂糅,共同影响着清江土家人的生活。比如,土家人以为孩子患病是鬼神作祟所致,于是便请巫师做敬鬼神的法事,以为孩子找回魂魄。

恩赐生育的神灵在清江土家人那里主要有三类,一是以石头当作生育神来敬拜。长阳县清江岸边的武落钟离山有一石神台,其顶建有一座石神庙,庙门有一副对联:"脉系魁头钟灵秀,面朝龙角(即清江对岸的龙角山)子孙兴"。石神庙里供奉着一对大如冬瓜、圆似篮球的鹅卵石,即石神,石头上布满了非人工形成的深深浅浅的奇特的蝌蚪形纹,有的传说此神石乃巴人先祖廪君立国镇国之器,石上奇纹乃巴国君王记事符号。据当地人讲,在此祭神求子,男人用左手摸石神,女人用右手摸石神。如愿后,还须来此举行还愿仪式。也就是买一些红布,将其悬挂在庙顶上,放鞭炮,以示求子愿望已达成,感谢神灵的保佑,也为自家庆贺。二是送子娘娘,人说送子观音,为一尊木雕神,约六寸高,送送子娘娘的人怀抱此神像走进求育的人家,进门站在堂屋里对着神龛唱:"玉皇大帝禅门开,送子娘娘下凡来。一送子,二送财。送子娘娘本姓赵,家家户户都送到。一送大哥登金榜,二送二哥状元郎,三送三哥做知府,四送四哥为朝纲,五送五哥登科第,六送六哥坐皇堂,七送七哥当先王,八送八哥坐朝堂,九送九哥做天官,十送十哥点状元。还送两个乖姑娘,大姑娘长大做皇后,二姑娘长大做皇娘。——老板(即对主人家或者一家之主的称呼),送恭贺。"主人家便给此神装一炷香,并给此人钱或粮。据说子女是送子娘娘送来的。① 三是给干柴土地神挂红烧香。干柴土地神一般被敬供在村落附近简易的土地庙里,与百姓"毗邻而居"。通常没有子女的人家择吉日带着香火、钱纸前去祭拜祈求,如果灵验,也要按照自己许愿时候的承诺来还愿谢恩。河水坪村和双龙村现今都保留有形式各样的土地庙。

清江流域广泛流传着廪君(向王天子)和盐水女神的爱情神话。盐水女神在与廪君相处的日子里,曾多次救助过黎民百姓,因此后世追思其恩德,尊其为"德济娘娘"。如今,武落钟离山上修造了德济亭,赤穴里保存着向王天子和德济娘娘的石像以供人祭拜与怀念。道光《长阳县志》

---

① 萧国松:《竹枝词三百首——湖北长阳椿树坪民俗残记》,香港银河出版社 2010 年版,第 319—320 页。

云:"向王旁塑女像,俗称德济娘娘,始乃盐水女神。"① 20 世纪 40 年代,长阳县境有 41 座向王庙,庙里供奉有向王天子和德济娘娘的神像,一些已婚未生育的妇女便前去烧香磕头,乞求得子。据说,德济娘娘神像后放有许多制作精美的虎头帽和绣花鞋。摸到虎头帽,预示将会生男孩;摸到绣花鞋,则是生女孩。现在仍有无子的夫妇前去膜拜,神像上还挂有不少虽陈旧但依旧鲜亮的红布条。清江土家人认为红色有求吉祛灾的功用。

清江流域土家族新娘出嫁之前,娘家要为她准备嫁奁嫁妆,并在箱盒一类的器物中放置瓜果之类的东西,如瓜子、枣子、饼子等,希冀女儿嫁到婆家之后能够早生贵子、多生儿女,给婆家带去吉祥。这对新人在举行圆亲仪式前,婆家需请两位八字好、儿女双全、只结过一次婚且丈夫尚在的中年妇女给新人铺床。清江一带流传着这样的歌谣:"铺床,铺床,金银满堂;先得儿子,后得姑娘;得个儿子进学堂,手拿笔杆写文章;得个姑娘进绣房,手拿花针绣鸳鸯。"这两位中年妇女一边适时地唱吉祥祝福歌,一边整被铺床,然后在新床的四个角里各放上两个饼子。俗话说:"四个角里压饼子,得个儿子带顶子。"婚礼的每一个细节无不透露着清江土家人祈子求福、家道昌旺的渴望。

旧志里记载:"三月三日,为媒神降诞,土人名'三仙娘娘会',相邀庆祝,妇女求子者纷至沓来。"② 相传,农历三月三是媒神的生日,人们纷纷聚集祭祀敬拜,尤其是希冀生子得女的妇女。所谓"媒神",亦即主宰人间生育之神。在清江土家人那里,最为人所信奉的生育神是"三仙娘娘",即送子娘娘、催生娘娘和痘母娘娘。每到生命的关键时刻,人们都要祭拜她们,特别是遇逢为婴儿"洗三""打喜"的仪式,家人要抱着婴儿一起敬拜和感谢三位送子护子的神灵。

八月十五中秋节晚上,据说"天门开",如果能见到月亮开花,那人便可拜求"多子多孙"。在清江中游一带,至今还有中秋夜"偷瓜求子"的风俗。一般偷瓜在深夜子时进行,人们进入邻家菜园偷瓜果,摸到了冬瓜,将其用红布包裹,夜里细吹细打③送到无子女的人家,并由这家妇人抱着睡一晚,第二天在其他人不知情的情况下再吃了这瓜果,信可怀孕。果真怀孕,之后再告诉被偷的人家,且以双倍赔偿,还要摆酒席酬谢送瓜

---

① (清)朱庭纂修:《长阳县志》卷二,道光。
② (清)朱庭纂修:《长阳县志》卷三,道光。
③ 细吹细打:即吹打小锣、小鼓、笛子等乐器。

之人。据《长乐县志》记载:"摘人园中瓜,窥乡邻之望子者,则将此瓜彩红包裹,箫鼓衣冠送至其家,以为宜男之兆,如来年果举子,则必具盛馔申谢。"

清江流域形态各异的信仰文化把某些日常生活行为和社会观念神圣化,以此协调关系、满足需求,从而达到稳定社会秩序的合法性和合目的性。"文化的决定属性——赋予某种生活方式作为它的特征的某些属性——并不在于这种文化要无条件地拜伏在物质制约力量面前,它是根据一定的象征图式才服从于物质制约力量的,这种象征图式从来不是惟一可能的。"① 也就是说,文化生态生成文化应该具有人的力量和人的情感,它不是简单的反映与被反映的关系。

第三节 清江流域土家族妇女"坐月子"

"生殖本是一种生物现象,但是为了要使每个出生的孩子都能有被育的机会,在人类里,这基本的生物现象,生殖,也受到了文化的干涉。"②

在清江流域土家族地区,人们认为,一旦怀孕"有喜",孩子就有了生命。生命是父母赐予的,此时,即将为人父母的夫妇就不仅代表着自己,而且体内还携带着一个新生命。因此,土家人把怀了孕的妇女和她的丈夫都叫做"四眼人"。"四眼人"是非正常的人,活动受到诸多限制,特别是孕妇,被给予格外的关爱和照顾。

孩子降生后的一个月对产妇和孩子来说都十分关键。俗语云:"生儿好比爬血山,满月才算过鬼关。"清江流域土家族把未满月的产妇叫做月母子,意即经历了生产难关的妇女血不足,气亦虚,身体疲弱,需要同刚刚降临人世的新生儿③一起修养至少一个月的时间,这就是"坐月子"。在这段时间里,无论月母子的调养还是新生儿的护理,都有特殊的要求和讲究。在土家人看来,"坐月子"不是小事,而是关乎生命健康和生命延

① [美] 马歇尔·萨林斯:《文化与实践理性》,赵丙祥译,上海人民出版社2002年版,第2页。
② 费孝通:《乡土中国 生育制度》,北京大学出版社1998年版,第115页。
③ 新生儿:医学概念上,产妇"坐月子"是从分娩到之后四周的时间里。这期间,孩子从出生到满四周,即28天大时被称为新生儿。本书在描述和论析清江流域土家族"打喜"仪式中多使用"新生儿"一词,在于强调这个仪式是在清江流域土家族传统观念的"满月(30天)"之前或"满月"前后这段时间举行的,这对于新生儿及其家庭都意义重大。

续的大事情。一旦方法不对、做法不好，将直接威胁到月母子和新生儿当下及未来的身心健康。

清江流域土家族妇女"坐月子"基本都在家里，要么是婆婆家，要么是自己的小家，主要由婆婆、姑嫂等夫家女性照顾，现在也有请母亲前来的。如果婆婆、母亲因年纪大或其他原因无法照料的，则请家族的至亲女性帮助护理，一般都是生儿育女的过来人，颇有经验。生产完，月母子除卧床休息和给新生儿哺乳等主要"任务"外，家里家外的大小事务一概不管不做。在医院分娩的月母子会遵照医嘱在适当时候怀抱新生儿由家人护送回家中休养，人们并不倾向于所谓的产后专业服务机构，如"月子医院"等，即使是生活和工作在城镇的人，那么在乡村社会更是如此。所以，产后服务机构在土家族地区还较少，许多地方尚未出现这类服务机构。

长久以来，清江土家人已从生活实践中总结和提炼出一套"坐月子"的传统知识来保障母婴的安康。保障的前提即是禁忌，这种禁忌既是现实生活的需要，又是信仰作用的结果。在饮食上，月母子不能吃蔬菜、水果及生冷食物、酸味食物，土家人认为这些食物会伤及脾胃、牙齿，也可能导致月母子少奶水。只能吃母鸡肉、鸡蛋、猪蹄子、猪肉等，喝鸡汤、鱼汤、红糖水，不能喝白开水和茶，主食少量，主要是肉汤煮面条，基本不吃米饭，认为它不吸油水，因为活动少又不好消化。"坐月子"期间，一般不分早、中、晚餐，随饿随吃，而且尽量多吃多补。但是不能吃发物，如猪头肉、母猪肉、公鸡肉等，否则多病出；不能吃辣椒、花椒、葱、蒜等，这会影响到乳汁的分泌及新生儿的哺育。

> 往常月母子不吃新鲜肉、新鲜油，吃哒娃娃肚子坏，可以吃腊肉、腊油、鸡蛋、面，不吃和渣（黄豆磨浆和以菜叶煮制而成），不吃豌豆、南瓜、洋芋、苕（红薯），豌豆、南瓜吃哒作气，吃洋芋哒就勒心、口麻，吃苕以后尽放屁。现在的人么子（什么）都吃，忌就忌冷的和酸的。①

在行为上，月母子不能洗头、洗澡，否则以后会头痛、全身关节疼痛和月经不调；不能刷牙、梳头，否则会牙齿松动、头发脱落及头皮痛；不

① 访谈对象：叶定六，访谈时间：2010年1月19日下午，访谈地点：湖北省建始县三里乡河水坪村叶定六家。

能流泪，不能看刺眼亮光，以免日后眼睛出现病痛；不能推磨，不能上楼，否则以后易发头晕；不能动青苗，否则浑身起风屎疙瘩（风疹）；不能吹吹火筒，否则肚子会胀气；不能去菜园，否则园里长涎蜓子虫。不能跨人家门槛，厌恶；若跨，死后用筛篮（一种竹篾制成的器具）端水给人家洗门槛。

月子里对环境的要求也很严格。月母子和新生儿起居的地方要紧闭门窗，月母子须深居简出，新生儿也不能出门，不能吹风。吹了风，月母子易得月风眼，泪流不止；新生儿则容易伤风患病。即便天气炎热，月母子也要包头盖被，穿长衣、长裤和长袜。一般外人不能进入月母子和新生儿生活的空间，以免带来晦气和邪气，干扰月母子的康复和新生儿的养护。家中搞建设，如盖房起屋，更要特别注意。屋内不砍门槛，不能打灶，不能动土，不挪动大物件，不到处钉钉子，不准堵老鼠洞等，以防范意外发生和触犯禁忌，确保月母子和新生儿的安全。

"坐月子"与人们对女性身体和月经不洁的看法有关。在人们的观念中，女人的经血是不洁净的，分娩的身体是污秽的，故有触怒神灵，招致疾病和灾难的恐惧。清江流域土家族也认为，"月子"里的妇女不干净，因而不受欢迎。所以，产妇在满月之前不能出家门，不能到别人家去。

"坐月子"期间，忌生冷饮食，不外出、不操劳等规矩，在很大程度上保护了处于特殊时期的妇女，也直接关乎新生儿的哺育和成长。月母子保养不好，就会落下病根，痛苦一生，这是一代代清江土家人在生育过程中的经验总结。婆婆、母亲等人无微不至的照料不只是给予月母子以身体上的恢复，更是心理和精神上的慰藉。经历人生转变的月母子通过与过来人的相处与沟通，在适应新角色、新生活中调节情绪，释放压力，这个时候，她更多不是个体意义上的人，而是家族与社会的人。这种感情的交流、知识的传递是女性之间的感受、领悟与体谅。照顾月母子的女性亲人朋友能够从自己的切身体会出发，关注、料理和抚慰月母子，真正提供实质性的帮助。

作为一种护理和保护妇女和儿童的有效方法，虽然"坐月子"期间有些措施和禁忌不符合现代医学理念，但不可否认它在清江流域土家族生命传承与延续方面的重要作用。"坐月子"是女性知识的时空场域，家族内部女性间的相互照料、熟人社会妇女间的彼此关照，生育知识一代代累积传承，这种知识多是婆媳或母女之间的口耳相传、身体实践，它建立在共同的生活和特有的体验基础之上，因而具备合理性和情感性，安全感和信赖度更高。

小 结

自然环境、生态资源建立起来的专属性和应用体系的民间传统知识，维系着清江土家人的生活。清江流域的"生态小生境"孕育了土家族独特的文化类型和人生仪式。在清江土家人的文化资源里，山的故事、水的神话、动植物精怪信仰的表述以及各类风情俗韵，均源于清江流域的自然生态，源于土家人与周边环境的密切关系。

生育文化折射出清江土家人关于生命与环境、生命与社会、生命与民族关系的认知和理解。在环境变化、社会变迁和民族生生不息的发展中，清江流域土家族创造、累积和传承着独具特色的生命观念和生育习俗。由此习俗孕育出来的生命个体，又在社会化过程中，不断接受多元文化和价值取向，丰富着清江土家人的生命意义。

在清江流域土家族地区，女性的义务和责任主要在于家庭内部，生儿育女、饮食起居和日常事务就是她们生活的全部，其中生养子女、接续香火更是女性的天职和根本，它关系到女性的家庭地位和家族的世代荣耀。因此，如此一代一代延续，从少女到媳妇，到母亲，再到祖母或外祖母，这是一个女人一生的轨迹，也是一个家庭的传续，还是一个民族的绵延。

在生命的孕育、降生、养育中，智巧的清江流域土家族妇女形成和积蓄着女性特有的知识与能力，由此产生了有关"怀孕""生产""身体养护"和"新生儿照料"的习俗成规。在传统意义上，这个过程基本由女性操持，这个空间是女性的领地。年长的妇女根据自身的经验和积累的知识来护理和指导产妇，帮助她们逐渐胜任新角色；也照看和料理刚刚来到人世的新生儿，让他们得到精心的看护与真诚的抚爱。这种建立在身份和信赖基础上的关爱与互动为产妇和新生儿既给予了身体上的舒适，也提供了精神上的安全。此时此刻，所有在这个场域中活动的人，包括照料者在内，都获得了一种"新生"——亲情得以稳固，生活得以调整，香火得以延传。

可以说，月子习俗及其内含的知识、文化、家庭伦理关系成为清江流域土家族整个传统链条的重要构成内容。由于现代医学的发展和公共医疗卫生事业的进步，以及家庭结构和社会观念的变化，月子里产妇不能吃果蔬、不讲个人卫生、房间不通风等不利于产妇和新生儿健康的做法渐渐发生了改变。然而，总体上，这套以女性为主导的生育知识至今依然在清江土家人中流传，没有动摇。

第二章 "打喜"仪式的展演过程

新生儿出生后的一个月，对于产妇来说，要"坐月子"；对于新生儿来说，则一天天接近"满月"。"坐月子"是妇女从媳妇到母亲的角色转换过程，这个时空是一个私密时空，也是一个圣洁时空，它不允许外人随意进入，除了家人。同时，新生儿也开始了从依附母体到脱离母体，成为独立个体的适应过程，这个过程既是坚韧的，又是脆弱的，既是个体性的，又是社会性的，需要倍加保护。因此，这一个月的时间对产妇和新生儿都异常重要。在这个时间段里，从事的活动、举行的仪式不但是针对新生儿的，而且也是为了产妇，为了整个家族，为了乡邻社会，从而具有了特别的意义和内涵。此间，清江流域土家族最为重视，也最为关键的礼仪就是"打喜"仪式了。

> 我们这个地方来讲，"打喜"啊，就是不管得哒千金也好，贵子也好，既然在"打喜"的话，都是一视同仁。不管姑娘、儿子，都是欢喜，才"打喜"。[1]

"打喜"有一套完整的规程，这一仪式活动从接嘎嘎开始，到送嘎嘎结束，始终围绕嘎嘎展开，同时又有来自各方面、各层次的人以不同角色参与其中，共尽义务与责任，同享幸福与欢乐。作为一个独立的仪式过程，"打喜"还与新生儿从出生到满月间的其他活动勾连在一起，构成一条关系紧密的仪式链条。

---

[1] 访谈对象：覃孔豪，访谈时间：2010 年 7 月 18 日下午，访谈地点：湖北省长阳县渔峡口镇双龙村覃孔豪家。

第一节 仪式的序曲：报喜 择期 接嘎嘎

"打喜"是清江土家人为新生儿举行的仪式，是以嘎嘎为中心的庆典活动。所以，新生儿降生后，其父亲家要以特别的方式告知嘎嘎，邀请嘎嘎。从"报喜"开始，"打喜"就进入到仪式活动的筹备阶段。

2010年6月19日，农历五月初八，覃亮、田江红的女儿覃子萱出生。覃亮1986年生，在长阳县矿山救护队工作，负责全县的矿产安全生产。小他一岁的妻子田江红结婚前在娘家资坵镇西阳坡村附近的一家煤矿担任会计。他们的相识缘于2009年年初覃亮随队到田江红工作的煤矿进行事故救援，而且田江红有一个同学与覃亮是同行，一来二去，两人的交往越来越多、越来越深，两人谈了半年的恋爱，就决定结婚。因为田江红工作的地方离家近，恋爱时，覃亮就多次以朋友的身份、以"玩"的方式到过田江红家。关系挑明后，田江红的父母对未来女婿表示满意，并择日携女儿到覃亮家中"看场子"（看门户）。覃亮的家在渔峡口镇双龙村，家中有父亲、母亲和弟弟，父亲除务农外，还在离家不远的锁凤湾煤矿工作，母亲则在家种地、喂猪养鸡、料理家务。家境虽称不上殷实，但在村中也属中等水平，且声誉很好。田江红白净苗条，性情温和，有一个哥哥，家里条件也不错，她和覃亮可称得上是"门当户对"，覃亮的父母对未来儿媳和她的家庭同样表示认可。两家人聚在一起吃了一顿饭，在征得双方父母同意后，覃亮和田江红便在2009年下半年在民政部门登记结婚了，没有举行婚礼。结婚后，田江红就辞去了煤矿的工作，和覃亮在长阳县城安了小家，住在覃亮工作单位的宿舍里。婚后的生活平静而不乏惊喜，没过多久，小两口就发现他们有了爱情的结晶。这对于初建家庭的两个年轻人来说既是预料之中，又不免有些惶恐，毕竟从这个时候起，他们不仅要照顾好自己的饮食起居，还要顾及新生命的健康生长。新生命的到来尽管令覃亮小两口有些手足无措，但独立生活的他们很快镇静下来，转入到适应承担人生新角色的过程中。从怀孕、待产、分娩到"坐月子"这段时间，他们一直都生活在县城。

覃亮和田江红打电话将好消息告诉了双方父母，父母们都非常高兴，但同时也叮嘱他们要好好吃饭，好好休息，担心他们生活不规律，吃不好，睡不好，会影响到腹中的胎儿。田江红怀孕前三个月反应比较大，吃了吐，又想吃，一吃又吐，整天昏昏欲睡，没有精神。覃亮说，妻子怀孕后，脾气好像也大了不少，不过为了孩子，他只有没脾气地忍受着，特别是"害喜"期间。不过，这种状况持续时间不长，待妻子的身体和情绪平稳后，她就又能吃，又能睡。为了确保饮食安全，自怀孕后，覃亮小两口就自己动手在家做饭吃，即便是单位食堂也不去，怕吃到不好的东西，尤其是肉类。所以，覃亮隔一段时间便会回父母家拿肉食，或者双方父母亲自用背篓①将鸡、蛋、肉等送给他们。家中长辈们都说，这些东西是自己家的，不是用饲料喂出来的，虽不值钱，但很养人。他们尤其强调不能吃黑毛羊子肉、母猪肉，说是怕得羊角风、母猪风一类的怪病。不能吃狗肉，担心导致难产。公鸡肉也不能吃，吃了，伢子②生下来在鸡叫时就要起床。孕妇禁吃生姜，吃了，伢子恐长六指。不能喝蜂糖，否则伢子发风屎疙瘩；也不能喝冰水，喝了是朝伢子头上淋水，不利于其发育。要多吃猪脚，以求伢子将来早起步；多吃莲藕，伢子不仅又白又胖，而且多长心眼，聪明伶俐。对于这些，将为人父母的覃亮、田江红这一辈年轻人都赞同、理解并践行之。当然，他们也接受着新的观念和事物，比如喝牛奶补充钙、铁、锌，吃新鲜水果补充维生素等。

　　覃亮的堂弟覃超 1988 年生，两人的父亲是叔伯兄弟，两家住在同一村同一组，相隔不远。覃超与比他小一岁的妻子向月霞经嫁到双龙村的向月霞姨妈的介绍相识，这时他们双方及其父母对对方家庭均已有所了解，并同意他们交往。在覃亮家举办"打喜"仪式的时候，他俩一边打杂帮忙，一边有说有笑，正处于热恋之中。到了当年的下半年，他俩便顺理成章地领证结婚。由于将近年关，事务繁忙，时间紧促，双方家庭也没有为他们举行婚礼。婚后，覃超小两口同覃超的父母、爷爷、妹妹一起居住生活，祖孙三代，其乐融融，家里的各项事务操持都是覃超的父母。所以，尽管结了婚，两人还像是没长大的孩子似的，整日无忧无虑，不用操心柴米油盐，似乎也没怎么改变婚前的状态，都是在家中备受呵护。覃超家除务农外，主要从事公路交通运输服务业，家境富裕。向月霞的娘家在资坵镇杨家桥村，家中以蔬菜生产种植为主业，家庭条件在当地也属中上水平。嫁给覃超后，由于身体状况不太好，经婆家的精心调理后，向月霞怀孕了。到医院检查，确定"有喜"了，婆婆、公公和爷爷都非常高兴，对向月霞的照顾更加无微不至，吃的、喝的、穿的、用的格外细致。向月

---

① 背篓：清江土家人用来背运东西的一种篾具，方底口窄，往上慢慢扩张，如喇叭状。
② 伢子：清江土家人对孩子的称呼，也叫做伢儿、伢、娃娃、娃儿，一般指代婴幼儿、青少年，父母向他人说起自己的子女也用这个称呼。

霞的娘家得知喜讯后，既兴奋，又紧张，不仅带好吃、好用的前来看望，而且时常打电话叮嘱女儿要保养好。

图2-1 清江畔、大山中的双龙村（王丹 摄影）

　　建始县三里乡河水坪村的张远兴"有喜"就没有如此优越的物质条件了。她和公公婆婆住在一起，生活水平在当地属中等偏下。河水坪村处在一个河流冲积带上，山包丘陵多，地势相对平坦，不像双龙村就在大山丛中。张远兴是在乡卫生院确定自己又怀上了的，她赶紧给远在外地务工的丈夫吴树光打了一个电话。吴树光得知妻子怀了孕，并没有着急赶回来，只是嘱咐她要吃好点，多休息。他俩都是1978年生，已经有了一个女儿，生于2002年，这是第二胎。所以，一家人一方面为"有喜"而欢乐，另一方面他们也明白一个新生命的到来意味着什么。出门不久的吴树光憋着一股劲儿，干活更麻利了，他要努力赚钱，让家里人的生活过得更好些。张远兴也算是过来人了，妊娠反应不大，也懂得如何照顾自己。公公婆婆也比平常更加关照儿媳了，重活尽量不让她干，把家里好吃的都攒给她吃。婆婆说："第一胎生的是个姑娘，这一胎能生个儿子就好了。"因为她只有吴树光这么一个儿子。从走访的情况看，恩施、建始、巴东、长阳、五峰一带的土家族人家一般都有两到三个孩子，特别是没有男孩的家庭都会想方设法生个儿子。因为他们是土家族，又在农村，所以政策上也宽松一些。那么，计划之外的孩子就需要家里缴纳一定数量的罚款，这在重子嗣的土家人看来是划得来，且值得的事情。

　　土家人有"捏粑粑人猜生"之俗。村中有妇女怀孕,有的人想知道孕妇怀的是男是女,便在正月十四这天捏汤圆时,暗暗捏个面人放进热灰中烧,熟后拿给众人猜。最先说像男者,即示孕妇将生男孩,说女者则生女孩。此面人须由在场的年岁最长者吃掉,意为孩子将来长寿、宝贵。此外,土家族民间还有孕妇娘家、婆家孵小鸡以占卜是男喜还是女喜的习俗。①

图 2-2 清晨的河水坪村(林继富 摄影)

　　覃亮算得上模范丈夫,遵照医嘱,他定期陪田江红到县城医院做孕检。在双龙村怀孕待产的向月霞则由丈夫和婆婆陪着到一江之隔的资坵镇卫生院做检查。在此期间,新一代的父母也逐渐感知到现在及今后的生活与之前的二人世界不一样,领悟着生养孩子的不易。在河水坪村,张远兴义无反顾地支撑着整个家,照料着老人小孩,家务活照样做,农忙时还要下地干活。吃的东西大部分是自家地里种的粮食、蔬菜,自家养的鸡下的蛋,杀年猪熏的腊肉。往年总是舍不得,现在怀伢子了,公公婆婆麻利地弄给她吃。张远兴的娘家就在相距不远的孙家坝村,母亲张申秀有空也会来看看女儿,带些鸡蛋、面条什么的。她一来也不闲着,总帮着女儿做事,心疼她。张远兴怀孕后就没有回过娘家,虽然不远,但老规矩还在,

---

① 陈长平、陈胜利主编:《中国少数民族生育文化》(上),中国人口出版社2004年版,第136页。

"四眼人"是不能随便走动串门的。别人家打豆腐、熬糖、煮酒等都不能看,看了就做不成功。村里哪家有红白喜事,也不能参加,去了被认为是不吉利。孕期,张远兴也去了几次卫生院,检查一切正常,医生就是叮嘱她要多注意休息,不要太劳累。

田江红和向月霞都是剖腹产。田江红在距离预产期十多天的时候就破了羊水,那天已是晚上九十点钟了,慌忙之中,覃亮将妻子送进了长阳县妇幼保健院。可毕竟是第一胎,有了动静,小家伙却不着急出来,田江红又疼痛难忍,在医生的建议以及电话与父母亲沟通后,覃亮夫妻俩选择了剖腹产。一个多小时后,孩子就降生了。因为是提前生产,又是在夜里,路途遥远,双方的父母亲人都无法赶到,医院里只有覃亮一人照看着,他也在第一时间把孩子出生的好消息电话告知了自己的父母,同时向岳父母"报喜"。到了第二天下午,覃亮的父母带着早已备办好的"坐月子"用的营养品和日用品,坐了四个多小时的船、半个小时的车才赶到了县城医院。田江红的父母也是做了充分准备于第二天晚上赶来的。这一天,他们添丁进口的喜讯在村中,特别是本家亲戚中传开了。两位母亲在医院料理了一个星期,田江红和孩子出了院,就在县城的小家"坐月子",婆婆留下来照顾。

向月霞患有妊娠高血压,离预产期还有半个月的时候,覃超就陪她到资坵镇卫生院检查,并住在那里准备生产。可是,因为血压太高,症状不好,为安全起见,卫生院又要求他们转院去了长阳县人民医院。鉴于向月霞的特殊身体状况,医生认为她不能自然分娩,为了母子平安,最好剖腹生产。覃超、向月霞和家里人都同意了。在医院里观察了两天,向月霞的身体状况渐渐稳定下来。这期间,覃超的父母还特意回村请看期先生结合自家的情况在临近的几天里择定一个吉利的时间做剖腹产。2011年5月24日,农历四月二十二日覃超和向月霞的女儿覃唯苇出生。第一次做爷爷奶奶的覃超父母在医院里开心地忙前忙后,覃超则立马打电话给岳父母报了喜。第二天,向月霞的父母就带着准备好的衣食用品前来看望,由于家中事务忙,他们当日就返回了。同样是在医院住了一个星期,向月霞和孩子便由家人用汽车接出了院,回到双龙村婆家坐月子。从入院到出院,向月霞的丈夫、公公、婆婆都全程陪同,悉心照顾。

张远兴生产的时候已经接近春节,所以丈夫也从务工地赶了回来。那天一早张远兴就感觉有点不对劲,快到预产期了,有经验的她跟婆婆讲了一下自己的身体变化情况,婆婆也觉得可能快生了,让她当心着。果然,到了傍晚,动了红,羊水破了,丈夫吴树光赶紧将张远兴送进了三里乡卫生院。张远兴生产很顺利，到医院不久，孩子就出世了，是个男孩，全家都特别高兴。现在儿女双全了，是最有福气的人了。婆婆在家炖了鸡汤送过来。吴树光首先也是用电话向岳父母报的喜，第二天他又带着母亲预备好的红鸡蛋到岳父母家报喜。听说生了儿子，嘎嘎、嘎公欢喜得合不拢嘴，他们抓母鸡、装鸡蛋、面条、红糖、猪蹄子，让女婿带回去弄给女儿吃，好发奶喂孩子。

在过去，喜得贵子的女婿会抱着公鸡前往岳父母家，进门就喊："亲爹亲娘，报喜哟！"闻得喜讯的岳父母心花怒放，无须问孩子是男是女，只需看女婿怀里抱的"报喜鸡"便知。与当地人闲聊时，问起他们是喜欢儿子还是女儿，他们总是先说现在生男生女都一样，可接下来都会补充一句说，头胎生了姑娘，还是想再生个儿子。已得爱女的覃亮、覃超及其家人也都表示过两年还会再要一个孩子。嘎嘎看到女婿抱着公鸡，会抓一只母鸡来让他带回；若是女婿怀抱母鸡，则让他带一只公鸡。现如今都不兴带鸡了，改用涂了红的鸡蛋，女婿就要明确说生的是男孩还是女孩了。

> 父携红蛋去报喜，脚踏春风越山脊。嘎嘎闻讯心中乐，回赠红糖加吹蹄。①

张远兴第三天出的院，回到家，由婆婆伺候月子，母亲也偶尔过来帮帮忙。现在绝大多数妇女在医院里生产，"洗三"仪式基本没有了，都挪到了"打喜"那天。出生的第三天，孩子都是在医院，洗澡一般也是由医护人员代劳了，这是纯粹意义上的清洗消毒。不像以往，报喜时，女婿就接嘎嘎来"洗三"，为孩子祈福。在"洗三"当天或者之后再择吉日，两家商量"打喜"的具体时间，即为"接嘎嘎"。

> 他接去"洗三"哟，"洗三"的时候接嘎嘎去约日子，就跟奶奶商量哒，选好日子哒，几时"做嘎嘎"，那边就整酒啊。②

"打喜"的日子严格地说，还是嘎嘎订日子，女婿去找她商量。比如嘎嘎说初八哪么过（怎样办事），这边说，哎呀，那天可能搞不

---

① 萧国松：《竹枝词三百首——湖北长阳椿树坪民俗残记》，香港银河出版社 2008 年版，第 324—325 页。吹蹄：猪的前两只腿，靠近趾处各有七个小孔（圆窝），此二腿为吹蹄。据说那七个孔是猪卧时自己的鼻孔吹出来的，可供月子母子发奶用。

② 访谈对象：解书春，访谈时间：2010 年 2 月 20 日上午，访谈地点：湖北省建始县原农委宿舍张家书家。

成哦,那您说十二行不行,嘎嘎说可以,那这个日子就订下来哒,都是商量哒定下来的。①

对于"打喜"时间的商定,清江土家人非常尊重嘎嘎的意见,有"母为大,舅为大"的说法。嘎嘎的意见是第一位的,然后再与孩子父亲一方综合各种情况来确定"打喜"的时间。这个时间的商定本身就包含了协商与平衡,他们要在权衡中寻找吉日良辰,又可方便众人。一般来说,"打喜"在孩子出生一个月之内举行,也就是说满月之前,包括满月当天。张远兴家"打喜"就安排在孩子出生后的第18天,即2010年1月20日,农历腊月初四。尽管来往比较方便,但女婿还是很有礼节地特地去接嘎嘎到家里来商量,一起选了这个好日子。

以前不兴打满月喜耶。以前她那个婆家弟兄姊妹多,又比较穷,为什么要早"打喜",而且"洗三"那天嘎嘎就要把猪蹄子背过去,她是为姑娘好吃,吃哒好有奶水。以前"打喜"不存在打满月喜,满月还吃个么子咯。那个时候生活水平蛮局限,蛮穷,妈屋里(娘家)好早点儿把东西送过去。②

从这一角度看,"打喜"真正为母婴安康提供了保障,特别是物质上的保障。因此,双方家庭在商定"打喜"日子时,以孩子出生时日计算,以往多在十天半个月或二十天左右。一则此时孩子已经出世一段日子,产妇和新生儿有了一个适应过程,渐渐进入稳定状态;二则在得知女儿怀孕后,嘎嘎一方便已开始备办食品和用品了,而产后又非常需要这些东西,尤其是在物质不富裕的年代;三则"打喜"一定意义上有祈神谢恩、护佑母婴的作用,所以"打喜"基本不安排在满月或满月之后。

在"打喜"时间的选择上,老百姓多看重双日子,认为双日子吉祥,预示好事成双,尤其重视农历的双日子,如果那一天恰逢农历、公历都是双日子就更好了。更重要的是,它须与孩子的生辰八字相符合。

"打喜"这个日子一般都是双日子,也有看日子的,但是这个日

---

① 访谈对象:叶定六,访谈时间:2010年1月19日下午,访谈地点:湖北省建始县三里乡河水坪村叶定六家。

② 访谈对象:张申秀,访谈时间:2010年1月19日晚上,访谈地点:湖北省建始县三里乡孙家坝村张申秀家。

子一定和新生儿出生的日子蛮相关,它的依据是根据他出生的日子
来的。①

> 看期是根据孩子的生辰八字,还有老板的实际情况,选个黄道吉
> 日,就是天时地利人和,只要这个期间不出任何事,"打喜"搞得
> 顺利。②

不过,双日子忌讳十四,因为其谐音意思不吉利,与"打喜"相冲突。

> 双日子,十四不得搞,他说是失事了吵。或者逢八,那天就去
> "做嘎嘎"。③

单日子则看重"九"。"九"是极阳之数,又谐音长久之"久"。现
如今,清江土家人的生活有了很大改善,月子里的物资保障早已不是问
题,加上许多人外出工作和学习,而且不少在家务农的人也利用闲暇时间
搞些副业,这样一来,在老百姓那里,"喜"是要打的,但时间却变得更
灵活了。

覃亮在县城工作,田江红在县城"坐月子",情况特殊,"打喜"时
间的协商主要是他们通过电话与岳父母沟通,岳父母明确一个时间范围,
然后他的父亲在双龙村请看期先生在这个时间范围内确定一个好日子,即
对孩子和家里都有利的日子,再电话告知岳父母,他们最后定夺。不过,
覃亮一家"打喜"前从县城回到双龙村后,他还是要正式到岳父母家报
喜,并接嘎嘎"打喜"。时间就确定在 7 月 20 日,农历六月初九,这一
天孩子出生已 31 天了。

覃超一家从县城医院返回双龙家中后,便准备了礼品和红包,由覃超
前往岳父母家再次报喜,与岳父母商量"打喜"的日期。由于双方的亲
戚朋友多,且有一些重要的人,比如孩子的舅舅、姑姑在外求学,所以双
方决定把日子选在暑期,这样"打喜"可以办得隆重兴旺一些。覃超家
"打喜"日子的确定也是请村中的看期先生定下来的。请看期先生择期,

---

① 访谈对象:李晓明,访谈时间:2009 年 1 月 19 日晚上,访谈地点:湖北省建始县三里
乡河水坪村颜家艳家。

② 访谈对象:田祥英,访谈时间:2011 年 7 月 10 日下午,访谈地点:湖北省长阳县渔峡
口镇双龙村覃超家。

③ 访谈对象:解书春,访谈时间:2010 年 2 月 20 日上午,访谈地点:湖北省建始县原农
委宿舍张家书家。

在越来越富裕的双龙村成为一种愈演愈烈的风气。这种情况过去也存在，现在还很普遍。人们习惯把办喜事的时间与人的旦夕祸福联系起来，"打喜"讲究选择对母婴有益、对家族有利的日子。

> 嘎嘎定下"打喜"的时间只是个参考，我们这儿还有专门看期的人定，专门的风水先生，哪天期好就定哪天。选吉日一般有人专门看哟，我们喊的择期，"打喜"也叫整嘎嘎酒，但必须定在满月之前看个好日子。①

为了体面，为了周全，为了筹备充分，长阳双龙村"打喜"多数定在孩子出生半个月以后，迟至满月前后。

> 像"打喜"的日子一般订在满月之前，半个月，二十来天，当然时间看家里的情况。有的搞不赢，这儿过个事不是好玩的啊，一搞就是万把块钱。如果搞不赢，那就说二十里或者是满月，最多是满月，再就不搞哒。②
>
> 我们这儿现在一般都是满月。满月啊，亲戚都要过门，像媳妇的娘家就要来。那一来就是几十人，那各种各样的彩礼就带来。③

打满月喜一方面为"打喜"双方进行充足准备争取了时间；另一方面满月距孩子出生已有 30 天，是个好日子。另外，这时，"打喜"整酒又与办满月酒合二为一，简化了礼仪，因而极好地切合了人们的多种需要。这种状况的出现应该是物质生活逐渐丰富起来以后，同时人们的生育观念和生活方式有了较大改变的一个结果。比如，妇女们都选择在安全系数更高的医院里生孩子，"洗三"就日渐淡化了。如果是打满月喜，"洗三""打喜"、满月就都合并到一起了。

> 现在基本上"洗三"不是生哒第三天搞，就是满月哒，整满月

---

① 访谈对象：田开武，访谈时间：2010 年 7 月 19 日上午，访谈地点：湖北省长阳县渔峡口镇双龙村田少林家。

② 访谈对象：田少林，访谈时间：2010 年 7 月 20 日晚上，访谈地点：湖北省长阳县渔峡口镇双龙村覃亮家。

③ 访谈对象：覃孔豪，访谈时间：2010 年 7 月 18 日上午，访谈地点：湖北省长阳县渔峡口镇双龙村覃孔豪家。

酒,哈是满月哒"打喜"。"洗三",热闹啊,现在不兴哒,那时蛮热闹,真正陪嘎嘎那个时候"洗三"。①

生活的变迁影响着人们对传统的接受和变革。"洗三""打喜"、满月原本分立的三项仪式活动,在清江土家人最为看重的"打喜"中一并完成了。

我们家为外孙"打喜"的日子是他们(父亲一方)订的。早先是嘎嘎家订的,我们现在也忙,就他们定。现在是图方便,两家一起商量。往年子不同,往常是女婿要来报喜,报喜哒,嘎嘎约个日子。他提东西来说,我们来商量个日子,看哪个日子好,现在就是哪个方便哪个定了。②

"打喜"时间的灵活处理是适应现代生活而做出的适时调整,只要有利于双方家族举行仪式活动,只要有利于母婴健康与家庭和谐,它就是合情合理的,这贴近了民情,也顺应了时代。比如,覃超家就把"打喜"的日子定在了7月11日,农历六月十一,此时距孩子出生已经四五十天了。

要请懂得阴阳的先生,会择期的,懂甲子的,按照农历推算,按照男的、女的生庚八字啊,伢儿的八字啊,那天对你犯不犯撞啊,对你有不有利啊,那么推来一个期。再个,大致又要考虑农闲农忙的时候啊,人们消不消闲啊,考虑这些综合因素,跟你择一个期。但是,既然要准备过一场事的话,就不得超过蛮长时间。③

大多数"打喜"在个把月啊,一个月以内多些,超过一段时间也行,那没得一定。根据老板的情况,他相信在月内就在月内,相信超过以后那也行,超过三个月也行,两个月也行,不管他超过几个月,都是"打喜"。④

① 访谈对象:戴曾群,访谈时间:2009 年 12 月 6 日晚上,访谈地点:湖北省长阳土家族自治县民族文化村。
② 访谈对象:张申秀,访谈时间:2010 年 1 月 19 日晚上,访谈地点:湖北省建始县三里乡孙家坝村张申秀家。
③ 访谈对象:李德荣,访谈时间:2013 年 7 月 27 日上午,访谈地点:湖北省长阳县榔坪镇乐园村绿盛宾馆。
④ 访谈对象:田祥英,访谈时间:2011 年 7 月 10 日下午,访谈地点:湖北省长阳县渔峡口镇双龙村覃超家。

"打喜"的时间从本质上说是一个物理时间，但是，它更多地体现了民众的一种习惯、一种传统与一种生活调适的能力。也就是说，"打喜"仪式的时间既具有一定的模式性，也有着相当的可操作性，是人性化的，兼顾到了传统、时代和个性化的因素。因而，这个物理时间就成了有特殊意义的文化时间了，这不但是"打喜"仪式传统的体现，也使展示生活的时间具有意义。

第二节 仪式的开端：帮忙的进门 朝祖

"打喜"的日子确定了，双方家庭就各自开始准备。嘎嘎亲自上门或托人带信，现在也用打电话的方式，告诉自己的亲戚朋友，尤其是孩子的舅母、姨娘，邀请她们一起去外孙家"做嘎嘎"。这就着手备办礼物，相互协商着送什么好，买什么东西，既体面，又实用。同嘎嘎一起去的亲朋好友，男方将之统称为"嘎嘎客"，或"嘎嘎屋里的"。对于重要的嘎嘎客，临近"打喜"，孩子的父亲还要带着礼物自己或者由嘎嘎陪同前去请，前去接。

谈到回双龙村父母家为孩子"打喜"的原因，覃亮解释说：

> 一直等到子萱31天哒才"打喜"，是因为我们一直在长阳县城，回来太远哒。我们专门回来"打喜"，是所有的亲戚都在高头（渔峡口镇一带），懒得往下（县城龙舟坪镇）搞。当天去，当天转来，懒得搞，大部分亲戚都在这儿。您们今天来哒蛮热闹，孔豪师傅带的人打花鼓子搞得蛮好。①

现在不少清江土家人移居到城镇，尤其是年青的一代，而且这种趋势随着就业或学业等情况已经变得越来越普遍，他们在城市成家立业，结婚生子。不过，举凡"打喜"一类的活动，大多数人仍然会选择回到自己的大家庭里，回到父母居住的房子，回到祖先庇佑的地方，回到乡情浓郁的村落。到了这里，他们才找到了自己的根；到了这里，他们才体悟了家

---

① 访谈对象：覃亮，访谈时间：2010年7月20日上午，访谈地点：湖北省长阳县渔峡口镇双龙村覃亮家。

族的爱;到了这里,他们才感受了乡土的情。因而,作为家族的新一代,作为村落的新成员,这个孩子一定要回到他的祖屋,回到他家族所在的地方,以告慰祖先,拜见族人,结识乡亲,共享喜悦。这也是为什么"打喜"的时间选择越来越灵活的原因之一。老百姓要的就是"打喜"的这个"喜"气。

覃亮和妻子、孩子、母亲是提前一个星期赶回双龙村的,这时孩子还未满月,路途中需要格外注意,但是因为"打喜"家中需要办理的事情实在太多,有些又不得不由覃亮来处理,所以,这个时间回来已经算是比较晚的了。幸好,"打喜"的日子一定下来,留守在家的孩子爷爷就已开始紧锣密鼓地张罗了。他上门请自己的本族亲戚,也是让他们给自己帮忙,这个时候本族的亲友就是亲密的一家人了。住得近的亲朋好友,爷爷就登门邀请,离得远的,就去个电话或捎个信,包括孩子奶奶那边的亲戚。另外,最重要的事就是要找好"打喜"仪式主事的支客师①,请六合班、焗匠和帮忙的人。没有他们,"打喜"仪式就举行不了。"这户人家要想把这场事热闹点儿搞,最关键要靠支客师,靠支客师把它组织拢来。"② 支客师就是"打喜"时主人家临时聘请的负责总务并待客的人,一般有两位,一男一女。主人家对于自家的"打喜"要办成什么规模,有哪些讲究和要求,事先均与支客师交代清楚,仪式进行中他们也随时保持沟通。总体而言,男支客师安排所有事务并分工,具体负责后勤、杂务,女支客师负责接待来客,讲礼性话。男女支客师下面又有做各项事务的帮忙的人,他们听从支客师的调遣。客人多的话,可以多请支客师。焗匠即厨师。办喜事的时候,来客人数众多,吃饭就是一个大问题,还有祭神祖需要的供品要备办,所以厨屋(厨房)的事务非常繁杂,焗匠的工作量也特别大。焗匠中有一位掌刀的师傅,他主持厨屋里的所有事务,并且负责配菜。主人家要视来客的多少,请多个掌勺做菜的师傅以及若干打下手的人,比如择菜洗菜的、端盘出菜的、收拾席桌的、刷洗碗筷的,

---

① 支客师:在清江流域土家族地区,办红白喜事时,主人家要请通晓礼节、能说会道、人缘好、会组织、会管理,且在当地有一定威信的人来主持家中大小事务。在长阳,喜事活动中的事务总管称为支客师,丧事活动中的事务总管叫做都官。在建始三里乡,则统称为都官。同样一个人既可以当支客师,也可以做都官,只要他能胜任,一般一个村子里会有这么几个能干的人。

② 访谈对象:张言科,访谈时间:2013 年 7 月 19 日下午,访谈地点:湖北省长阳县资坵镇桃山居委会张言科家。

等等。

图2-3 厨屋里帮忙的人正在切菜作准备（王丹 摄影）

六合班是主人家请来在"打喜"活动中负责吹打乐的民间音乐组织，它是长阳土家族人家操办红白喜事时不可或缺的重要角色。六合班由六人组成，其中两人吹唢呐、号，一人负责马锣和镲子，一人负责钹，一人负责锣、梆子和鼓，一人放鞭炮，"马锣和镲子掌节奏，起声和落声都听他的"①。乐器还有云锣、箫、笛等，所有这些统称为"家业"，吹奏乐器的人称为响匠，敲打乐器的人称为师傅。一个六合班的成员相对固定，只要有人家过事②就要请他们，一般按日给工钱，一人一天几十元至上百元不等，主人家管吃住，还给利市、封头。放鞭炮的人则一般由主人家临时配备。"人又玩了，生活老板给我们安排得比客还好些。唱呀跳，我们又喜欢。我们打个闹台，表示老板今天过事。"③ 建始"打喜"则没有六合班这类的人员角色。

覃亮家请的支客师、焗匠、帮忙的都在"打喜"前一天来到了家里。

---

① 访谈对象：田克周，访谈时间：2011年2月23日晚上，访谈地点：湖北省长阳县渔峡口镇双龙村田克周家。

② 过事：清江土家人把办红白喜事叫做过事，包括"打喜"、婚礼、祝寿和丧礼等。

③ 访谈对象：田克周，访谈时间：2011年2月23日晚上，访谈地点：湖北省长阳县渔峡口镇双龙村田克周家。

作为男家来讲,既然在接嘎嘎、嘎公的话,那就肯定都要做准备。既要杀猪,也要宰羊,还要接响匠、焗匠、支客师这些人。我们这儿办个喜事的话,简单点儿也还是要花个几千块、万把块钱。打个比方说,我们这儿后天整喜酒,明天下午所有帮忙的,我这个当东家的挨门挨户地接。某年某时啊,耽搁你们几天,一在我家里去玩,二要给我帮忙。所有的邻居听到这个话,心里也还是很欢喜。这接哒以后,比如预定的初九,那您初八统统地小孩儿也好,大人也好,全部到我家里来吃晚饭。吃晚饭的时候,就由这个支客师逐步逐步地、逐个逐个地分工。厨师就要履行职责,认真地把菜搞好。响匠就要正儿八经地鼓起勇气把唢呐吹响,调子吹美,家业要打得有朝气。管账的啊,筛茶的啊,添饭的啊,清洁的啊,方方面面都要搞得清楚明白。①

支客师进了门,先和主人家沟通,了解家里的情况,就开始分工。覃亮家请了一男一女两位支客师。男支客师叫覃守维,个子不高,处事干练,手脚麻利,嗓音浑厚,颇有指挥家的风范。女支客师是覃远莲,脸上总是挂着笑容,给人以亲切感,她的主要任务就是协助主人家接待客人,特别是陪好嘎嘎。两位支客师都是本村的,所以对村里人的情况比较熟悉,覃守维根据来帮忙的人的特长,边分配任务,边征求大家的意见。"打喜"场上,事无巨细,样样需要人手。覃守维把具体的分工用一张大红纸写下来,以明确人员和事务,并将之张贴在覃亮家东南屋门口的墙上,名为执事名单。执事名单中包括礼部、厨师、内官、迎官、礼花、照明、烧茶、做饭、背饭、添饭、调桌、大盘、接菜、小盘、勤杂、清洁、六合班等,共计56人。可见,操办"打喜"并非易事,它需要大量的人力、物力和财力,非举全村之力不可。按照既定的规程和原则,隆重的"打喜"仪式能够在众亲戚朋友的共同参与下顺利运转开来。覃超一家,包括当时还是他未婚妻的向月霞的名字都在覃亮家"打喜"的执事名单之中。来帮忙的人多是邻里乡亲,不收工钱,也不换工,但主人家会主动给香烟、毛巾、肥皂之类的物品作为酬谢。等另外有人家过事了,这主人家也会去帮忙。支客师、焗匠这些关键性的人物则要封利市和多给一些礼品。贴在墙上的执事分工保证了仪式活动的有条不紊,也让大家能够相互联系和提醒。

---

① 访谈对象:覃孔豪,访谈时间:2010年7月18日下午,访谈地点:湖北省长阳县渔峡口镇双龙村覃孔豪家。

图2-4 支客师覃守维在覃亮家"打喜"的执事名单上
做分工调整（林继富 摄影）

写对联、贴对联是清江流域土家族举办红白喜事必须要做的一件事。
男支客师覃守维写得一手好毛笔字，覃亮家"打喜"的对联都是由他书
写的。2010年7月19日下午，分完工，他便写好喜联，与帮忙的人一起
将它们贴到相应的门上。

大门两旁的对联上写着：

上联：金夏六月大田坡里添锦绣；下联：银系虎岁柿枫祠内增荣光；
横批：恭贺覃亮先生田江红女士喜得千金。

堂屋内的两侧各有两个房间，左边第一间是覃亮夫妇的房间，对
联是：

上联：提倡夫妻生独子；下联：教育子女敬双亲；横批：优生优育。

右边第一个房间是厨屋，对联是：

上联：三杯薄酒宴嘉宾；下联：一道喜联迎外婆；横批：高朋满座。

往里左边第二个房间，"打喜"这天用作礼房①，对联是：

上联：叔嫂共栽和睦光；下联：弟兄同饮合欢酒；横批：和睦家庭。

---

① 礼房："打喜"时亲朋好友上礼钱、送礼物的地方，主人家专门请有记账的人负责收取、
记录客人们送的礼金、礼物。

往里右边第二个房间是主家的储备室，对联是：

上联：笑看绿竹又生笋；下联：喜见红梅多结子；横批：喜气洋洋。

从每扇门的对联内容上便可大致知晓每个房间的功用。喜联一贴上，气氛就营造出来了，既具土家风情，又有时代特色。

图2-5　布置一新的覃亮家（林继富　摄影）

覃亮家堂屋正对大门的墙壁上贴挂着一幅黄山迎客松的中堂，对联写着"黄岳劲松迎旭日　高山流水会知音　吉祥如意"，这是这个家香火①的所在。正下方是一组台柜，摆放着电视机、DVD 播放机、音响，还有各式各样家用的小物件。平日里两张方桌分别靠左右两侧的墙边放着，桌两侧是椅子、板凳。要"打喜"了，方桌被合并到一起放在了堂屋中央，当镶桌使用。清江土家人的房屋尽管用料不同、造型有别，但基本的结构形制相近。一般民房有三间或三间以上正屋，并排而建，中间一间为堂屋，开设大门，两端是不同家庭成员的卧室，一侧有厨屋或火塘与堂屋连通。有的靠房屋的一侧另建厨屋，不相通。在清江土家人那里，堂屋既有家人的生活起居，也有祖先和神灵的栖息，一个家庭所有日常和非日常的公共事务都在这里进行，它是家的"心脏"。

---

① 香火：即家族祖先神灵的所在，清江土家人也称之为神龛、香龛。

图2-6 "打喜"的吴树光家的堂屋（林继富 摄影）

  堂屋正中像个平台，那个平台前面的墙上，以前砌老房子的时候还专门有个龛，上面有个堂口，每个姓都有个堂口，堂口应该是发源、起源，香火上都要贴堂口，上面不一样，下面都一样。比如我们姓吕的就是"河东堂上历代始源高曾祖妣之名位"，就这样贴在中间，旁边还有字。贴的这个地方名称叫做香火，现在就是没有龛了，所以钉个平台，这个地方还是简称为香火。①

  "打喜"、打花鼓子在堂屋里，都在堂屋里。周围的人都站拢

---

① 访谈对象：吕守波，访谈时间：2010年1月21日上午，访谈地点：湖北省建始县三里乡小屯村吕守波家。

来哒。①

从仪式筹备的时间来看,覃超家要宽裕得多,而且自母女出院后一家人就住在村里,联络十分便利。除了照例要请支客师、焗匠、六合班及其他帮忙的人以外,覃超家还出资从资坵镇邀请来了一支乡村乐队——飞歌电声乐队,一共七人,他们于"打喜"前一天下午用汽车运来音响设备、舞台器械等,在覃超家两层小楼的住房前的稻场(一块平地)左侧进出口处搭建舞台。乐队表演是近年来在土家族地区红喜事上出现的一种新兴的庆祝方式,比如祝寿、"打喜"、开业等。一般这种乡村乐队的组织是松散的,演出是流动的,成员多是"热爱文艺"的年轻人。乐队有一位总负责人,他负责购置设备、联系演员、接洽业务等,身兼数职,还要主持演出、表演节目,整个乐队的生存和发展主要依靠他。演员则是按照级别,演出一场,获得一场的演出费。他们的工作比较灵活,哪里有演出就到哪里去,也不一定固定在一个乐队里。在双龙,操办红喜事邀请乐队来助兴还较为罕见,这既与这里的人文环境有关,也与过事人家的经济条件、人们的思想观念相关联。

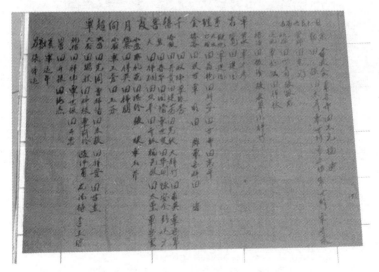

图 2-7　覃超家"打喜"仪式的执事名单(王丹　摄影)

---

① 访谈对象:崔显桃,访谈时间:2010 年 1 月 21 日下午,访谈地点:湖北省建始县三里乡老村村崔显桃家。

图2-8　覃超家稻场上搭建的表演舞台（王丹　摄影）

图2-9　覃超家为"打喜"预备的物资（王丹　摄影）

　　覃超家两方的亲戚朋友都比较多，所以"打喜"仪式的规模相对来说更大，执事人员就达70余人。仅事先预备的米、烟、酒、茶、糖、饮料、鞭炮、烟花、毛巾以及各种肉类、蔬菜、水果、点心、干果、佐料等物资就足足装满了两间20平方米左右的房间，价值两万多元，还不包括宴席时使用的自己家喂养的猪、种植的蔬果等。在主人家的邀请下，一些帮忙的人,如支客师、焗匠提前两天就来到了主人家,该安排的安排,该准备的准备,该干活的干活,家里一下子就紧张了起来,喜庆的气氛也浓郁了许多。

吴树光家的准备情况与覃亮家、覃超家差不多,虽然规模小点,但分工、布置场地、贴对联、备办菜肴,一样也不能落下。堂屋前的稻场作为堂屋的延伸,在"打喜"期间发挥着重要作用。三户"打喜"的人家都在稻场上用彩色塑料布搭起一个大篷子,摆上了很多桌椅板凳,供前来贺喜的宾客休息,这也是"打喜"当日六合班吹奏、迎来送往,以及祭祖吃席等活动的主要场地。"打喜"时,主人家的锅碗瓢盆、桌子、椅子不够用,乡亲邻里都会主动从自家搬来借用。厨屋的焗匠和帮忙的人最先投入工作,杀猪宰羊,准备饭菜。到了夜里,住得近的人就回家睡觉,天亮再来;离家远的人,主人家就要安排休息的地方。

在双龙村一带,六合班就有五六个。覃亮家和覃超家请的六合班是本村田克周组织的家业班子。田克周为人质朴,能歌善舞,会吹奏各种乐器,在当地的信誉和人缘都不错。他家住在双龙村最偏远的各井小组,交通极其不便,他便义务用自己家饲养的骡子为高山上居住的村民送用品、传信件,还四处奔走,为修通高山的道路出谋划策。但凡村中有人家需要帮忙,有人找他做事,他都毫不含糊,热情相助。

> 六合班有头一天去的,也有当天去的,看老板请不请得起,看他的经济情况。也有头天要上坟祭祖的,我们就打家业满山转。①

在覃亮家,田克周率领的六合班是在"打喜"正日子当天一早才到的。大约早上7:00,田克周就同六合班的其他成员一起带着家业来了,刚从马路上转弯下来,他就和另一个响匠吹响唢呐,带头往覃亮家走,敲打锣、鼓、钹的师傅也跟着应和起来。这里距离堂屋大门有二三十米,主人家负责迎客的人赶忙放鞭炮迎接。一到门口,两个响匠便换长号吹几声,礼毕,田克周朝屋里喊道:"老板,送恭贺啊!"覃亮和父亲连忙道谢致意,男支客师传烟②,帮忙的筛茶③,又安排他们吃早饭。

---

① 访谈对象:田克周,访谈时间:2011年2月23日晚上,访谈地点:湖北省长阳县渔峡口镇双龙村田克周家。

② 传烟:"传"音zhuan,传烟意即给客人递上一支烟,这是礼节。

③ 筛茶:即客人来,负责端茶倒水的人倒好茶,放在托盘中,送到客人手中。

不管我在哪方接的响匠，首先他进门就把那个长号拿起吹几声，东家老板就要放一挂鞭炮，就表示响匠进门哒。响匠进门以后，响匠就要开台，就有打盘的。果碟、香烟，再呢就有毛巾、封头，封头就是包点儿钱，端过去，响匠就在高头坐起，就和师傅一样，吃他的饭呢，喝他的酒，这就开始搞起。①

吃完饭，田克周一行人在正对厨屋的稻场一侧，这也是宾客来送恭贺的必经入口，以一张方桌搭起一个台子，摆放乐器、曲谱和用具等，名曰"云台"。云台面向通道一边的两条桌腿上绑定一个"∏"形木架，木架上挂一块红布或者一条红色毛巾，表示办的是红喜事，这就准备开始一天的工作。

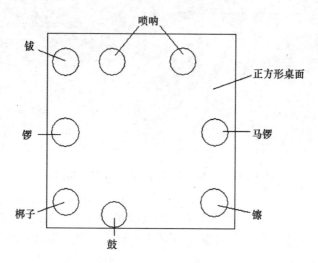

图 2–10 六合班的云台

说明：搭建的云台摆放鼓的一边面向通道。

覃超家要举行朝祖仪式，所以，六合班在"打喜"正日子的前一天就来给主人家送恭贺。下午 16：00，朝祖仪式正式开始。朝祖需要邀请一位家族长辈作为引拜人，带领队伍前行。覃超家请的是覃亮的父亲，也就是覃超的伯父，他手提装有香纸的竹篮走在朝祖队伍的最前面，覃超及两位陪伴覃超的未婚男子，统称伴郎，在六合班的吹奏声中，从覃超的高祖辈起依次按照辈分高低到各位祖先坟前祭拜、禀报、迎请，队伍最后跟

---

① 访谈对象：覃孔豪，访谈时间：2010 年 7 月 18 日下午，访谈地点：湖北省长阳县渔峡口镇双龙村覃孔豪家。

随着用背篓背着鞭炮礼花的帮忙的人。来到坟前，引拜人首先礼拜、上香、烧纸，接着覃超下跪叩首，同时引拜人口中念念有词，意在恭请祖先回府享福。因为历代祖先不是葬在一处，所以朝祖的队伍要上山下山、穿丛过林，香纸味在山中弥漫，乐曲声在山中回响，还有那时时燃响的鞭炮声，在村民们的注目下，朝祖队伍格外壮观、庄重与醒目。

图2-11 覃超家的朝祖队伍（王丹 摄影）

朝祖仪式如今在不少"打喜"家庭都被省略了，被统一到正日子的祭祖仪式中，比如覃亮家和张远兴家就是如此，因为每多一项仪式活动，就要多耗费一笔人力、物力和财力。而且在今天的清江流域土家族地区，人们祭神祀祖的观念渐淡，仪式自然也就简省了。

第三节 仪式的发展：迎嘎嘎 交盒

"打喜"的正日子里，一早"云台"搭起来了，家业安置好了，六合班就吹吹打打起来，这叫做"开台"。开台是"打喜"仪式中每一天活动开启的标志。

开台就是锣打、鼓打、钹打，响匠吹，吹也吹他的调，打也打他的曲谱，大概二十分钟、半个小时就结束哒。这就是第一个序幕。①

开了台，一来客人，六合班中专门负责迎客的人就放一挂鞭炮，响匠师傅们便吹奏迎宾调以示欢迎和尊重。听到声响，支客师得到讯息，立即迎上前来，喊某某姑、舅、姨来了，家业就吹打得更欢了。支客师从一直拿在手里的烟盒中熟练地抽出烟来递上，再喊"筛茶啦"，提示端小盘②的上茶。过喜事的氛围就在这恭喜声、鞭炮声、乐器声、叫喊声中营造出来了，在场的每一个人都被感染着、调动着、激发着。

图2-12 迎宾的六合班（林继富 摄影）

覃孔豪是双龙村有名的能干人，也是红白喜事的积极参与者，既能当支客师、都官，又能打花鼓子、打丧鼓，样样在行。上午9：00左右，覃亮家陆陆续续已经来了不少客人，尤其是本家的亲戚来得早，一来送礼，二来帮忙，这时他们既是客人，也是主人了。覃孔豪的家就在本村本组，离得不远，他是步行过来的。远道的客人有的自己骑摩托车，有的坐"面的"赶来。覃亮家屋后的马路边停满了大大小小的车子。覃孔豪走下

① 访谈对象：覃孔豪，访谈时间：2010年7月18日下午，访谈地点：湖北省长阳县渔峡口镇双龙村覃孔豪家。

② 盘：在清江流域土家族地区，筛茶、上菜都用一个托盘，底部为长方形，四周有向上翘起的围沿，茶杯、菜碗、果碟放在里面。其质地不一，以木头的、塑料的为多。筛茶用的叫小盘，上菜用的叫大盘。端小盘的主要是女性，端大盘的主要是男性，分工明确。

马路，拐过屋角，鞭炮就响起来了，礼乐就奏起来了。覃孔豪走近大门口的时候喊了一句："送恭贺啊！"男支客师便迎上前来传烟，端小盘的送上茶水来。传统上，客人走到堂屋门前要讲礼性话："脚踏贵地，眼望贵人，不知哪位是支客先生，请支客先生转给婆婆爷爷（指孩子的奶奶和爷爷），我们一起送恭贺。"支客师接应道："喜洋洋啊喜洋洋，贵客落在贱地方，家庭贫困没有办到，客们不要见怪。"诸如此类的主客之间讲礼性的客套话。"打喜"期间，就是支客师当家，主人家充分信任他们。客人不管是远处的，还是附近的，就这么一拨一拨地迎进门。

覃亮家堂屋里并排的两张方桌上铺上了一块大红底色的花布，上面对称摆放着一瓶红玫瑰和一瓶黄雏菊的塑料花，异常艳丽，特别喜气。客人进了门，就跟主人家道喜祝贺，覃亮和父母亲都在堂屋里高高兴兴地招呼着客人们。他们每个人手里都拿着一包香烟，见了人，就递烟。来客在堂屋中坐了一会儿，便径直去礼房上情写账，看着自己的礼物被记在了账本上，他们才带着主人家回敬的一双袜子走出来。办喜事，清江土家人都非常欢迎客人们来，包括像笔者这类的外来人，同他们一起分享人生的喜悦。人越多，越热闹，也越喜庆，同时表明主人家人品好，交际广。

图2－13　上情写账的礼簿（王丹　摄影）

上完情，男支客师组织和提醒客人们上桌吃早饭。吃早饭名曰"开早席"，是流水席，来一拨，吃一拨。覃亮家在屋前稻场靠东边的塑料布棚下一排摆了三张圆桌，客人们纷纷相邀自行找座位坐下。三张席坐满了，男支客师就朝厨屋方向高声喊了一声"上席啊！"只见端大盘的人双手端着托盘从厨屋里走出来，托盘里装着三盘一样的菜，走到桌边，由等候在桌旁专门负责上菜的人端放到三张桌上，客人们一边吃着，菜一边上来。菜肴很丰盛，一共有11个菜、1个火锅、1个汤。出菜的顺序依次是：第1道菜：肉糕，第2道菜：四季豆，第3道菜：鸭肉，第4道菜：土豆丝，第5道菜：青椒炒肉，第6道菜：蒸肉，第7道菜：鸡肉，第8道菜：汤，第9道菜：火锅，第10道菜：鱼，第11道菜：扣肉，第12道菜：牛肉，第13道菜：豆腐圆子。

客人们吃饱喝足后，男支客师就喊"下席啊！"帮忙的人就赶紧收拾碗筷、盘子和桌子，需要清洗的就分类清洁，该洗的洗，该涮的涮，动作麻利，行动迅速。紧接着，下一轮新来的客人又要坐席吃饭了。

图2-14 覃亮家稻场一侧的流水席（林继富 摄影）

尽管客人众多，他们是主人家各方的亲戚和朋友，有的彼此熟悉，有的根本不认识，但在为新生儿"打喜"的时刻，他们成了一家人，相互寒暄着，聊着天，打着牌。人多热闹中略显嘈杂，可一点儿也不杂乱，人们各就其位，各司其职，各找乐趣，井然有序。

覃超家的布置、迎客和待客情况跟覃亮家相仿。相对而言，覃超家可利用的空间更大一些，新盖的两层小楼的左侧是进出的通道，右侧是以前居住的一幢土木结构的老房子。老房子、新房子并排相邻，房前稻场上全部用木头和彩条塑料布搭起了大棚，供宾客休息、玩耍和吃席。

　　早晨7：30，六合班开台，人来人往，热闹非凡。覃超家"打喜"的最大亮点是飞歌电声乐队的表演助兴，它既是一种娱乐宾客的形式，又提供了一种新的表达心意的方式。也就是说，客人们除了到礼房上情以外，还可以通过付钱点节目的方式表示对新生儿家庭的祝福。当然，点节目只是形式，一般节目由乐队自己定、自己演，在表演前主持人会特意加上该节目是由"新生儿的某某人"点送的说明，以表明关系，并告知众人，而点节目付的钱也要写清账目，交由主人家。这次，飞歌电声乐队表演的节目主要是流行歌曲、通俗舞蹈，配有电子琴、架子鼓等现代乐器，适时还会用上干冰机来喷雾营造气氛。乐队的响动很大，加之音响效果，吸引了许多宾客坐在了面向舞台的观众席中，他们有的嬉笑欣赏，有的指点议论，多是出于好奇与新奇。不过，年纪稍大一点的人则会选择距离舞台远一些的位置，因为惧怕那"咚咚""砰砰"的震耳声响。被挤到稻场靠右侧的六合班则被人们视为"习以为常"了，他们照样地恪守职责，吹奏迎宾，甚至会更加激情洋溢，好像是与乐队较劲，也是在吸引宾客的注意。停下来休息的时候，六合班的成员偶尔也会伸脖仰头张望舞台上的表演。覃超家的客人多，早饭的流水席就吃了整整一上午。到中午12：00左右，喜得千金的覃超和向月霞走上舞台向来宾致谢，并献唱了歌曲。

图2-15　覃超夫妇走上舞台致谢（王丹　摄影）

　　建始的吴树光家来了一批特殊的客人——河水坪村文艺表演宣传队。与乡村乐队不同的是，这支队伍由16位村中的中老年妇女组成，年龄最大的70岁，年龄最小的47岁，是河水坪村村长颜家艳一手组织起来的。颜家艳认为，这是一件非常有意义的事情，不仅能把土家族的传统文化保存下来，而且也给爱好民间文艺的村民提供了一个舞台，同时也让村里多了一些文化娱乐活动，少了打牌赌博、打架斗殴的事情。① 所以她自己筹集服装、道具和音响设备，把喜歌乐舞的妇女们召集起来排练，自编自演，她们的节目既有乡土气息浓郁的歌舞，也有时代感极强的广场舞。这支队伍已被三里乡政府挂牌命名，在当地也颇有名气。现在家庭条件好一点的人家办喜事，都会邀请她们去表演，喜乐一番，并支付给她们一定的报酬。吴树光的母亲就是这支队伍中的一员，因此，为自己的队员家里"打喜"而表演，奶奶们就更卖力、更起劲、更欢乐了。上午9：30，从村长家整装出发的文艺表演宣传队就到达吴树光家了。她们一路敲打着锣鼓，精神抖擞，喜气洋洋，一到堂屋门口，领队就停下来说："步脚走，步脚宽，步脚来到吴府高堂上，我们给吴先生送个恭贺。你堂屋四角方，子孙日后当省长；你堂屋四只角，子孙日后读大学。财也兴，人也旺，财兴人旺旺旺冲。"主人家高兴地放鞭炮迎接。接着，都官喊一声："客来哒，传烟倒茶！"负责迎客的人赶忙上前给客人们敬烟、递茶，互相说些客套话。

迎接的客人当中最尊贵的要数孩子的嘎嘎和嘎嘎客了。在孙家坝村张申秀家，事先被邀请前去"做嘎嘎"的亲戚朋友在"打喜"那天上午9：00左右就聚集起来了。嘎嘎一边用瓜果副食招呼大家，一边忙着把自己准备的和大家带来的礼物整理好，贴上红纸条，猪蹄子、醪糟、鸡蛋、面条、毛毯、婴儿衣物、学步车等，分别用担子挑起，当地俗称"挑挑子"。张申秀1957年生，膝下有一个儿子、两个女儿，这次"打喜"的是她的小女儿，也是她第三次做嘎嘎。张申秀早在她39岁的时候就当了嘎嘎。她第一次做嘎嘎时就给女儿家送了12个猪蹄子和1000多块钱，这在当时是十分贵重的了。嘎嘎家的挑子越多，就越有脸面，自己女儿在婆家也就越有地位。嘎嘎客基本都是妇女和孩子，除了帮忙挑挑子的人。这些妇女大多是与嘎嘎一辈的，即产妇的母辈，有舅母、姨娘、姑妈、婶娘，其次是新生儿的舅母、姨娘等，嘎公没有参加。张申秀说，她们这里"做嘎嘎"一般都是女的去，嘎公等男性是不去的。张申秀还特意请了两位会打花鼓子的同村妇女一起去。因为"打喜"期间，奶奶会请嘎嘎对歌、打花鼓子。如果嘎嘎家人不够，又唱不好、跳不好，就会心虚，败下

---

① 访谈对象：颜家艳，访谈时间：2010年1月19日晚上，访谈地点：湖北省建始县三里乡河水坪村颜家家。

阵来。所以,"做嘎嘎"时,嘎嘎就尽量多岔(邀请)一些人。张申秀请了四十来个人,也算人数比较多的了,她们一起乘三轮摩托车去。孙家坝村与河水坪村相隔不远,在大路上下了车,嘎嘎家浩浩荡荡的队伍就引起了村民的注目,嘎嘎客快到的消息也传到了吴树光家。河水坪村文艺表演宣传队的奶奶们便兴高采烈地敲着锣,打着鼓出门去迎接。上午10:20左右,嘎嘎一行人就到了孩子奶奶家。

图2-16 河水坪村文艺表演宣传队迎接挑挑子
做嘎嘎的队伍(林继富 摄影)

嘎嘎客"打喜"时进外孙家,嘎嘎走在最前面,嘎嘎客送的礼物到奶奶家的时候,挑醪糟的走在最前头,接着是挑蹄子的,再往后就不管怎么走都可以。嘎嘎送的东西的挑子就挨到放堂屋里,然后支客先生就来喊。嘎嘎人家兴起打的礼,那还是讲个礼性。嘎嘎人家讲不来,那就说这个事免了。有的嘎嘎人家讲礼性①。这边的老板和那边嘎嘎人家讲礼性,就望到香火(神龛)点个礼。②

---

① 讲礼性:是指知晓地方礼俗,并遵照此种彼此认同的规范,"礼貌性"地待人接物,礼尚往来。"讲礼性的(人)",特指能说会道、善于应变,有良好的表达能力、沟通能力和协调能力的人,男女皆可。"打喜"仪式中,讲礼性的多是女性,比如男方邀请的女支客师,女方请来讲礼性话、帮忙唱歌跳舞的妇女。
② 访谈对象:崔显桃,访谈时间:2010年1月21日下午,访谈地点:湖北省建始县三里乡老村村崔显桃家。

覃子萱嘎嘎居住的村子在清江北岸的群山中，与双龙村相隔一条清江，双龙村在西，它偏东，所以嘎嘎一行要坐船逆水而上。下午14：00左右，通过手机联系得知，嘎嘎坐的船快到锁凤湾码头了。覃亮就派弟弟开面包车到码头上去接。家里帮忙的人一听嘎嘎就要来了，精神一振，忙活开了，在堂屋的镶桌上摆果盘，装香蕉、苹果、糖果、花生、核桃、瓜子等。负责烧水的人也加了一把劲把水烧开，预备洗脸盆和毛巾、香皂等。大约14：30，面包车停在了屋后的马路上。迎宾的人一直密切留意嘎嘎的行踪，做着准备。看到载着嘎嘎和嘎嘎客的车停下了，便冲屋里喊："嘎嘎来哒！"嘎嘎一行人下了车，没有急着进家门，而是在路口等着。覃亮和父母带领帮忙搬东西的人加快脚步往马路上赶着迎接。

图 2-17　覃亮家六合班列队吹奏迎嘎嘎（林继富　摄影）

　　起码都包个车，免得给我做伴的遭罪咯。这男方屋里就要安排帮忙的到车上去接东西，"嘎嘎，您略微等下"。唢呐啊，家业啊，鞭炮啊，就要吹吹打打地去接。①

六合班先要对着主人家的堂屋吹奏一番，意为"送恭贺"，再转身走

向路口,恭迎嘎嘎一行。两个吹唢呐的响匠走在前面,马锣、钹、锣随后,他们边走边吹奏迎客调。这是嘎嘎和嘎嘎客特有的待遇。鞭炮也响起来了,宾客们都站起来,有的径直赶上前去看嘎嘎和她率领的队伍。

> 嘎嘎来了,我们去接一截,就是这三件:两个吹的和马锣。嘎嘎进来,吹唢呐,接到屋门口,吹号,接着她们喝茶洗脸,就吹唢呐,吹一班。①
>
> 迎接时必须鸣炮,火炮鸣响的时间越长越好,最好要响到嘎嘎一方的人员全部进门为止。②

覃子萱的嘎嘎刘中惠和嘎公田文生都来了。嘎嘎家的客人由嘎嘎、嘎公领头往屋里走。走进大门,嘎嘎、嘎公停下脚步,并排站着,嘎嘎客也相继站在门口,女支客师则在镶桌旁,与他们面对面,笑盈盈地迎接着。嘎嘎笑容满面地讲礼性话:"亲爷,亲妈,送恭贺啊!各位来宾,都辛苦哒!在这里,我再次祝贺我的外孙学业有成,步步高升!"女支客师回应道:"堂屋里灯光照四方,嘎嘎您贵客喜洋洋,各位贵客都请坐,娘婆二家同庆贺!小盘子拿茶来!"意思是表示欢迎和致谢,并让嘎嘎和嘎嘎客登位,即落座。嘎嘎点头微笑示意,代表所有嘎嘎客领座。接着,嘎嘎、嘎公带头分别朝堂屋上方走去,在镶桌两边靠墙的座位坐下,嘎嘎客跟着走进堂屋,自觉按照男左女右的分配原则挨着嘎嘎、嘎公依次从上方往下方落座。嘎嘎客中的女客多、男客少,孩子的舅舅、舅妈都来了。这时,嘎嘎家的礼物已经被一一摆放在镶桌前面,其他客人都竞相拥挤着围观看热闹。

> 嘎嘎进门先讲,我们这边请的支客师就四言八句接。这边嘎嘎屋里还愿意讲,这边就对,有的一讲蛮多,有的进门表示打个招呼的意思就行哒。有的蛮兴讲礼性的专门请人讲,那一个讲,一个对。但是有的蛮简单的,进门打个招呼就行哒。③

---

① 访谈对象:田克周,访谈时间:2011 年 2 月 23 日晚上,访谈地点:湖北省长阳县渔峡口镇双龙村田克周家。
② 田发刚、谭笑:《鄂西土家族传统文化概观》,长江文艺出版社 1998 年版,第 196 页。
③ 访谈对象:田少林,访谈时间:2010 年 7 月 20 日上午,访谈地点:湖北省长阳县渔峡口镇双龙村覃亮家。

覃唯苇的嘎嘎来的阵势最盛大。2011年7月11日下午13：30，贴着"囍"字、戴着红花的两辆轿车、四辆面包车和一辆大巴车按照次序顺势齐整地停靠了覃超家旁的马路上，车上下来的男女老少都穿戴喜气，面带笑容。从领头的一辆轿车中走出的一位神清气爽的中年妇女一下车就忙活开来，安排着人员队伍，指挥着礼物卸载，她就是覃唯苇的嘎嘎覃菊秀，嘎公向道俭则在一旁给她帮着忙。覃超和他的父母早已闻讯赶来迎接，相互问候、交接和协商了一会儿之后，六合班摆出郑重的架势吹奏起来，迎宾的人燃响鞭炮和礼花，嘎嘎带领嘎嘎客的队伍一路威风浩荡，不亦乐乎。

图2-18 向覃超家驶来的嘎嘎和嘎嘎客的车队（王丹 摄影）

在我们那一块儿来说，作为出门去当嘎嘎啊，这回算是最热闹的一回。一般性的没突破过70个人，这回确实有92个人。①

我家里是跑车搞运输的，今儿接嘎嘎"打喜"，车都是我们搞好，派过去接嘎嘎她们过来。亲戚朋友多，所以车也要得多，一早就开过去接她们，再摆渡船过到我们这边来。②

---

① 访谈对象：覃菊秀，访谈时间：2011年7月11日下午，访谈地点：湖北省长阳县渔峡口镇双龙村覃超家。
② 访谈对象：覃卫群，访谈时间：2011年7月11日下午，访谈地点：湖北省长阳县渔峡口镇双龙村覃超家。

如此的规模和排场令所有在场的人都眼前一亮,他们争相观望,主人家和嘎嘎家的人个个喜笑颜开,对这壮观气派的场面和效果表示满意。嘎嘎覃菊秀和她请来的女支客师张世菊走到大门处站定,其他嘎嘎客随后等待,主人家主事的两位支客师正在堂屋中恭迎招待。嘎嘎家备办的婴儿床、婴儿车、背篓、被毯、衣服鞋帽、洗护用品以及玩具等也已摆放在镶桌前,这也是为了方便大家都能够直观地见证"做嘎嘎"的盛情与慷慨。一切安顿妥当,女方请来讲礼性的人代表嘎嘎家送恭贺,男方的女支客师应答,并让女方登位,女方则"恭敬不如从命",说"东家老板好招待,支客先生会安排,虎皮交椅二面摆啊,我们愧领坐下来"一类的礼性话后就领位坐下。

图 2 – 19   覃超家嘎嘎与请来的女支客师进门
送恭贺、交礼物（王丹　摄影）

过去,在土家族地区,嘎嘎备办的礼物基本都用背盒装起来。背盒约三尺长,高不等,有盖子,里面有四层格子分装不同的礼物。一般第一格装孩子的衣帽鞋袜等,第二格装小铺盖、布料等,第三格装糖、饼、面条等,第四格装鸡蛋、米等,装好盒,用锁锁上。盒正面贴上"生金童,金童金宝贝;育玉女,玉女玉兰花"等良言喜联。背盒要请一个八字好、儿女双全、结发夫妻到老的男人背起。那时,每个村社都有背盒,哪家有事就哪家用。也有的用抬盒,形制与背盒类似,由两人以木棍抬起。条件差的人家,可用盖篮或提包代替。嘎嘎还将亲眷友人的礼物攒起来,或挑或抬，或背或提，由嘎嘎带队气势浩大地去外孙家"做嘎嘎"。

  礼盒是用木头做的箱子，一层一层的，一层一个格。嘎嘎的盒用红纸封起来，有的是挑盒。我们那边是山区，是背盒，都背起。几架盒，就是几个人背就叫几架。有的盒是抬的，就是一个架子两个人搞一个红棒子抬的。①

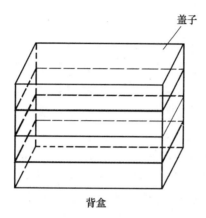

图 2 - 20 嘎嘎送礼物用的背盒

  待嘎嘎和嘎嘎客落座后，女支客师便热情地走上前去与她们寒暄问好，从嘎嘎开始，依次给嘎嘎客传烟，从女到男，端小盘的随后，也跟着给客人一一递上一杯清茶，消暑解热。女支客师安排了四个年轻姑娘用四个洗脸盆打来透（清洗）脸水，配上毛巾和肥皂，让嘎嘎和嘎嘎客擦脸洗手。姑娘们微笑着对嘎嘎客说："您那么远过来，辛苦了！"每位客人用一盆水，清洗完后，姑娘们会再到烧水人那里换一盆干净的水端过来。敬烟是一轮一轮的，女婿、女儿、爷爷和奶奶轮流来。筛茶的人见哪位嘎嘎客的茶水没了，就及时给添加，女支客师也一直陪在堂屋里。对于嘎嘎和嘎嘎客，主人家丝毫不敢怠慢。有的嘎嘎客不一定跟嘎嘎一起来，她可以从自己家出发，但在主人家，还是被统一称为"嘎嘎客"，受到最高的礼遇。

  等嘎嘎和嘎嘎客休整了一会儿，就要开始交盒了。这即是女支客师带领接盒的人，代表主人家，从嘎嘎一方将嘎嘎家送来的礼物一件一件接递过来，放到储存的地方。按照风俗，背盒要经过交接钥匙、开盒赞（说）

---

① 访谈对象：戴曾群，访谈时间：2009 年 12 月 6 日晚上，访谈地点：湖北省长阳土家族自治县民族文化村。

四句子、取物传送等程序。

　　舅妈和支客师交、接钥匙。支客师讲礼性:

　　接到钥匙响叮当,嘎嘎舅妈请我来开箱。我一开天长地久,样样东西办得有;二开地久天长,猪蹄子挂面和白糖;三开荣华富贵,鞋帽成双成对;四开金玉满堂,新衣新被摆中央——嘎嘎舅妈有名望!

　　交了钥匙的舅妈谦虚地回应道:

　　阳雀叫,喜鹊应,婆婆爷爷得龙孙。嘎嘎舅妈很贫困,一没办起金衣和银衣,二没办起藕粉和虾米,只有根把猪蹄,升把糙米,算不上是人情,算不上是礼仪,嘎嘎舅妈们确实无名誉。

　　下面的程序是接盒、开锁。支客师走近支在堂屋中央长条凳上的木箱,打开锁,掀起箱盖,代表东家接受礼品。她边清点,又是一番礼性:

　　哥哥嫂嫂真有名,银钱折的是扇子形。风衣风帽几十顶,还有棉衣麦乳精,还有香水加扑粉,还有白糖鸡蛋挂面几十斤。各位客们,您们看,您们听,我是无水平,一言难表尽,我代表东家是——愧领。

　　此时舅妈跟了一番礼节性的回应:

　　乐开怀,喜开怀,我们今儿到贵地来。喜今朝,贺今朝,这时给大姑您帮忙去捡到(收起来)。①

　　能说会道的两方人每开一格,每拿一样东西,都能在现场即兴发挥,编说吉祥话,见到什么说什么。嘎嘎家的自己人不会说的,就请女支客师代替。一方话音刚落,另一方又回敬一段礼性话。礼物就这样逐一交递给负责接盒的人手上,并被送到相应的房间放置下来。礼盒是一个人一个人交相传递过去的,以往更为讲究的人家在传礼盒的时候还要将其举过头顶。

　　进门要接盒。到那个盒接起来,要说四句子。那个盒拿哒以后,往房屋里拿的时候,不是随便拿的,都是从脑袋上一个个递过去的,一个个传起去的,不是一个人端起往屋里跑的,是过接(用接的方式),一个

————————————

① 白晓萍:《独具特色的"过家家客"——湖北清江土家族生育习俗田野调查实录》,载《三峡论坛》2010年第1期。

个接到房屋里去的。交盒的人，嘎嘎这边请德高望重又能讲礼性的人现场编四句，遇到什么说什么。东家老板那边接盒，他也不是随便接，支客师也说四句子。有些话是固定的，有些话是即兴的演讲，说些话都押韵，说得出口成章。盒子里头哈是（都是）食品，饼子，面条啊，鸡蛋啊，糯米啊，这都有，黄豆啊。现在有钱哒，现在有的把（给）钱，一万块换成票子，放到盒里头，贴里头，用胶布绑起，一开盒，就那么多钱。每个盒都打开，要看送的什么东西来的，看嘎嘎送的什么，讲面子的。一般盒是一架四层，嘎嘎走在前头带队。①

如今的礼物更加多样，高档婴儿用品、家用电器等应有尽有，有的干脆直接送现金了，用礼盒装礼物的人家也越来越少了，交盒说令的仪程被大大简化。

原先有东西的话，就兴装盒。什么鸡蛋啊，米啊，面条啊，孩子的衣服啊，都一层层地装成盒，那是一种老俗。现在把那个盒的东西都折成钱，写账哟。②

图2-21 覃超家堂屋里展示的嘎嘎置办的实物礼物（王丹 摄影）

① 访谈对象：覃发池，访谈时间：2009年12月6日晚上，访谈地点：湖北省长阳土家族自治县民族文化村。
② 访谈对象：张世菊，访谈时间：2011年7月11日下午，访谈地点：湖北省长阳县渔峡口镇双龙村覃超家。

在覃亮和覃超家,嘎嘎家的礼物在堂屋里展示一番后,就被帮忙的人搬进了房间。嘎嘎只是谦虚地说:"我家里比较寒微,没给外孙带来什么礼品。"女支客师客气地应道:"嘎嘎来哒就蛮好。"递交礼物的形式变化了,但关爱生命的心情从未改变。

在吴树光家,嘎嘎张申秀还送来两块匾。匾以毛毯打底,上面用红色百元面值的人民币贴出一个"囍"字来,再用玻璃装裱。在长阳,"打喜"时嘎嘎不送匾,多由孩子的姑、舅、姨等至亲单独或者合资送来。送匾的人要另请六合班吹吹打打地将匾送进门,并放鞭炮,主人家也以鞭炮迎接,还以金钱回赠。匾从右手边接进堂屋,随着六合班在堂屋里围着桌子转圈,圈数由掌号的师傅来定,如四遍是四季发财,五遍为五子登科。在香火前停下,主人家的男支客师主持升匾。匾挂在香火一面的墙上,高度不能超过香火,边升边说吉利话,送匾的也要说,不会说的人家请人说。升匾取意步步高升。

> 嘎嘎要送匾,二边一边一张梯子,升匾就是挂那么一只角,高头把的钱(意即匾是以钱币拼贴的),这么拉起,一般要送几个匾。匾送到外孙家,女儿家要夸奖,匾升起来。升匾的时候有专门的人喊:上一步,天长地久;上二步,地久天长;上三步,荣华富贵;上四步,金银满堂;上五步,五子登科;上六步,六步成祥;上七步……这个与做房屋升梁也是这么上的。①

长阳文化人萧国松回忆说:"送匾时间蛮长了。旧时是木制的,大小不一,多画竹子、喜鹊,寓意发得快,吉祥到,或者书写四字吉言。我推测,送匾是清雍正十三年改土归流后,从外面传进来的。"②

交了盒,气氛相对轻松下来,大家各找各的乐去了。嘎嘎进房间抱抱小外孙,并把他抱出来和客人们见面,大家都围着小家伙又是看,又是赞。这个场合轻松而自然。

"打喜"人家的鞭炮不停地响,表明客人是源源不断、络绎不绝。

---

① 访谈对象:崔显桃,访谈时间:2010年1月21日下午,访谈地点:湖北省建始县三里乡老村村崔显桃家。
② 访谈对象:萧国松,访谈时间:2011年2月23日上午,访谈地点:湖北省长阳县渔峡口镇双龙村覃好宽家。

来客要放炮，放炮是有规矩的，一冲喜二冲忧，放一炮是红事，放两炮是人过世。现在是放一挂鞭，红白两事都分不出来。①

客人们贺喜的鞭炮和主人家迎宾的鞭炮噼噼啪啪，竞相齐鸣，格外地热烈、喜乐和欢愉。清江流域土家族流传着这样一则故事：

从前，有两个算命子，一个姓张，一个姓李，隔河住着，很相好。双方许下愿心：要是双方生了儿子，就让他们结拜成弟兄，要是生下一男一女，就结成夫妻。

这一年，两个算命子的女人都有了身孕，他们就约定：哪个生了儿子就放三声炮竹（鞭炮），哪个生了女儿就放两声炮竹。

不久，李算命子生了个女儿，放了两声炮竹，又过了不久，张算命子生了个儿子，就放了三声炮竹。要成亲家，得先看看这个儿子的命相如何。三声炮竹响过，两个算命子都掐指一算，拐哒（坏了），这个儿子占了贼星，长大以后是个强盗。两个算命子见了面，都没敢说出这个背时命相，打亲家的事，也就没再提起。不料，这个男娃从小聪明好学，一举中了状元，做了大官。两个算命子更加奇怪了。

于是，两人邀约到城里去拜访名师，两人在街上串来串去，碰到一位老者，那老者一看，这是两个算命子，于是攀谈起来，张算命子告诉老者，他生了个儿子，按八字推算，完全是个强盗，想不到他长大之后，不仅不是强盗，反而中了状元，做了大官，因为不明其中奥妙，所以出门拜师求教。

老者听罢，扪了个时辰，掐指一算，果然是个贼星，老者默了一会经，哈哈大笑道："这个娃儿落地之时一定有么子响声惊动了他。"

张算命子说："实不相瞒，那男娃下地时，放了三炮。"

老者答道："这就对了，贼心怕响啊，他一旦改了本性，就成大器了。"

所以后来民间凡生了娃娃，都放鞭炮。②

鞭炮声改变了一个人的人生，尽管这则故事带有一些浪漫色彩，但

① 访谈对象：覃孔豪，访谈时间：2010年7月18日上午，访谈地点：湖北省长阳县渔峡口镇双龙村覃孔豪家。
② 《生娃娃放鞭炮的来历》，见侯明银编《中国建始文化丛书·民间故事》，湖北人民出版社2006年版，第162—163页。

是，鞭炮在清江流域土家族的心目中是一种能驱邪逐疫的神奇事物，它起到了传递生命与生活信息的作用。今天，在清江土家人那里，凡是孩子出生、娶媳妇、嫁姑娘、老人辞世等重大事件都要燃放鞭炮。鞭炮越大，情义越重；鞭炮越长，心意越浓；鞭炮越响，预示越好。

第四节　仪式的高潮：坐席　醮亡人　打发送子娘娘

迎嘎嘎，交完盒后，所有来客都各自找乐，自由活动，主人家请的支客师和帮忙的人则各负其责，忙着招呼客人们吃饭、喝茶、玩乐，也为即将举行的仪式活动做着准备。在覃超家，舞台上飞歌电声乐队的表演继续着。随着客人越来越多，特别是嘎嘎和嘎嘎客的到来，屋前稻场上人头攒动，热闹非凡，乐队的节目是一个赛一个，接连听到主持人报告嘎嘎和嘎嘎客出钱点节目的讯息，这也是她们显示自己心意和实力的平台，她们要把"做嘎嘎"做得体面而热烈。不仅如此，嘎嘎请来的女支客师更是登场献艺，代表嘎嘎家表达对外孙和外孙家的祝福。她献唱了一首长阳民歌《郎在高山打伞来》，动听的歌声吸引了全场的眼球，顿时场上鸦雀无声，人们全神贯注，沉浸其中，歌声一落，掌声四起。在人们的欢呼声和强烈要求下，她又倾情演唱了几首曲调欢快的民歌。没有了音响的"震耳欲聋"，又有了喜闻乐见的歌舞形式，连原本躲避得远远的乡亲们都围拢到舞台前观看、叫好。村中公认的几位民歌师傅纷纷上台表演，一时间现代化的舞台被民间歌舞所占领，而且彰显出它别具一格的魅力，产生了更大的向心力和影响力。从目前的情况来看，其他的歌舞样式在双龙村更多的是作为一种观赏的对象，参与性更高的依然是土生土长的土家族歌舞。年青一代，如覃超、覃亮也都上台演唱当地民歌，他们唱的《十爱姐》赢得喝彩声一片。舞台上的火热表演一直持续到夕阳西下。

坐席是指"打喜"正日子当天的正餐，覃亮家、覃超家安排在晚饭的时候，吴树光家则是午饭的时候。正餐坐席非常讲究，大致分为两种情形：首先，嘎嘎一方的客人由男支客师统一安置，他大致了解一下客人与主人家的亲属关系，并与主人家商量着排座。嘎嘎最大，坐上席，其他人按亲疏远近依次就座，主人家这边的亲友陪席，吃白客酒的①也可以陪，

---

① 吃白客酒的：指除嘎嘎一方、主人家亲戚以外的前来参加"打喜"的来客，比如同村的人。这些人来参与"打喜"，也叫吃白客酒。吃白客酒要上情，送礼。

席旁专设有一人端菜、上菜。先前还讲究在席口上坐一位主人家的本家亲戚接菜，现在这一人则可有可无。有的时候，支客师事务繁忙，又不太了解嘎嘎这一方来的人，这个时候嘎嘎也负责招呼嘎嘎客入席就座。

图2-22 飞歌电声乐队成员演唱流行歌曲（王丹 摄影）

图2-23 打花鼓子登上舞台（王丹 摄影）

嘎嘎自己知道，请她们怎么坐席，这个时候，嘎嘎就当作自己人操办了，给支客师帮忙。①

主要的客人入座后，其他人则可以比较随意地在其他酒席上落座。如果客人多，就再坐第二发（轮）、第三发……由支客师指挥，吃流水席，直到所有人吃完饭。

嘎嘎和嘎嘎客坐的席一般在堂屋里，席桌是方方正正的，一方两个人，席位的上下大小非常严格，稍微处理不当就会引发矛盾，轻者离席而去，严重的还会发生肢体冲突。所以，不仅料理事务的人要懂规矩，而且前来"打喜"的人都要讲礼性。

> 没有坐到相应的位子就要闹意见的。这个帮忙的人搞得不好打家伙，有的要挨嘴巴呢，帮忙的不讨好。②

嘎嘎和嘎嘎客坐的席有两张席的，有三张席的，有四张席的，视人数多少而定。由于客人多，堂屋里转不开，"打喜"人家，包括覃亮家、覃超家和吴树光家都把席桌摆在了堂屋以外的地方，如塑料布棚下的稻场上，但还是分嘎嘎和嘎嘎客坐的席与其他客人坐的席。20世纪80年代以前，土家族的房屋大都是土木结构，堂屋的进深和顺深都比较大，所以容纳的空间就大。而今，修建的房屋改为砖混结构，进深和顺深受到了限制，如果进深和顺深宽大了就容易落堂（楼板塌陷），这样空间就小了很多，再加上大门是主要通道，主客进出频繁，因而就无法坐席了。

> 过去不兴在外头坐席，还是要在堂屋里，香火为大。现在能在外面摆席，是圆桌。客请客，嘎嘎屋里来多了，帮忙的饿了，就开席了，就跟嘎嘎一说，就不讲究那么多了。③

---

① 访谈对象：萧国松，访谈时间：2011年2月23日上午，访谈地点：湖北省长阳县渔峡口镇双龙村覃好宽家。
② 访谈对象：覃好宽，访谈时间：2011年2月23日上午，访谈地点：湖北省长阳县渔峡口镇双龙村覃好宽家。
③ 访谈对象：田少林，访谈时间：2011年2月23日上午，访谈地点：湖北省长阳县渔峡口镇双龙村覃好宽家。

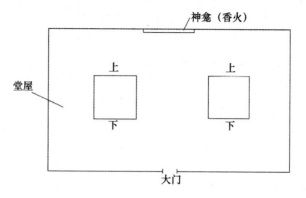

（1）坐两张席

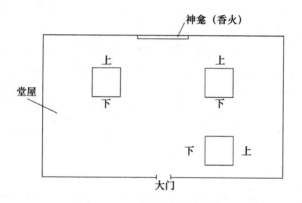

（2）坐三张席（品字席）

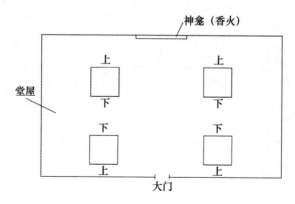

（3）坐四张席

图 2-24 堂屋坐席图

　　覃亮家和覃超家正餐坐席、祭祖祀神的仪程一样,情形相似,在此仅描述覃亮家的情况就可窥见一斑。覃亮家坐席在稻场的东侧,这时这里就形同一个空间开阔的堂屋。他家的房屋是坐北朝南的,坐席则转了一个方向,背东面西,厨屋也在西头。这样一来就意味着房屋大门转了一个90°,坐席、上菜也顺势转方向。三张席中间为大,往北一张次之,往南一张再次之。每张席靠东边的位置是上席,对着门口的位置是上席,嘎嘎就被安排在中间一张席的正东位子上,嘎公坐她旁边。因为席桌换成了圆桌,所以规矩没那么严谨了。基本的大小上下席位确定了,嘎嘎坐定了,嘎嘎客就能各得其位,但下席席口上菜的地方坐的还是主人本家的亲戚。

　　坐席的圆桌一桌十人。等这一发席的客人们都安坐好了,男支客师便朝厨屋里一喊:"开席啰!"响匠就把长号拿起吹,这就给每桌端上来喜糖和瓜子、花生等副食品,供客人们享用,这叫做"传杯"。紧接着就是出菜。坐席时,菜不能随随便便端上桌。在厨屋门口挂着一面锣,出一个菜,就敲一下锣"梆"。六合班的师傅听到这个信号,就"咚啊咚啊梆梆梆"地吹打起来,这就开始上菜。田克周吹唢呐,领着另一个吹唢呐的响匠走在前面,他俩手拿唢呐吹,腋下夹一长号,打马锣的第三,钹第四,锣第五,一起一边吹打一边往前走,围着嘎嘎和嘎嘎客坐的席走路线,端大盘的人端着菜紧随其后。

图2-25　覃亮家坐席时给嘎嘎客上菜(林继富　摄影)

　　田克周说,以往生活艰苦,不过过喜事,无论如何,菜都要办得丰盛些,讲究"十大碗""十碗八扣",即菜肴一共十道,装成十碗,其中八碗要"扣"。"扣"就是先在一个稍小一点的碗内装满配好菜品,然后放到木制蒸笼里蒸熟并保温,出菜时,将其反扣到另一大碗中,这样这碗菜的顶部就呈现出半圆形,寓意生活圆满。如今,人们多强调菜肴的用料和数量,不特别注重"扣"的形式了。每上一道菜,六合班就吹一个曲调,走一种路线。

表 2-1 上菜与迎菜

菜品	调子	路线
1. 肉糕(头子)	大开门的短调	正弧线八字①
2. 炒菜	汉露山(满堂红)的短调	反弧线八字
3. 鸡肉或鸭肉	过山音的短调	正万字②
4. 鱼肉	画眉调的短调	反万字
5. 髈或用四方肉坨代替	小开门的短调	正弧线八字
6. 猪心肺	达官调的短调	反弧线八字
7. 猪肚	水绿音的短调	正万字
8. 虾米	双连九的短调	反万字
9. 蒸肉	节节高的短调	正弧线八字
10. 圆子	一指调的短调	反弧线八字

资料来源:根据 2011 年 2 月 23 日晚上在湖北省长阳县渔峡口镇双龙村田克周家访谈田克周、覃世贤、田祥彬等人所获信息编制。

也就是说,十道菜,十个曲调,在四种路线中完成,其中第 1、5、9 道菜走正弧线八字,第 2、6、10 道菜走反弧线八字,第 3、7 道菜走正万字,第 4、8 道菜走反万字。十道菜中第一道菜和最后一道菜的菜品不变。第一道菜是肉糕,也叫头子,意味着开始;最后一道菜是圆子,取意圆圆满满,合起来就是有头有尾了。第 5 道菜和第 9 道菜也很重要,一般都是用猪肉做成的扣菜,祈愿着生活富足安康。依照老规矩,上菜先要往嘎嘎和嘎嘎客面前放,然后再往桌面下方移动,既是尊敬的表示,又让全席的人都能吃到这道菜。等十道菜上齐,桌上的菜摆成三行:上面三道,中间四道,下面三道,皆平行横放。

我们这儿第一碗菜是上肉糕,或者叫头子。最后圆席的是一碗圆子,就是豆腐圆子也可以,肉圆子也可以。早席之后,跟前的也好,

---

① 八字:路线形如"∞",谐音"发"。
② 万字:路线形如"卐",卐是一种祝吉符号。

亲戚朋友也好,并不是整队入场,老百姓都是张三这个时候去哒,王五又要一会儿才来,紧接到又要压几次席。①

覃亮家开席在晚上 21:00 左右。上一道菜,两个响匠就在坐席下方不远处吹号起领,浑厚悠长,几声之后换吹唢呐,带领六合班的其他成员在前面开路。他们吹奏着吉祥、喜庆、欢乐的高音曲调,无论是走弧线八字,还是转万字,整个席场的角角落落都会走到,转出的曲曲弯弯走得特别圆润。而且,不管走哪一种路线,都要将它完完全全转到位、转完整。跟在后面的端大盘的人双手托盘,悠哉乐哉,边走边扭,劲头十足。他们一路走来,播撒着喜声喜气,走过的路线最后构成八字形或者万字形,当退到下席处,大盘中的菜才会被给每桌上菜的人端上桌去,让嘎嘎和嘎嘎客尽情享用。尽管这个过程看起来有些复杂,规矩不少,但是,在场的每一个人都沉浸其中,去感受、去遵从、去传播,他们的那种快乐、那种兴奋、那种激动溢于言表。且不说嘎嘎和嘎嘎客安然自得地享受盛情款待的那份荣光,就连端大盘帮忙的人都左摇右晃,手舞足蹈,乐乐颠颠的,惹得全场笑声一片,生气盎然。一旁的来客们都争相比画、喝彩、挑逗,为这隆重肃雅的坐席增添了许多生机与戏谑。六合班的师傅虽然辛苦,却也兴高采烈、得意昂扬,因为"打喜"的盛大、热烈、喜悦全都掌握在他们的口中、手上和足下。菜上了以后,六合班还要带着端空盘的人沿逆时针方向绕席一周,才退出去,以一个大圆满结束。

上菜走的路线有讲究,有说法。

绕到走是有固定的规律的,那是穿的弧线八字哟。吹的时候抵不住啊,我嘴巴都吹疼哒。那是反转正转,要转圆,弧线八字,都转到啊,是有规矩的。一般反正是大进小出,不管哪碗,不管从哪里进,出来都要这么转出来,大进小出哟。②

人们便是通过这种吉祥的路线为新生命的人生之路的美满康健祈福祝愿,也期望新生命的到来带给主人家、嘎嘎家以及现场所有的人吉庆、富足与幸福。

---

① 访谈对象:覃孔豪,访谈时间:2010 年 7 月 18 日下午,访谈地点:湖北省长阳县渔峡口镇双龙村覃孔豪家。
② 访谈对象:田克周,访谈时间:2010 年 7 月 20 日晚上,访谈地点:湖北省长阳县渔峡口镇双龙村覃亮家。

在覃亮家的正席上，火锅事先放在了桌子上，一共上了12道菜，包括1个汤，分别是：第1道菜：肉糕，也叫头子；第2道菜：四季豆；第3道菜：土豆丝；第4道菜：鸭肉；第5道菜：扣肉；第6道菜：青椒炒肉；第7道菜：鸡肉；第8道菜：鱼；第9道菜：蒸肉；第10道菜：牛肉；第11道菜：绿豆汤；第12道菜：豆腐圆子，围着火锅摆了一圈。菜一边在有条不紊地奉上，嘎嘎和嘎嘎客一边津津有味地吃席。

六合班的师傅说，最能看清楚路线的是两张规格的坐席摆式，这样走出来的路线也是最规整的。其他样式的坐席就麻烦一些，但还是走规定的路线，只是适当改变和调整，旁人看不太明白，但响匠师傅们知道怎么走，怎么变化。

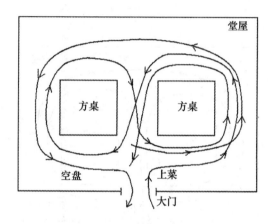

（1）正弧线八字

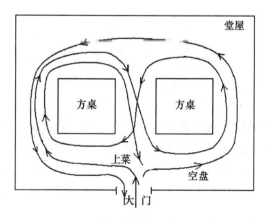

（2）反弧线八字

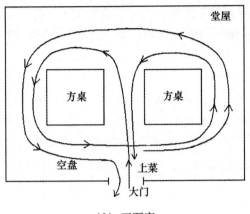

（3）正万字

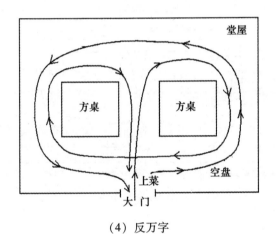

（4）反万字

图 2 - 26　两张席迎菜路线

说明：限于堂屋空间的大小，嘎嘎家坐席最常见是两张席，六合班迎菜和端大盘的人上菜走的路线也最规整，出现其他情况，他们再依据以上四种规整的路线灵活变化。

由于覃亮家嘎嘎和嘎嘎客坐了三张席，所以六合班走的路线就没有两张席那么规整了，但每种路线还是要照样走出原定路线的意思，这就要看诸位师傅们的功力和能耐了。而今生活富裕了，菜品也更加丰富了，十道菜之后的菜，六合班会自主选择适当的路线和调子来迎菜。但不论多少道菜，圆子都是最后上来的。

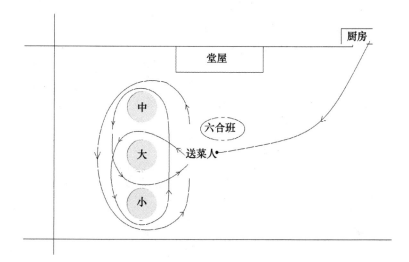

（1）正弧线八字

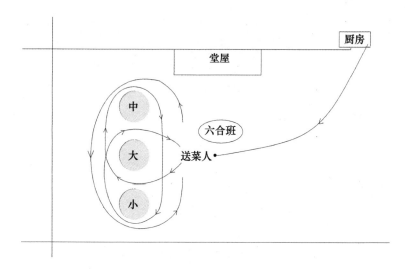

（2）反弧线八字

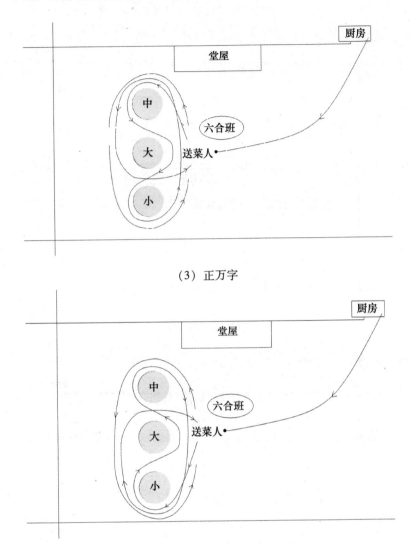

（3）正万字

（4）反万字

图 2 - 27　覃亮家六合班迎菜和端大盘的人送菜的四种路线

　　第四道菜后，上第五道菜之前，约 22：00，进入到打喜正餐的高潮——"插花饮酒"。插花饮酒即在一个盘子里放一块煮好的四四方方带皮的猪肉，这块肉是不能吃的，上面插上一枝花，花杆上贴"囍"字。嘎嘎家坐了几张席，就弄几盘，一并放在送菜的大盘上。准备就绪，六合班先走一次正弧线八字的路线，当他们转到下席入口处，端大盘的人才跟进，围着席桌走正万字路线，六合班吹奏大开门的长调、汉露山的长调、达官调的长调和水绿音的长调。路线走完，六合班在下席处面对坐席停下来，响匠师傅换号吹，其他人照常打锣敲鼓。盛有插了花的肉的盘子——被端上三张桌子，坐在上席以嘎嘎为首的嘎嘎客要把花从肉上取下，放到盘中，同时拿红包放进去，这是封给厨屋里负责做菜做饭的人的利市。利市钱数不等，数额不大，一方面是帮忙的人向喜气的嘎嘎和嘎嘎客"讨喜"，另一方面也是嘎嘎一行对来帮忙的人表示感谢。插花饮酒由尊贵的嘎嘎和嘎嘎客将人生最大的喜悦和最真的幸福撒播开来，大家同喜同乐。盘子又被端上了大盘，六合班领着端大盘的人逆时针绕席而出。

图2-28 插花饮酒（王丹 摄影）

插花饮酒就是一坨肉上插着花，嘎嘎把花拿下来，把肉搞翻，放红包在里头。这就是讨嘎嘎屋里的封头，把封头放在碗里，给焗匠弄饭菜的人。①

鲜花下面是一整块肉，那花端出来，嘎嘎要把它抽出来倒下去，称为"面花"。我们过去的传说是花只能采不能卖，过去街上卖花都是低一级的人。在哪里做客，只能采花，把花面倒。采的人每一个人给一个红包，如果结婚就是送亲的亲戚出水（给红包），如果陪嘎嘎的就嘎嘎出水，给钱就等于把花买哒，我们整个班子（负责厨屋事务的）人人都有，包括端菜的都有。也是搞热闹，为了把这一夜搞过去，原来人口蛮稀，上百人在一起，睡是不可能的事，就采取传统

① 访谈对象：田克周，访谈时间：2011年2月23日晚上，访谈地点：湖北省长阳县渔峡口镇双龙村田克周家。

的方法把这一夜混过去，吃啊闹，吹啊打，唱啊跳，嘎嘎也好，送亲的也好，都可以感到热闹。这是前辈留下来的。①

图2－29　嘎嘎和嘎嘎客封的利市（王丹　摄影）

最后一道菜豆腐圆子，也是第12道菜，六合班按正弧线八字连带反卐字的路线上菜。菜端到桌上后，六合班同样领端大盘的人逆时针方向旋转，这回转了一周半，在上席处他们交错走九连环，再顺时针方向转一周，又在上席处走一个九连环。师傅们和端大盘的人踏着节奏兴高采烈地摇摇摆摆，穿来插去，逗得大家直乐呵、直叫好。功得圆满后，领头的响匠师傅再次绕回到逆时针方向，带着后面的人沿席边吹吹打打走出坐席。

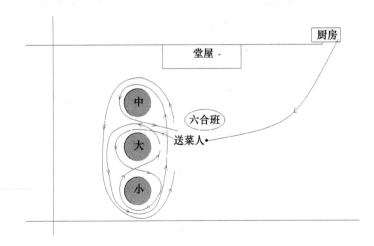

图2－30　插花饮酒路线

① 访谈对象：田鹏程，访谈时间：2010年7月20日上午，访谈地点：湖北省长阳县渔峡口镇双龙村覃亮家。

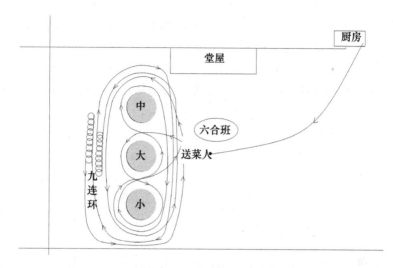

图 2-31 覃亮家最后一道菜豆腐圆子的迎菜路线

嘎嘎和嘎嘎客坐完席后，其他客人陆续坐席吃饭。一般情况下，人多客众，均要一发席一发席地轮流。轮到坐席的就吃饭，没排上或者已经吃过的客人就相互聊着天、打着牌，也有的在堂屋里打起花鼓子。这段时间里，主人家和帮忙的人还要忙着准备即将举行的醮亡人和打发送子娘娘的仪式，这是"打喜"中唯一祭祀祖先与神灵的活动。

闭席了（坐席完毕），凌晨1：00醮亡人。覃亮家祭奠亡人的仪式就在嘎嘎家坐席的地方展开，撤去了一张圆桌，改为两张桌子，也有上下席之分。每张桌子上摆了十副碗筷和十个杯子。六合班首先在席场上吹奏，意思是给家中祖先亡人"送恭贺"，然后如同给嘎嘎和嘎嘎客上菜一般，站到与厨屋门口对应的一侧，每上一道菜，响匠师傅先往身前斜下方低吹一次长号，再吹打家业，引领端菜的人转路线。醮亡人严格执行十道菜十个调子，对应匹配的路线。每次路线即将走完，到下席的地方，领头的响匠师傅就会转过身来，面对席桌吹奏，后面的人一一如此，毕恭毕敬。端大盘的人走到两桌中间，两个专门上菜的人就从大盘上把菜端到桌子上，首先放在靠上席的地方，然后往下席摆。在第五道菜扣肉上来的时候，大鞭炮响起来了。这时，男支客师在旁边的桌子上用一张100元面值的人民币在纸钱上压一下，这叫做"印钱"。据说，烧给祖先的纸钱只有被流通使用的钱币印过后才能使用。六合班和端大盘的人继续上菜，十道菜上齐后，摆成"三尖角"形，也就是一个等边三角形。菜摆成四排，靠近上席处一碗，往下依次两碗、三碗、四碗，每排按从右到左的顺序。菜品和坐席时差不多，肉糕、扣肉、蒸肉和豆腐圆子是少不了的。添饭的人往碗里盛少许米饭，倒酒的人跟着往杯子里斟了些许白酒。菜、饭、酒齐备，男支客师开始醮亡人。他从两张桌子上席处中间按逆时针方向将每个席位上的筷子以垂直于座位的方向放置在碗上，表示恭请祖先喝酒吃饭，再将之前印好的纸钱拿到席桌底下点火焚烧，边烧边说："三代公公，老少亡人，都来吃饭喝酒，领取纸钱。"这个时候，六合班和端大盘的人已经上完了十道菜，列队站在下席处。响匠师傅把插在背后颈项里的箫取下来，动情地吹奏，曲调优美婉转。男支客师接着说："覃亮喜得千金，打喜之日，你们酒足饭饱，不要闹事，祝福他们幸福美满，合家团圆！"与此同时，他在两张桌子中间从左边的桌子上拿起一杯酒，逆时针方向沿桌边撒一圈，另一桌同样如此。然后，拿来一杯茶水，从右边桌子下席处沿桌撒，边撒边拿下碗上的筷子，六合班和端大盘的人这才跟着他逆时针方向绕席撒出大盘。行至下席，响匠师傅把唢呐换成长号，又对着身前斜下方吹，接着一个转身，号划起，朝天吹，引领队伍走出去。整个过程持续半个多小时。

图 2-32 覃亮家醮亡人（覃金福 摄影）

图2-33 覃超家醮亡人（王丹 摄影）

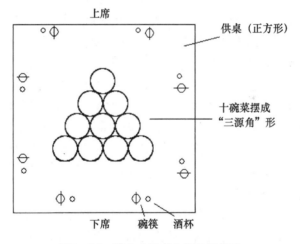

图2-34 醮亡人供桌上供品的摆放

说明：按照传统，醮亡人是在堂屋中进行，供桌是四方桌，每一方两个席位，区分上下席，一般两张席桌。迎菜路线、曲调与给嘎嘎客坐席上菜一样。如今清江土家人多用圆桌，对大门的席位为上席，与此相对的是下席，一张桌共十个席位，其他规矩不变。

　　家里如果有难产死的人，就要单摆另一张桌子，桌子的两条腿在大门内，另两条腿在大门外。三代以内，有几个这样的亡人就摆几副碗筷，与祭奠的其他亡人一起祭祀。

坐席搞完以后，吃了木耳不能忘记树根啊，接到就要醮亡人，三代公公、老少亡人都不能忘记啊。醮亡人也有几种，也有大醮亡人的。就是十碗菜啊，响匠要用十个调子要把十碗菜啊统统接到桌子上来，再才把筷子放到碗上，把纸在桌子下头一烧，管事的就要说："三代公公，老少亡人，内亲外戚，都来吃饭饮酒，都来领取钱财，但是一条不能闹事。"①

凌晨2：00，打发送子娘娘的仪式开始，这即是祭祀护佑新生儿的送子娘娘、催生娘娘和痘母娘娘。祭祀的场地改换到了堂屋里。男支客师安排两个帮忙的人将两张方桌合并到一起，放在堂屋香火前的中央位置，其下方置一条长凳。这个时候，男支客师和覃孔豪，还有六合班的师傅，特意凑在一起，相互交流了一番，大概是在商量如何操持和配合，唯恐出了差错，照顾不周。面对香火，长方桌的左上角处放了一个升子，里面盛有稻谷、苞谷、小麦、绿豆、黄豆、茶叶和盐等物。六合班从门口由响匠师傅吹号带领进屋，从右手入，长号换为唢呐，绕桌转了一圈，他们走出堂屋，尔后才按同样的方式依次把敬奉三仙娘娘的菜从厨屋迎送到供桌上来，一道菜转一圈。这次祭祀的菜只有三道，分别是肉糕、蒸肉和豆腐，先放中间，再放左边，然后是右边，并排摆在桌子中央的地方。覃孔豪介绍说，这三道菜是当地红白喜事中必不可少的。三道菜迎上桌之后，六合班又领着端大盘的人送来三碗米饭，由上菜的人在每道菜前面摆放一碗，从左到右与菜盘垂直方向把筷子放到碗上，请三仙娘娘享用。响匠师傅见饭菜都摆好了，在下席处吹号，再改吹唢呐，带着家业班子又围着桌子旋转，端大盘的依然紧随其后。

堂屋里在供奉三仙娘娘的时候，嘎嘎就在覃亮夫妇的房间里用艾蒿、菖蒲等煎制的水为外孙女洗澡，边洗边说吉利话，祝福她。洗好后，嘎嘎给外孙女穿上自己送来的新衣服，然后将她稳稳妥妥地放在了垫了花被子的背篓②里。

---

① 访谈对象：覃孔豪，访谈时间：2010年7月18日下午，访谈地点：湖北省长阳县渔峡口镇双龙村覃孔豪家。

② 背篓：清江土家人用来背孩子的一种篓具，方底口窄，往上慢慢扩张，如喇叭状，有孩子在里面站的和坐的之分，也有大小之别。夏天用的背篓篓身留有孔，冬天用的就编得密密实实。

图2-35 打发送子娘娘（林继富 摄影）

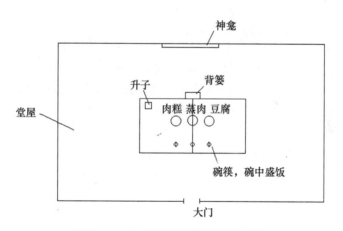

图2-36 打发送子娘娘供品的摆放

准备好以后，孩子的爷爷便从嘎嘎手中接过装着孙女的背篓，在家人的帮助下小心翼翼地将它背起，并笑着走出房间。他一出来，堂屋里就沸腾了，一下子打破了刚才打发送子娘娘时的肃静。这是"打喜"中唯一需要新生儿参与的正式活动，也是她与所有来客的一次公开而正规的见面。爷爷背着孙女，跟在六合班后面沿逆时针方向绕镶桌转圈。爷爷笑逐颜开，迈着滑稽的步伐，歪歪斜斜，看得出来他是发自内心的欢喜。这时，不知从哪里伸出一双温柔的黑手，朝爷爷脸上一气胡涂乱抹，爷爷顿时变成了满脸锅巴烟灰的小丑。围观的客人更起劲了,抹的抹,涂的涂,哄堂大笑。爷爷一点儿也不介意,反而很乐意接受众人的戏弄,满脸堆笑,越发摇摇晃晃了,背着孙女的那股幸福得意的劲儿甭提有多高涨了!六合班吹吹打打领着爷爷走太极图、富贵花、九连环三种路线,他们相互协调配合。突然,一个年轻妇女从人群中冒出来,手拿果盘哐地一下盖到了爷爷头上,爷爷不恼反乐。没戴稳,果盘掉了下来,爷爷赶紧用手接住,自己又把它牢牢地扣在了头上。在场的人都起哄嬉闹,人们相信愈闹愈发,愈闹愈红火。此时,"打喜"现场可谓是高潮迭起。

图2-37　花脸的覃子萱爷爷背起孙女跟随六合班转太极
(林继富　摄影)

　　就把小孩儿由嘎嘎洗啊,穿嘎嘎那边带来的衣服。在打发送子娘娘的时候呢,屋里支起个镶桌,孙儿就由爷爷背起,响匠在前面吹起,爷爷就跟到后面旋转。①
　　爷爷背着孙伢子转,帮忙的人把篮子、盘子、扫帚给爷爷框上,整得好玩。打发送子娘娘,又打又发。②

---

① 访谈对象:覃孔豪,访谈时间:2010年7月18日下午,访谈地点:湖北省长阳县渔峡口镇双龙村覃孔豪家。
② 访谈对象:覃好宽,访谈时间:2011年2月23日下午,访谈地点:湖北省长阳县渔峡口镇双龙村覃好宽家。

图 2-38 给背着孙女的覃唯苇爷爷戴花帽,拄拐杖(王丹 摄影)

村民们都说,这个时候真正叫做"打喜"了。这是主人家"打"喜事之"喜",也是众人"打"主人家之"喜"最核心、最集中、最诙谐的部分。

打发送子娘娘时六合班带领背着孙女的爷爷走的三种路线

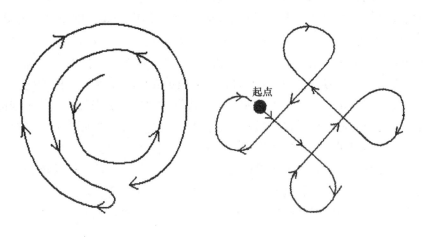

图 2-39(1)太极   图 2-39(2)富贵花

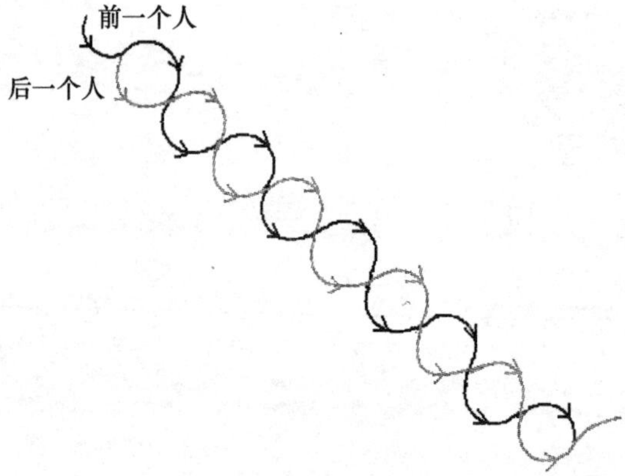

图 2 - 39（3）九连环

转完，六合班在下席处站定，长号一吹，马锣、钹、锣依然配合着，吹奏喜庆的曲调。孩子的爷爷在女支客师的协助下在镶桌上席中央处将背篓面向香火，背靠桌放下。六合班停顿下来，女支客师双手扶着背篓，充满怜爱地看着新生儿覃子萱，笑着对她说："祝小宝宝健康成长，永远健康！长大以后学业有成，考上大学，当个女记者，到处去采访，为覃府增光添彩！"送完祝福，响匠师傅用笛子吹起了清幽的乐曲。吹完，又以逆时针方向绕到上席，面对新生儿吹奏起来。见状，女支客师将一位相貌福气、年龄在 60 岁上下的妇女推上前来。她一上来，就拿起桌上的升子挨着背篓站好。等六合班再绕行到下席的地方，两声号响，她便开口说道："送子娘娘进门来，一送喜来二送财，过两年哒送个弟弟来。"接着右手捧升子，左手抓一把五谷杂粮，边撒边说："一撒东，二撒西，麸麻豆疹一起带出去。"最后一下把升子的五谷杂粮倒在手上朝大门方向撒完。其实，此时新生儿多半睡着了，人们视她睡觉时间的长短来判断三仙娘娘被送走距离的远近。再次送完祝福，这位妇女就请一位远道而来的女客把孩子连同背篓抱回房间，打发送子娘娘的仪式这才宣告结束。

撒五谷杂粮的妇女名叫胡世菊，她说："打喜的这天，如果孩子是外人抱回去的，孩子以后就会走得很远，而且养起来好养，不会认生。而要是自己的亲人抱回房间以后就会认生，只会让自己家的人抱。"①

---

① 访谈对象：胡世菊，访谈时间：2010 年 7 月 21 日凌晨，访谈地点：湖北省长阳县渔峡口镇双龙村覃亮家。

至此，祭祀活动全部完成，六合班就可以圆台收场休息了。

图2-40 口念祝祷语，撒五谷杂粮（林继富 摄影）

在建始吴树光家，祭祖仪式是在正餐坐席之前进行的，没有打发送子娘娘一类的祭神仪式，进程比较快，时间大大缩短。上午11：30，孩子的爷爷吴祖德在堂屋里摆饭祭祖。堂屋正中放着一张四方桌，一方两个席位，共八个席位。菜由都官分派帮忙的人弄好端上来，由爷爷一盘一盘接过来摆在桌子正中，一共四盘。每个盘子里不止一样菜，而是把当天宴客准备的菜汇集到这四个盘子里，主要是肉菜，如猪头肉、扣肉、猪舌头、鸭肉、鱼虾等。八个席位上分别摆上一副碗筷和一个杯子，碗里盛上米饭，杯中斟酒。爷爷又将包袱①摆到香火上，便开始祭祀。他从靠近香火

---

① 包袱：湖北省建始县土家族人祭祖，先用特制的生铁钳子在黄火纸上打好钱印，把纸钱分成一叠一叠的，每一叠都用白纸包好封包，写上已故祖先的名字，一般三代宗亲以内都要寄发包袱。这也叫"写包袱""烧包袱"。

的上方按逆时针方向依次将筷子放到碗上,恭请祖先吃饭。然后沿同样的方向,把杯子里的酒倒在席边的地上,以飨祖先。最后,用一个装有茶水的大搪瓷缸子在坐席的椅子前倒上一口清茶,意即祖先吃饭喝酒之后再喝上一口茶。奠席过后,帮忙的人收拾,爷爷则找个僻静的地方将供在香火上的包袱烧掉,放一大挂鞭炮,这才祭祖完毕。

图2-41 吴树光家祭祖用的包袱(林继富 摄影)

中午12:00左右,正餐坐席开始。吴树光家在正屋一侧的小平房里摆了三张圆桌,客人们吃流水席。"打喜"这天,嘎嘎最大。因此,开席的第一批客人绝对是嘎嘎和嘎嘎客,她们被请到三张席桌的上席坐下。都官又和主人家商量着安排家里辈分、身份相当的女客到这三张桌上去"陪嘎嘎"。比如嘎嘎张申秀由孩子奶奶的姐妹陪,孩子的舅母、姨娘由孩子的婶娘、姑妈陪。等嘎嘎家的客人吃完了,其他的客人再轮流吃饭,当然也有基本的亲疏远近次序。不过,如今不在堂屋里吃席,又改用了圆桌,规矩就松散了许多,不那么严格刻板了。

"打喜"嘎嘎坐上席,不是嘎嘎人家就坐下席,其他的人就坐旁边，坐席还是有讲究的。而且不仅是坐席有讲究，放桌子也有讲究的。一般现在很多人都不知道，但我们附近有个人经常当都官的，已经80多岁了，他说坐席的桌子放的时候，它下面有两皮销，它有一边大一边小，大头就要放上面放正，这就要符合礼仪，懂得的人一摸就晓得了，他一摸不合适，他就要发脾气。现在就无所谓哒，有时候抢席的时候就不顾这些了，叫"朝席"，就把桌子一转，这样就没有上下席了。其实这个坐席里面还有很多讲究的。①

规矩是人定的，也是为人服务的。当实际生活发生了变化，特别是规矩在现实情境中无法施展、无法运用、无法满足人们的需要的时候，清江土家人就会适时寻找和采用一种既在一定程度上与规矩关联，又能在实际场景中具体操作的调和之法，让仪式活动顺利有序地进行下去。

第五节 高潮的延续：宵夜 打花鼓子 送嘎嘎

"打喜"是欢乐的，过程是紧凑的。凌晨3：00左右，覃亮家请的男支客师又组织人手摆镶桌准备宵夜。他们在之前打发送子娘娘用的两张方桌的基础上又添加了一张方桌，把三张方桌合并在一起，再铺上一块大红花布，显得格外喜气满堂。镶桌上满满当当地摆起了32个果碟，盛放着瓜子、花生、核桃、板栗、糖果、糕点、饼干、苹果、香蕉、西瓜、葡萄、桂圆等，交错摆放，让坐席的人都能方便地尝到各种果品。镶桌四周还摆放了啤酒、白酒、果汁和香烟。

在打花鼓子之前，宵夜是在堂屋的神龛前，摆上一个长条的桌子，一般是几个桌子接起来，桌子上摆放的果品一般是在果碟里面。②

镶桌上有果品、点心、烟茶、酒水等，32个盘子。这些果碟咧，很有讲究。盘子里装水果、瓜子、花生、副食。以前都摆的土产品，现在买的副食，也还有土特产品的，比如板栗、核桃、葵花子、花

① 访谈对象：吕守波，访谈时间：2010年1月21日上午，访谈地点：湖北省建始县三里乡小屯村吕守波家。
② 访谈对象：戴曾群，访谈时间：2009年12月6日晚上，访谈地点：湖北省长阳土家族自治县民族文化村。

生、柑橘之类的,还有饮料、啤酒。①

　　过去32个果碟,它这都有规矩的。中间的四荤、四素、四水。四个荤碟子,肉食类的。四素都是糖果子吵,这个果果儿糖坐(放)哪儿的啊,三尖角放哪儿的啊,粳果儿放哪儿的啊,麻果儿放哪儿的,都有讲究。粳果坐上啊,麻果坐下。四水就摆的是水果,苹果、梨子啊这类的。还有核桃、板栗、花生、瓜子这些东西。②

图2-42 摆满果碟的镶桌(王丹 摄影)

　　镶桌摆好以后,女支客师就和主人家一起把嘎嘎和嘎嘎客请到上席入座。覃子萱的嘎嘎十分谦让地坐在了上席最左边的位置上,嘎嘎客依着她并排就座。主人家特意请来的陪客和其他客人就在旁席、下席陪着嘎嘎宵夜。这时,只要愿意唱、愿意听的客人都可以加入。因为嘎嘎家来了男客,所以镶桌上也有男陪客,不过男客中不包括嘎公和舅舅,他们始终没有出现在这里。孩子的奶奶、妈妈出来给客人们倒茶、斟酒、敬烟,说着客气话,让她们宵好夜。女支客师站在下席的一边,招呼嘎嘎和嘎嘎客吃水果点心,品茶喝酒,挨得近的陪客主动动手给嘎嘎客传烟、敬酒、夹东西吃。刚开始,大家都讲礼性,放不开,显得有些拘谨,气氛也有点凝

---

① 访谈对象:田海峰,访谈时间:2010年7月20日晚上,访谈地点:湖北省长阳县渔峡口镇双龙村覃亮家。

② 访谈对象:张言科,访谈时间:2013年7月19日下午,访谈地点:湖北省长阳县资丘镇桃山居委会张言科家。

重。适时打破僵局,让主客双方活跃起来,气氛融洽起来,这是女支客师的职责和本事。在这样严谨又需活泼的场合,面对如此多的贵客,女支客师还是略显紧张,但她明白自己的使命,果断地带头唱了一首开台歌《石榴开花叶叶密》:"石榴开花叶叶密,堂屋扯起万字席①,远来的客人们上席坐,近来的客人们下席陪,听我唱个开台歌。"一曲唱罢,她又从背后将双手搭在下席的一位女客双肩上,似乎是在寻找一种支持,就对着嘎嘎唱起了撩嘎嘎的歌,逗嘎嘎,惹嘎嘎,引嘎嘎唱歌。"五句子歌撩两撩,要把嘎嘎撩上桥,一不是撩您来饮酒,二不是撩您下象棋,来饮酒啊下象棋啊,原本是撩您唱歌的。"见嘎嘎一方没有动静,没有声响,担心冷了场,女支客师接着唱起恭维嘎嘎的歌。"高山岭上一树蒿,嘎嘎您来得好热闹,左手提的人民币,右手提的缎子衣,人民币啊缎子衣啊,热热闹闹送恭喜。"奶奶家的陪客都起哄要嘎嘎回一首歌,可嘎嘎不好意思地红着脸说自己确实唱不来,陪客们不肯放过,让嘎嘎不要谦虚,"您到我们这个高山荒岭里来就莫怕丑"。女支客师再次开唱:"嘎嘎门口一棵椿,椿树枝上挂胡琴,一拉胡琴两下响,二拉胡琴四下音,两下响啊四下音,我和嘎嘎一条心",意在表示"嘎嘎,您唱歌,我帮您"。嘎嘎被逼得没办法,只有勉为其难地唱了一首现代儿童学习英语的歌谣——《ABCD》字母歌,还带了洋味儿!原来嘎嘎是当地的一名小学教师。陪嘎嘎的人有点不知所措,从来没听到宵夜时唱这样的歌,可这毕竟也是歌,他们就认可了,放了嘎嘎一马。嘎嘎还是能唱的,他们觉得有戏,又你一首、我一首地唱开了,撩嘎嘎。"嘎嘎唱歌唱得乖(好),唱的歌儿逗人爱,一唱天上七姊妹,二唱山伯和英台,七姊妹啊祝英台,唱得神仙下凡来";"嘎嘎说字说得乖,拣个袱子(手帕)包起来,有朝一日忘记了,打开袱子瞧一瞧,忘记了啊瞧一瞧,说字说得有头脑"。奶奶家的陪客都是歌师傅,个个能唱,一连唱了好几首了,气势逼人。陪嘎嘎的唱了,嘎嘎这边就要回应。唱歌实在不行,嘎嘎使了一招,出了一则谜语,震惊四座。陪客们仍旧不肯罢休,继续唱,唱得嘎嘎那一方的人都坐不住了,嘎嘎的妹妹挺身出来应战,可她仍然没有唱歌,而是讲了一个故事。后来还是女支客师出来调和了一下,因为嘎嘎和嘎嘎客居住的那个地方唱歌氛围如今不是很浓郁了,她们实在不擅长唱歌,难怪最尊贵的客人嘎嘎选了一个角落坐下来,既是上席,又避免把矛头都指向她。然而,不管她坐在哪里,这张镶桌上她是最重要

---

① 万字席:堂屋中排四桌席,中间平排两桌,上排一桌,下排一桌,这样的排法称为"万字席"。

的人物,所以她想逃也逃不掉,想避也避不开。面对这种尴尬的局面,女支客师主动把陪客分出一半来帮嘎嘎家对歌,这样两方人就能对得上了。大家你来我去,热火朝天地赛起来,好不热闹!嘎嘎和嘎嘎客就坐在席上听,精神放松了些许,但她们还必须作为对歌的一方不能离场。

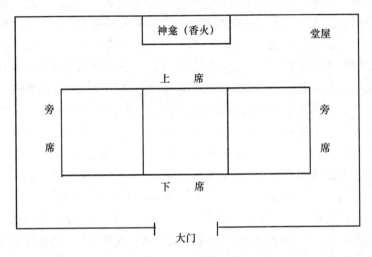

图2-43　宵夜坐席

图2-44　覃亮家镶桌上的嘎嘎客与陪客(林继富　摄影)

图2-45 女支客师覃远莲站在下席，面对嘎嘎客唱开台歌（林继富 摄影）

在覃超家，宵夜对歌的场面就完全不一样。不仅覃唯苇的嘎嘎能唱，而且老嘎嘎①也是民歌能手，女方请来讲礼性的妇女亦是长阳的民歌歌王，她们齐上阵，着实让男方有点招架不住。依旧是男方的女支客师开场唱开台歌，歌声刚落，女方讲礼性的妇女就恭敬且不逊色地回敬了一首。男方的女支客师也不甘示弱，并鼓励陪客们发歌竞赛。女方也在讲礼性妇女的号召和带领下，争相高歌。如此，男方一曲才罢，女方便应接上来，男方又回应，女方再对歌，赛歌的气势一浪高过一浪，堂屋里的气氛高涨而火热。老嘎嘎不但自己上场接歌，而且发起进攻势头，点名邀请对方的某人唱歌，因为她是嘎嘎，又是镶桌上年龄最长的人，所以没人敢回避不唱，而且这也是对歌赛歌的规矩，上得了场的就得是成竹在胸的，至少能唱上几首好歌。以往，镶桌上的果品不是随便就能吃得到嘴的，对得上歌的人才能由专门在桌旁"拎果子"的人用筷子夹给她吃，对不上歌的人自然就吃不到，也不能吃。覃超家男女双方的赛歌进行得如火如荼，面对"劲敌"，男方又从围观的人群中征选歌手，与女方较量。竞赛时，每一方都紧紧团结在一起，彼此商量，互相帮衬，使对歌精彩纷呈。不过，赛歌也不是"剑拔弩张"，双方仍是友好互助的，有时候一方歌调起高了，

① 老嘎嘎：清江流域土家族对孩子父辈、祖辈等长辈的嘎嘎的称呼，这里指覃唯苇母亲向月霞的嘎嘎。

另一方会帮助调一调;有时候一方歌词忘记了,另一方也会提提醒,总之是"友谊第一,比赛第二",一切在于顺利、圆满与和谐!

图2-46　覃超家镶桌上嘎嘎请来的女支客师唱歌回应(王丹　摄影)

　　这堂屋就开始摆镶桌,以前一摆三十几个果碟,就把嘎嘎请到上席坐起,嘎嘎就要宵夜,这些唱歌的就请到二面陪起。但是男客又是一个方面,是次要的,主要是女嘎嘎客。男方这边的嫂子、兄弟媳妇、姐姐妹妹呢就拿个筷子给嘎嘎们夹果果,传烟,筛茶,酌酒。搞的同时呢,女支客师就开始开台,就要唱《石榴开花叶叶密》。开台歌一唱呢,别人也就唱:"高山岭上一树松,嘎嘎你来得好热闹。"嘎嘎那边也有个准备,也要和你对歌。对民歌一是气氛问题,再就是土家人也有自尊心,我生怕搞输哒,他辮(挑战,调侃)我,我就想个歌辮下他,这就对出一定的情谊和气氛出来。比如十点开始唱歌,对来对去就时间过去哒。通过这段对歌,一搞就是一个小时、两个小时,甚至三个小时。接到就把镶桌往后一拉,就开始跳起花鼓子来。①

　　先唱,先对歌,对到一定程度的时候,基本上是对歌达到高潮的

---

① 访谈对象:覃孔豪,访谈时间:2010年7月18日下午,访谈地点:湖北省长阳县渔峡口镇双龙村覃孔豪家。

时候就开始跳起花鼓子来哒。①

宵夜对歌结束，将近凌晨4：00，客人们没有丝毫倦意。帮忙的人收拾好镶桌上的果碟，将桌子一并挪到香火下面的台柜旁，堂屋里一下子显得宽敞多了。覃唯苇的奶奶不太善于打花鼓子，于是请来双龙村最有名的花鼓子高手陪嘎嘎。唱歌意犹未尽的嘎嘎满面红光、劲头十足，与陪跳的人配合得自在自如、情趣频现，令围观的人直拍手叫好。覃子萱的奶奶和嘎嘎都不会打花鼓子，这让唱歌起劲的人们颇为急迫，她们都跃跃欲试，等着上场。女支客师便招呼一声，先组织两位年龄稍长的妇女跳起来，舞起来，然后，会唱会跳的人就可以自发地一班接一班地打起花鼓子。

依照老规矩，"打喜"打花鼓子首先奶奶要邀请嘎嘎上场。奶奶喊："嘎嘎，我们来打一场花鼓子哟！"嘎嘎就回应一句："要得啊！"两人上场对歌对舞。如果一方或两方都不会的话，她们会事先请女支客师或会打花鼓子的妇女替代她们。这之后，两方的亲眷、主人家的宾客们纷纷捉对儿上场。唱的多是情歌，配对的是班辈的人。妇女们根据表现的需要，顺手拿起毛巾、手帕、草帽、扫帚、芭扇等，在堂屋里边唱边跳，人数或多或少，依曲目、场地和人手而定。这些歌既有唱腔又有道白，既有叙事又有抒情，你来我往，有问有答。这样，你一句、我一语，彼此较劲儿，又互相谦虚，特别愉快。正歌酣情浓之时，宾主双方更加投入，她们踏着歌的节奏，相对挪动脚步，扭起腰身，一步一探，头或前倾或后仰，屁股则随身子的变化两边翘，眼神随手或拿起的物件顾盼生辉。此时此刻，打花鼓子的人一方面遵循统一的调度，另一方面根据自己的理解和特长尽情发挥。只听到她们唱《十二月望郎》：

> 正月里是新年，情郎哥哥一去大半年，不知哪一天，站在奴面前。
> 二月里百花开，情郎哥哥一去不回来。想交别家女，把奴来丢开。
> 三月里是清明，情郎哥哥一去不回程。话又没说明，水又点不得灯。
> 四月里四月八，神皇庙里把香插。吃了烂竹笋，说话要变卦。
> 五月里是端阳，缎子鞋儿做一双。没见郎来拿，两手贴胸膛。
> 六月里三伏热，取顶草帽半路接。帽子手中拿，接郎到我家。
> 七月里七月七，情郎哥哥不来我着急。茶也不想沾，饭也不想吃。

---

① 访谈对象：田海峰，访谈时间：2010年7月20日晚上，访谈地点：湖北省长阳县渔峡口镇双龙村覃亮家。

八月里是中秋,月下哥哥妹妹手挽手。想起感情深,难舍又难丢。
九月里是重阳,情郎哥哥一去不回乡。莫非走远方,把奴丢一旁。
十月里郎不来,门前搭起望郎台。妹在台上站,望郎哪方来。
冬月里落了雪,花布铺盖叠两叠。叠个万字格,等郎我家歌。
腊月三十天,情郎哥哥已回还。喜在妹心上,过个热闹年。①

　　她们每跳完一段完整的歌,便会邀请旁边的人上场。每次交换,女人们都会说不太会跳或跳得不好之类的谦虚话。可一进了场,她们就像换了一个人一样,那么投入,那么婀娜,那么神采奕奕,精气神全显出来了,令人无不动容。花鼓场上多则十几人,少则两人对舞,歌声此起彼伏。

　　到了深夜,情歌更露骨了,女人们的动作也更大胆了。情至高潮,她们你碰我一下,我戳你一拳,一边撩逗,一边嬉笑,或者将事先准备好的锅巴烟子擦上一手,乘机朝对方脸上涂抹,博得哄堂大笑。适时,也把在一旁的嘎嘎、舅母、姨娘抹成花脸,拉拉扯扯上场去,又唱又跳。酣畅之时,双方亲家也恶作剧地相互往对方脸上乱抹锅巴烟子,引起满堂欢呼雀跃,将气氛推向一个又一个喜悦的高潮。一班表演完毕,另一班接替,又是唱,又是跳,围观的人群也相伴而和。

图2-47　歌未唱罢,覃唯苇的嘎嘎带头打起花鼓子(王丹　摄影)

---

① 歌舞者:覃菊秀、覃世翠、田克周、张世菊,歌舞时间:2011年7月12日凌晨,歌舞地点:湖北省长阳县渔峡口镇覃超家。

在双龙村，参加打花鼓子的人有男有女，年龄上分老中青三代，大家可以同时上场，但每一场花鼓子都至少有一半的女性参加，没有全是男人的情况，要么女对女，要么女对男，大家都全神贯注地投身于歌舞。连辛苦了一整天的六合班师傅都歇不下来，频频上场又唱又跳。笔者也忍不住拿起一条毛巾，跟着花鼓子高手扭起了花鼓子，虽然不如她们那么神态自若、游刃有余，却在一举手、一投足、一颦一笑之间感受到了土家人生活的那份自在与惬意。再看看场上这些娇羞婀娜的男男女女，忽然发现陶醉在歌舞中的他们已经全然超越了现实中的自我，仿佛就成了这歌舞中的主人公。笔者也突然明白为什么打花鼓子省略掉了时间，遮掩住了身份，因为他们穿越在时空的隧道里，行走在角色的转换中。既是那个"她"，也非那个"她"，既是这个"我"，也非这个"我"。打花鼓子就是与歌中的那个"我"的交融，与歌中的那个"他"的碰撞，这个时候，"我"不再是现实的"我"，"他"也不再是现实的"他"，真实生活世界的秩序没有了，所有人都沉浸于打花鼓子。打花鼓子将"打喜"现场人与人的交融推向了极致。

图2-48 覃亮家堂屋里手持花帕打花鼓子（林继富 摄影）

天边现出曙色，两声炮响，清江土家人称为"醒身炮"，一曲《五更调》结束了闹腾了一宿的花鼓子，正可谓"花鼓子当被窝，越跳越快活"。气氛渐渐平息下来，大家齐心协力把堂屋里打扫干净，收拾整洁，开启全新的一天。

"打喜"第二天早上8：00，六合班再次打响家业开台。覃子萱的嘎嘎和覃唯苇的嘎嘎都住在清江对岸，须坐车乘船返回，既有山路，又有水路，路程较远，所以两个"打喜"的人家亲家双方均决定早点吃饭动身返回。

厨屋里凌晨6：00左右就开始准备早饭了。饭菜虽不如正餐那样花样多，坐席也没那么多礼节，但依然是嘎嘎和嘎嘎客先吃，然后才轮到其他客人。吃完早饭，嘎嘎一行人就要上路了。覃亮家和覃超家都预备了一些礼品给嘎嘎和嘎嘎客带回去，礼品就摆放镶桌上，来客们都可以查看。在镶桌旁，主客双方再一次要客套一番。比如，覃唯苇嘎嘎请来的女支客师说："高山松柏万年青，婆婆爷爷讲礼性，给我们买起珍贵的礼品，我代表家人来一起愧领。"主人家则表示礼物不够好，但礼轻情意重。他们一大家子，包括支客师，一起将嘎嘎和嘎嘎客送出门，女方讲礼性的妇女又说道："昨日来到富贵豪华的家庭，今日我们也要转身（回去），感谢婆婆爷爷的热情照应，也把支客先生操了心，我代表所来的家人呐，向你们表示深深的谢意！"男方的支客师则说招待不周、敬请谅解之类的客气话。嘎嘎对奶奶说："多谢哒！我们走了。"奶奶应道："感谢您们来啊！路上好走！有空常来玩。"车子已经在马路上等着她们。待嘎嘎一行人坐上车走远了，主人家才缓缓转身回到家。

第二天响匠同样开早台。吃完早饭以后就要打发嘎嘎出门，客无三天。第二天响匠一吹，鞭炮一响，八十岁的嘎嘎都要走起来。烟也好，毛巾也好，还有买内衣的也好，不管嘎嘎，还是舅母一人一套，由支客师把她们送出门。出门哒也就叫"多谢哒"，走。嘎嘎要走的时候同样出镶桌，把要打发的东西放啊镶桌上哒，支客师就说："下雨遮水分啊，晴天打灰尘啊"，嘎嘎那边的就说："所有的我一概愧领"，"岩上滴水响叮当，我们来到贵地方，抽的烟啊是好烟，喝的酒是好酒，吃的菜是好菜，我感谢您们的好招待"，都是谦虚的话，生怕把别人搞得罪哒。①

过去送嘎嘎走的时候，"打喜"人家无须回赠特别的礼物，最多是给每

① 访谈对象：覃孔豪，访谈时间：2010年7月18日下午，访谈地点：湖北省长阳县渔峡口镇双龙村覃孔豪家。

家每户一些吃的东西。有的时候，嘎嘎事先备好粑粑，"做嘎嘎"时随送的礼物一起挑过去。回来时，让亲家作为礼品分送给嘎嘎这一方的客人，如一家四个粑粑，这是嘎嘎为自己女儿争的脸面。现如今，也兴回礼了，主人家给嘎嘎和嘎嘎客回送各种礼物，烟酒、糕点以及日用品都可以。

　　　嘎嘎和嘎嘎客送走以后，其他客人才陆续离开。最后打发"六合班"、焗匠和帮忙的人。

　　　像焗匠，开席的时候给两包烟，封 20 块钱的利市，等事情结束之后，也要去回人家的情。他们不收钱，你就用钱买东西，送给人家，这是回情。再就是别人家有事，我们也去给他们帮忙。①

　　吴树光家的"打喜"，相比于覃亮家、覃超家的"打喜"要简略一些。坐席吃酒过后，下午 1∶30 左右，打花鼓子就在屋前稻场的塑料棚下开始了。河水坪村文艺表演宣传队是主力军，她们一共表演了包括花鼓子在内的十个节目：腰鼓穿花、单连响《相思歌》、《五唱计划生育好》、《唱在一》、打花鼓子、快板《十劝郎》、山歌对唱《郎在高山打伞来》、《推船歌》、《现时社会好》、双连响。第一个节目腰鼓穿花是打腰鼓表演，作为序幕，它非常喜庆热烈，一下子把打花鼓子的氛围营造起来了。其他九个节目都是现场清唱，没有音响设备，只是有的节目借助了连响、快板等伴奏乐器，既保持了原有花鼓子的韵味，又有所创新。到了打花鼓子，完全是即兴的，颇有意思。这个时候，孩子的奶奶和嘎嘎以及嘎嘎客都踊跃而大方地投入其中，相互叫起板来，客人们则围观起哄。

　　奶奶家：喊嘎嘎，找嘎嘎，把嘎嘎找出来。

　　嘎嘎家：那我们就各是各的打法啊。

　　客人们：嘎嘎搞，拿扇子搞。

　　奶奶家：扇子落地，买田买地。我们来打个花鼓子哟！

　　嘎嘎家：我虽然搞不来，但是我过去还是好，哈哈，年轻的时候还是红半边天。

　　奶奶家：嘎嘎今天长得乖（打扮得漂亮），也不怕别人筛（捉弄、开玩笑），今天打个花鼓子来，把亲戚朋友都乐开怀！要不要得！

　　客人们：好！

----

① 访谈对象：覃业枚，访谈时间：2011 年 7 月 11 日下午，访谈地点：湖北省长阳县渔峡口镇双龙村覃超家。

嘎嘎家:屁股要崴,要放得开,那我们不得输。

客人们:花鼓子没得巧,屁股要崴腰杆要筛(晃动),身子要有点儿翘才好看。

奶奶就和嘎嘎组一对,奶奶家的人则与嘎嘎客一一组对,相继唱起《螃蟹歌》和《铜钱歌》。这两首歌都十分形象生动,幽默风趣,节奏也较为明丽轻快,这就为奶奶家和嘎嘎家的对歌对舞提供了极大的发挥空间。只见她们面对面一人问、一人答,问的故意挑衅,答的俏皮应对,还模仿歌中的唱述彼此赛着崴屁股,筛腰身,你戳我一下,我摸你一掌,嬉闹得情不自禁、乐不自已,全然没有了亲家之间的礼性,没有了主宾之间的距离,也与日常生活中的她们判若两人。她们如此痴迷,如此沉醉,都融到歌里去了,浸到舞中来了。

图 2-49 河水坪村文艺表演宣传队打花鼓子(林继富 摄影)

这场打花鼓子赢得满堂喝彩,将"打喜"仪式推向了高潮。不过,花鼓子的现场基本都是中老年妇女,包括唱跳的和助兴的,还有两三个不知事的孩子在一旁好奇地观看,觉得新奇和好玩。

下午3:00多钟,打花鼓子结束了,客人们还兴致勃勃地讨论着刚才奶奶家和嘎嘎家哪个打得好,哪个打得有趣。一些妇女还触景生情地唱起了已经好久没唱过的歌。她们说,现在不像以前了,以往没有电视看,一到傍晚,大家就聚在一起对歌。如今长时间没唱了,很多歌都不记得词了。所以,她们边唱边互相切磋着、提醒着、纠正着,分享着歌舞的乐趣。

　　嘎嘎、嘎嘎客和其他客人在主人家吃完晚饭，稍作休息便要道别了。嘎嘎张申秀说家里没有人照顾，这几天盖房子，事情很多，还有鸡、猪要喂养，都忙不过来。走的时候，嘎嘎家来时满满的几挑子已变得空空如也，不免让人感觉有些怅然。主人家一直将嘎嘎和嘎嘎客送到大路上坐上三轮摩托车才转身离开。

图2-50　河水坪村文艺表演宣传队表演节目（林继富　摄影）

　　"打喜"帮忙的人也要走了。主人家给每个人封了一个20元钱的红包，一包价值10元的香烟和一条床单，表示谢意。

　　"打喜"是一种仪式，也是一种生活，仪式化的生活，这种仪式脱离不了现实生活。"打喜"的空间是生活的、具体的，并非艺术情景或虚幻空间，这个空间就是以堂屋为中心的主人家的房屋。按照传统，"打喜"的主要活动都在主人家的堂屋中进行，包括迎嘎嘎、交盒、坐席、祭祀祖先和三仙娘娘，以及宵夜唱歌和打花鼓子等。清江流域土家族的堂屋不仅是公共空间，也是神圣空间；不仅是日常生活的空间，还是非日常事件的空间。这个空间的性质决定了家庭的重大事件必须在这里开展，由此强化了这个空间的神圣性与公共性。人的生产是一个家族的大事。添丁增口不同于结婚，结婚是将一个外姓或外族女子娶进门，这时她是自己人，也是外人。只有等她生养了孩子，为这个家庭接续香火，媳妇才通过孩子真正成为自家人。添的"丁"是自己的血脉，不仅家族后继有人了，而且因姻亲而联系起来的两个家族之间的关系更加牢靠。所以,"打喜"仪式在堂屋举行是必需的,也是合理的。

随着时代的变迁和生活的变化,人们根据实际情况和自己的需要,灵活地变通处理,以利于喜事的顺利展开,其主旨始终没有改变。清江流域土家族各地的"打喜"仪式发展到今天,表现出不同的演绎形态,这种状况应该说在"打喜"形成之初就已存在,主要与不同时期当地的社会经济和文化需求联系在一起,因而是正常的现象。无论从主人家的角度来说,还是从嘎嘎家的立场而言,抑或其他参与者的视角来看,隆重、风光、顺遂地完成整个仪式活动,自始至终体现和张扬喜事之"喜",是举行"打喜"仪式的原本意义和首要诉求。

小 结

对于清江土家人的"打喜"仪式过程来说,生活世界既是一个语境,又提供了"打喜"具有的文化基本属性。在这里,各种背景观念构成的生活世界,为参与"打喜"的所有人群获得了共时性的文化模式,并以此为基础分享"打喜"仪式过程的独特魅力和文化意义,进而达成日常交往中的知识再生产,并且在"打喜"参与者的活动和关系中生发出生活空间和意义空间。

仪式过程展现了"打喜"仪式特殊知识系统和意义系统的现在性和生活性,在直观和可以感知的行为方式中生成有意义的符号,把仪式解释成一种符号表象的形式。他们都通过把仪式的编码文本解码成另一种语言的翻译活动,寻求理解那"隐藏"在仪式象征体系"背后"的要义。①并且在"人观"的基础上编制出分工明确而又井然有序的神灵结构与清江土家人的生命表达。譬如,为新生儿"洗三"或"打喜",祭祀送子娘娘、催生娘娘和痘母娘娘:送子娘娘——受胎、生命之始;催生娘娘——孩子孕成,生命出世;痘母娘娘——消灾防病,抚育孩子健康成长。

每一种仪式都是在一定的时间和空间中进行,由此构成场域中的仪式行为和符号被赋予神圣的意味,仪式的特殊功能才得以生成。场域由人的活动和多种文化关系构成,反过来,它是"打喜"仪式功能产生并增强

---

① [美]保罗·康纳顿:《社会如何记忆》,纳日碧力戈译,上海人民出版社2000年版,第60页。

的必备条件，但从艺术本身应有的意境与意象等审美因素来分析，"打喜"仪式只能产生辅助性的作用，而不能产生主导性的作用，占主导地位的仍是"打喜"仪式中艺术行为表现本身。

"打喜"仪式既是一个历时的文化现象，又是一个现实在场的表现。"打喜"仪式是家庭的"非常"事件，对于个人来说，也是"非常"时间，因此，"打喜"仪式的时空构成的文化时空就成为仪式意义生成的重要场域。"打喜"仪式的时间和空间尽管是传统赋予的，一般很难做出更多的改变，但是，每个家庭在时间和空间的安排上仍然有些差别，这种差别一方面体现了"打喜"家庭对传统的尊重和选择，同时，也体现了"打喜"仪式过程中的个性化特点。"打喜"仪式举行的场域是在清江流域土家族长期生活基础上形成的，是地域文化和民族传统集散扩播的主要场所。

"打喜"仪式的时间和空间是具有深刻思想的文化时空，在这个时空里融入了参与"打喜"的人的情感和生活，融入了村落的历史，也包含着丰富的民族文化传统。依存于"打喜"的时空范畴，不仅具有科学意义，而且具有感情含义，活跃在特殊时间和空间作用下与"打喜"相关联的概念通过语言和社会习俗起作用，使"打喜"参与者以及打花鼓子歌舞者与其他人的活动协调起来，在短暂的时间和相对固定的空间里为人们的社会经历和现实世界提供了框架，人们也自觉不自觉地在这个框架内建立起自己的生活秩序和精神秩序。

第三章　"打喜"仪式与秩序建构

"打喜"之于个人，之于家庭，之于村落，均是重大的仪式事件。"打喜"参与的人员多，牵扯的关系广，讲究的规矩繁，它不仅在活动中展现出丰富的意义，而且具有建构社会秩序的特殊功能。

第一节　打喜打嘎嘎：以嘎嘎为纽带的村落共同体事件

"打喜"是清江流域土家族针对新生儿个体而举行的诞生礼仪式，但是它不仅仅属于这个个人和他所在的家庭，而是村落共同体的事情。在"打喜"仪式上，共同体力量的释放成为彰显村落凝聚力的目的之一，这个目的的达成有赖于村落的成年女性。也即是说，"打喜"是围绕新生儿展开的以嘎嘎为中心的成年女性的庆贺仪式。

> 男方"打喜"。作为女方娘家来讲，她是不举行任何庆贺的仪式。比方说我的姑娘到人家去，我得了外孙，我们土家人说的嘎嘎，我要去当嘎嘎的时候，我把我这边相好的、亲生的姊妹、亲戚朋友岔起。姑娘到人家去，结婚，移风易俗，没得什么东西的话，就给她适当地置一部分家具、陪嫁，再就是带几个钱。这帮人如果隔得蛮远的话，就请一个车，浩浩荡荡地就去"做嘎嘎"。①

"打喜"最主体的内容是嘎嘎到女儿婆家为外孙祝贺。对于亲家来说，嘎嘎是尊贵的客人；对于嘎嘎客而言，嘎嘎则是主人。接待、坐席、

---

① 访谈对象：覃孔豪，访谈时间：2010 年 7 月 18 日下午，访谈地点：湖北省长阳县渔峡口镇双龙村覃孔豪家。

宵夜都以嘎嘎为主，花鼓子场上，嘎嘎更是不可或缺的主角。亲家最主要的任务是招待好嘎嘎，嘎嘎客都听嘎嘎的指挥，所有在场的人一方面从各自的角色出发敬重嘎嘎，另一方面也都在关注嘎嘎的表现。尽管现在"打喜"也有嘎公前往，但他终究是一个配角。俗话说得好，"女人不打丧鼓，男人不送祝米"。

重视女性，保护女性，这是清江土家人的生命传统之一。清江流域土家族历来视家庭中女性的娘家亲戚为"上大人"，称为"上亲客"或"高亲客"。无论婚丧嫁娶，都以女性娘家人为尊，俗称"红事的姑舅娘，白事的母后亲"。这里称女性娘家为后家，母后亲指母亲娘家的亲人。即红事时男女双方的姑舅姨都被视作上宾，其中姑妈、舅母、姨娘都是女性，舅舅虽为男性，却也是母系家族的亲戚。白事更不用说，女性后家为大，无论亡故的是男主人还是女主人，都以女主人后家来"看信"的亲戚为尊。① 历史上，土家族男女结婚需要举行繁复的婚姻礼仪来确定和强化他们之间的婚配关系。到了近代，在土家族地区，男女结为夫妇一要到政府部门登记办手续，二要订喜期办喜事，且以"过喜期"作为正式结婚的标志。"现在把手续一拿，姑娘就到人家去哒，再只等生儿哒，才去接嘎嘎。"② 不过，不论在哪个年代，当了嘎嘎去"做嘎嘎"，都要大张旗鼓、欢天喜地、风风光光。母亲认为，女儿为婆家生男养女、传宗接代，就具备了一种资本，就不会遭到婆家的轻视，这也是自己的光荣。于是，得知喜讯后，嘎嘎便在自家的亲戚间和居住的村子里走动、宣扬，家家去，户户到，串联新生儿及其母亲嫡亲及叔伯关系的舅母、姨娘、婶娘、姑妈等人，还有村中辈分、年龄相仿的妇女，一大群女眷前往女儿婆家为外孙"打喜"。

"打喜"，"打"的是嘎嘎的人情。"打喜"那一天热不热闹，人情重不重，全在于嘎嘎的人缘和嘎嘎的魅力。

> 我们这个地方的风俗，"打喜"就是打嘎嘎。也就是看嘎嘎的人情，礼送得重不重，再就是她带来的人的多少，热不热闹。③

① 白晓萍：《撒叶儿嗬——清江土家跳丧》，湖北美术出版社2006年版，第286页。
② 访谈对象：唐永菊，访谈时间：2013年7月27日上午，访谈地点：湖北省长阳县榔坪镇乐园村绿盛宾馆。
③ 访谈对象：崔显桃，访谈时间：2010年1月21日下午，访谈地点：湖北省建始县三里乡老村村崔显桃家。

所以，"打喜"体现的是嘎嘎的经济实力和组织能力，是对嘎嘎的一种考验。"打喜打嘎嘎"就是嘎嘎要为已为人母的女儿准备吃的东西，为外孙准备穿的衣物和所有的用品，这便是打嘎嘎最直白的意思了。

> 我们这边一句话就是"打喜打嘎嘎"，全靠嘎嘎搞的。往常的抬盒一盒一盒的，再么子都有。请大车小车，送一截（一段路程）哒，快到的时候，姑娘屋里就接一截唦。那搞得蛮好的呢，一般都是上百人啊，四五十人，是嘎嘎屋里岔的人过去的。①

"打喜打嘎嘎"，"打"的不只是嘎嘎一个人，而是包括嘎嘎客在内的一行人。无论是亲戚，还是朋友，都要送礼上情，这也是嘎嘎的脸面、嘎嘎的形象、嘎嘎的荣耀。来的人越多越好，送的礼越重越好，这样嘎嘎才更有底气，更有荣光，说明她能处事，会做人。这样，一个小家的事情联系起了多个家族，也增强了她们所在村落内部的团结互助以及村落之间的友好往来。

> 我们这儿就说的"打喜打嘎嘎"，嘎嘎要送很多东西去嘛。我们这儿的姑娘就喊的（叫做）赔钱货唦。嘎嘎比较富的还可以，那要是嘎嘎家里稍微不是很好的，那也还是要准备。但规定的东西必须送到位，只是分量少一些。②

嘎嘎难当，无论是富嘎嘎，还是穷嘎嘎，"打喜"都要送上"规定的东西"，即产妇和婴儿吃穿用的必需品。"打喜打嘎嘎"某种程度上就是"打"嘎嘎家的礼物。为了女儿，为了外孙，也为了自己，嘎嘎竭其所能，女儿婆家没有理由不以盛大的礼仪招待嘎嘎和嘎嘎客。这也在某种程度上影响了土家族的生育观念。

> 人们不愿生姑娘，还是儿子好些嘛。养姑娘哒，把人哒（嫁人了），到那天，她当了大人，你还要去"做嘎嘎"，还要倒拿一坨

①　访谈对象：张玉芳，访谈时间：2010年7月20日晚上，访谈地点：湖北省长阳县渔峡口镇双龙村覃亮家。
②　访谈对象：张申秀，访谈时间：2010年1月19日晚上，访谈地点：湖北省建始县三里乡孙家坝村张申秀家。

（给姑娘送钱物），所以重男轻女就是这么慢慢传下来的。①

"打喜打嘎嘎"不是作弄嘎嘎，而是把嘎嘎当作最重要的客人，由女儿婆家村落的人共同接待她。当然，作为嘎嘎客的"头领"，嘎嘎有时需要以主人的姿态出现，这才能把"打喜"办好，把大家都照顾好，让大家都满意。

> 嘎嘎本身就带的客，她就是个主人，有用的（能干的）嘎嘎去哒，跟到我去的这些客，就安排坐席，哪些子（哪些人）先坐，哪些子后坐。没得用的（不能干的）嘎嘎她就是淡扯扯（不管事），她去哒，老板哪么（怎么）安排，她哪么搞。②

嘎嘎是女人，嘎嘎客以女性居多，女儿婆家请来的陪客自然也是女人，所以，"打喜"是以女性为主体的活动。即便到如今，"打喜"只有嘎公来的情况少之又少，除非嘎嘎去世，不在人世了。

> 打花鼓子这个活动本来就是新生婴儿的奶奶和外婆，奶奶的妯娌以及和外婆同辈的老婆婆一起跳啊玩。③
> 跳花鼓子的时候一般都是女的，没得男的。④

因此，"打喜"亦是对嘎嘎文艺才华的检阅和考量。打花鼓子通常首先要嘎嘎和奶奶配对唱一曲、跳一曲，其他人才会跟上，才会有兴致陪着唱起来、跳起来，全场活跃起来。从这种秩序上讲，嘎嘎就是"打喜"活动主要的组织者和领导者，嘎嘎能力的大小直接关乎仪式的规模和影响。

"打喜"那一天，嘎嘎最重要，最先跳的是嘎嘎和奶奶，她俩是

---

① 访谈对象：崔显桃，访谈时间：2010 年 1 月 21 日下午，访谈地点：湖北省建始县三里乡老村村崔显桃家。
② 访谈对象：叶定六，访谈时间：2010 年 1 月 19 日下午，访谈地点：湖北省建始县三里乡河水坪村叶定六家。
③ 访谈对象：吕守波，访谈时间：2010 年 1 月 21 日上午，访谈地点：湖北省建始县三里乡小屯村吕守波家。
④ 访谈对象：崔显桃，访谈时间：2010 年 1 月 21 日下午，访谈地点：湖北省建始县三里乡老村村崔显桃家。

个主，一个嘎嘎、一个奶奶，她俩不打，别个（别人）不得来打。非要嘎嘎跟奶奶打哒，才有别的人站起来陪你打。你打吃亏（累，体力消耗大）哒，你可以请人帮忙，"你来帮我搞下"。①

如果嘎嘎实在不会打花鼓子，她也不能缺席，该她出场的时候，该她显身手的时候，她就必须出现。她可以请人一起去帮忙打花鼓子。帮忙打花鼓子的人也都是女性。

> 我不会打花鼓子，去的有福妹，有丙娃儿，她们会打。大爹生个儿子蛮高兴，他就在街上请的黄么子（姓黄名不详），她会打花鼓子，她俩那晚上唱一整夜。拿个芭扇啊，戴个烂草帽，脸上画得花里胡哨地打。福妹那晚上唱一整夜。她为什么会搞呢，她的爸爸会唱这些，她的妈也会搞这些，所以她就学得多。那晚上没得地方睡，就在文化站那个屋里坐席，她两个屋里就打花鼓子，就在大爹住的屋里，堂屋里。他的奶奶也打不来，他们说："奶奶要对嘎嘎吵。"我说："我也免哒，我也不会搞，我这带的有人打。"他们就请那个黄师傅。他们说："那你嘎嘎今天你打不来的话，把你姑子找起来，我们打。"我说："福妹，你去打。"她才上场，她跟那个黄师傅打得好，也唱得好，都不睡瞌睡，哈（都）在那看一整夜。②

做嘎嘎的不会打花鼓子，做奶奶的不会打花鼓子，都可以请人"帮忙打"。"帮忙打"意味着打花鼓子原本就是嘎嘎带头打，奶奶陪着打。一般嘎嘎请的"帮忙打"的人均是自己熟悉的一个村里或周边村中关系较好的妇女，奶奶也是一样。那么，从这个意义上讲，打花鼓子就是两个家族、两个村落，以至几个村落的事情，并且由成年已婚女性担当，她们是村落传统的热爱者和延传者。

> 早前哪家得了孙娃儿哒都兴搞啊，都兴打花鼓子。晚上啊，就喊："把嘎嘎拉出来啊。"嘎嘎来，奶奶也来，主要是拉嘎嘎来打。嘎嘎一拉地来啊，那奶奶也就来哒，随便找这么两个陪唱的，就这么

---

① 访谈对象：崔显桃，访谈时间：2010年1月21日下午，访谈地点：湖北省建始县三里乡老村村崔显桃家。
② 访谈对象：解书春，访谈时间：2010年2月20日上午，访谈地点：湖北省建始县原农委宿舍张家书家。

四个人就打起来哒。

"打喜打嘎嘎"是一个好玩的意思，取笑啊。就是说往常没得现在这个条件好，房屋又窄，人口又多，他一家人有几个儿子，反正也起不起个屋，就是那一个屋，但是若到这么打花鼓子呢，就都来看花鼓子来哒，就混夜，就是打伴儿一样的，帮到熬下夜。①

再说，"打喜打嘎嘎"的"嘎嘎"不仅指新生儿的亲嘎嘎，凡是嘎嘎一方，跟嘎嘎一辈的女性都称为嘎嘎，因此，嘎嘎是泛指与嘎嘎同辈，从嘎嘎这边来的女性客人，也包括由嘎嘎"岔"来的同村妇女。

只要是娘家来的，跟她母亲一辈，都叫嘎嘎。娘家这边和她婆婆这一辈的人都称亲家。有时候族大啊，就是十几个嘎嘎，有时甚至一二十个啊。这一帮的来了，那一帮又来。看他那一姓的人好多，他就去的人多。②

这就更加表明"打喜打嘎嘎"突出的是女性的身份和角色，以及因此而形成的以亲属和村落为活动圈的一种女性生活事件。

"打喜"是为了新生儿，为了月母子，那么，这个领域自然是已婚妇女的知识空间和专属场域，所以女性是这个场合、这个活动的主角。打花鼓子唱跳的歌多数是情歌，歌唱爱情，赞美生命，感谢母恩，这些都直接且含蓄地道出了生命的根本，也使得打花鼓子基本限制在已婚妇女的范围，未婚女性不能参与，只能在旁边观看、感受、体验，并默默学习。

在这种场合，所有都放开了，没结婚的姑娘不跳。没有结婚的姑娘在旁边看，看哒笑。③

除了未婚女性不允许参加以外，参与打花鼓子的人配对的辈分也不能弄错了。

---

① 访谈对象：崔显桃，访谈时间：2010年1月21日下午，访谈地点：湖北省建始县三里乡老村村崔显桃家。

② 访谈对象：吕守波，访谈时间：2010年1月21日上午，访谈地点：湖北省建始县三里乡小屯村吕守波家。

③ 访谈对象：覃发池，访谈时间：2009年12月6日晚上，访谈地点：湖北省长阳土家族自治县民族文化村。

　　我年轻的时候给人家上头、送亲、招呼客都搞过的啊。这下硬是路都走不稳哒,人老不得,还有些好歌,我记不到哒。这就是搞打笑吵,这头的奶奶对嘎嘎,舅母就对婶婶,就拉到打吵,横直(总之)四个就打,就是搞得丑。①

　　同辈之间才能彼此戏弄,相互嬉闹,而且越闹越好,花鼓子唱跳的规矩与形态隐约地透露出清江土家人朴素而本真的生命观念。打花鼓子的时候,歌唱得越暧昧越起劲,舞跳得越放肆越沸腾,要把嘎嘎一方整得越狠越好,嘎嘎她们不会生气,只有高兴的份儿。由于嘎嘎的辈分高,只有奶奶一辈的人才能与她交手,一般人不敢也不能轻易"挑衅"她,因此,亲属关系中地位仅次于嘎嘎的年轻干练的舅母就成了"众矢之的"。嘎公、舅舅等男性的不参与为女性关于爱、关于性的表达和展示提供了条件,这时候"丑"就不丑了。

　　把嘎嘎家整得越热闹越好,"做嘎嘎"一般都是女的去,挑挑子就是男的,嘎爷和舅舅都不去。②
　　"打喜"吵,越打越红火。我们这里人人都是尊敬嘎嘎的,她是贵客,又是长辈,晚辈对长辈尊敬吵,所以像打花鼓子,有舅妈,肯定就整舅妈吵。不是打嘎嘎,是打舅妈,那横直随便么子拿哒就往舅妈身上搞。③
　　一般就给舅妈搞,我们这儿喊的打喜打舅妈,不是整嘎嘎。就把油和锅灰和在一起了,给舅妈擦,呵呵,还有给她戴帽子、披蓑衣,随便么子都往她身上放。④

　　通过形象的语言艺术和直观的身体行为,清江流域土家族妇女质朴地传达着她们对生命的感知和对生活的热爱。从这个层面上讲,打花鼓子也

是嘎嘎一方和奶奶一方女性智慧和计谋的对决，是嘎嘎和奶奶在人际交往上的对比，是两大女性阵营之间的较量。

> 打花鼓子的道具没得固定的东西，这个奶奶啊想到好玩啊，就找个扇子拿着，还找个草帽啊，就往嘎嘎脑壳一戴啊，她就拿把扇子啊，你扒过去啊，她一扒地过来。嘎嘎和奶奶是一辈，舅母就和那边的婶娘啊，又是一辈。①

嘎嘎和奶奶两方情歌唱得更欢畅、更直白了，肢体动作也随之放开来，特别是深夜，她们之间的戏谑与挑逗就更明显、更直接了。嘎嘎一方与奶奶一方互相搞笑、嬉戏、逗趣，乱抹胡摸，闹腾时一片混乱，不过一辈对一辈没有乱。女人们通过既无序又有序的方式隐晦地表现性爱与生育，这是她们日常难以表露的，但这个场合是她们的领地、她们的荣耀、她们能力展示和情绪宣泄的舞台。

"打喜"是女性的仪式性活动，尽管这个关系到香火延续、人丁兴旺的仪式在家庭、家族和社会中都占据相当重要的位置，但不可否认，女性是"打喜"的主角，她们在这时，在这里享有最高的地位、最好的礼遇，可以最大限度地张扬个性，渲染情感，表现自我。在清江土家人的观念中，有了女人就可以生养，否则家族、民族就要断后绝种。女人生孩子，是对家族和民族的最大贡献。所以，"打喜"也就成了清江流域土家族女性的"狂欢节"。然而，在这个过程中，彰显的个性与情感绝非仅仅属于个人，而是属于有着共同生活的女性群体，它代表了村落传统中女性的共同情感。因此，"打喜"是嘎嘎邀请亲属和乡邻共同参与的事情，陪嘎嘎也不只是奶奶个人的事，而是她那一方亲戚和村民的共同任务。

> 陪嘎嘎是第二天早上，比方今天嘎嘎客拢哒（来齐了），第二天吃饭的时候还专门找几个陪嘎嘎的，就是坐席的时候嘛。②

以女性为主体的诞生祝祷仪式从家庭扩大到村民共同参与的活动。从嘎嘎这边来讲，她需要亲戚和朋友的支援和捧场；从奶奶家来说，"打

---

① 访谈对象：龙有菊，访谈时间：2010年1月19日下午，访谈地点：湖北省建始县三里乡河水坪村叶定六家。
② 同上。

喜"必须得到全村人的鼎力相助,小到迎客接物,大到主事操办,所有事务、所有工作、所有活计都离不了人手,此时村中的人都来,特别是男性承担起了重任,发挥出他们的优势,他们也颇为乐意为这个"打嘎嘎"的活动献计、出力、服务。

> 现在"打喜"还是兴过夜,在晚上就跳一夜的花鼓子,不晓得好热闹,我们长阳搞得蛮好。嘎嘎去送礼,"打喜"那天,嘎嘎是主要的客,还请的专门人陪的,那不得了,好热闹。①
> 我们这里的跳花鼓子一般是一男一女,四个人就是两个女的、两个男的,八个也是一样,很少有单独的女的跳。我们这儿一般是唱情歌,只有男和女才表达得出来。②

现今长阳土家族成年男性逐渐成为打花鼓子的生力军,这是时代发展和生活变迁的一种结果,也是人们对打花鼓子的一种新的认识和理解,同时也是"打喜"仪式公共性和娱乐性日益增强的一种表现和趋势。因为唱的都是情歌,所以在现代土家人看来,只有男女对唱对跳才能激发情绪,才有故事发生,才会吸引观众。"我喜欢跳花鼓子,但是那必须是要风夹雪,那必须是要一男一女,才跳得有意思。花鼓子唱的歌本来就是郎啊姐么,那要眉来眼去、暗送秋波才过瘾。那我说我跳花鼓子不打迷糊眼儿的,我就懒跳的。而且跳花鼓子就要软绵绵的。"③ 现今,长阳土家人打花鼓子,歌依然很舒缓,舞依然很轻柔,男男女女手拿一条花毛巾,似乎昭示着花鼓子女性化的特征,即便男性上场,也要遵从和体现这一风格。

既然"打喜"是全村人的事情,全村人的"节日",那么,一个村里只要有人家"打喜",村民们都会去上情,都会去帮忙,都会听从主人家的安排,服从支客师的分配,并参加整个庆祝活动。人们认为,一家添丁就是全村添丁,添人进口的喜悦与庆贺不仅是家庭的事情,更是全体村民的事情。村里人分嘎嘎村的和奶奶村的,嘎嘎村的陪嘎嘎前来"做嘎

---

① 访谈对象:张玉芳,访谈时间:2010 年 7 月 20 日晚上,访谈地点:湖北省长阳县渔峡口镇双龙村覃亮家。

② 访谈对象:田少林,访谈时间:2010 年 7 月 18 日上午,访谈地点:湖北省长阳县渔峡口镇双龙村田少林家。

③ 访谈对象:覃建华,访谈时间:2013 年 7 月 21 日上午,访谈地点:湖北省长阳县渔峡口镇双龙村覃孔豪家。

嘎",奶奶村的过来陪嘎嘎聊天、坐席、唱歌、跳舞,她们都同嘎嘎一起分享喜悦和幸福。

> 比如说,今天"做嘎嘎"来哒。兴打花鼓子的时候呢,她也有准备,找几个稍微会说点的啊,岔起去给我做个嘎嘎,去帮我,给我打个伴儿,"做嘎嘎"去。万一打起花鼓子哒啊,她把她拉起来,也有答复的,嘎嘎还不是怕答不上来。①

嘎嘎"岔"一些能说会道、能唱能跳的亲戚或村里人给自己"打个伴儿",以应对"做嘎嘎"时来自奶奶一方的各种"挑战",包括打花鼓子。这种应对就成为两个村落之间的关系事件了,成为张扬村落文化个性的有效事件了。

> 这个礼节不管在哪方都是有的,在我们这儿还是有这个礼节的,进门有礼节,出门有礼节。我是主动接她(张世菊)来做我们女方懂礼性、讲礼性的人,她在我们那一截(那一块地方)来说,是会说会唱。她给我帮忙来,吃苦操心,我是亲自去接她的。我们也在一个村呐,一个村一个组,相隔不到二里路,也蛮近。我们这边来的九十几个人都是亲戚朋友,很多都是村里的,他们都非常高兴跟我来"做嘎嘎",我也特别高兴。②
>
> 我们家"打喜"在村里请了两个支客师,一男一女,还有六合班的师傅、焗匠师傅、礼房先生,包括端茶送水、洗菜收盘子的,一共有七八十人,都来给我帮忙。我们家的事情多,他们提前两天就来哒,有的全家都来哒。给我帮忙,我们就跟一家人一样。③

清江土家人说,"打喜就是打嘎嘎"。"打"嘎嘎及嘎嘎一方的女性亲友,考察和显示她们的经济能力、组织才能和艺术才华,这是"打喜""打"嘎嘎之"喜"最主要的内容和含义。"打喜"这个看起来只是关乎

---

① 访谈对象:崔显桃,访谈时间:2010年1月21日下午,访谈地点:湖北省建始县三里乡老村村崔显桃家。
② 访谈对象:覃菊秀,访谈时间:2011年7月11日下午,访谈地点:湖北省长阳县渔峡口镇双龙村覃超家。
③ 访谈对象:覃卫群,访谈时间:2011年7月9日下午,访谈地点:湖北省长阳县渔峡口镇双龙村覃超家。

个别家庭的事件,由于嘎嘎在来"做嘎嘎"的时候,就"岔"了一些人相伴,奶奶家也"岔"村里的人来帮忙陪嘎嘎,这就使"打喜"仪式已经不属于嘎嘎个人的事件了,而是以嘎嘎为中心建构的村落事件和以嘎嘎为纽带搭建的关系平台。

第二节 人到人情到:以礼物为媒介的社群关系构建

礼物是一种情感,一种加强彼此联系的纽带,一种扩大社会交际圈的媒介质。"打喜"仪式中的礼物是人伦情感交流与体现的重要元素。新生儿与父母、祖父母、外祖父母之间,新生儿家庭与众亲戚之间,新生儿家庭与众乡邻之间,关系的建立和维护离不开礼物的馈赠与回赠。如果说"打喜"的仪式现场建构了内部社会和家庭、家族的秩序的话,那么,"打喜"中的礼物就成为清江土家人社会关系构建、人际交往扩张的外在表达了。

清江流域土家族相互来往密切,一家有事,众家帮助,尤其是结婚、生子、建房、丧葬等礼仪活动,不仅要去帮忙,而且还要送礼。礼尚往来是清江土家人基本的处世原则,谁不遵守,谁就会陷入孤立。常言道:"一礼来,一礼去,一礼不来打倒退。"礼物是实现族亲和村民交往与联系的媒介物。清江土家人就是通过礼物将人与人联结在一起,凝聚在一起,从而构成生活互助的共同体和文化共享的统一体。

无论在建始的三里乡,还是长阳的双龙村,参加"打喜"仪式的客人必须在坐正席之前到达"打喜"人家。客人到了,迎宾的人放一挂鞭炮,响匠师傅吹奏起欢愉的迎客调子,男支客师高喊着"来客哒,传烟倒茶哦",客人则笑容满面地走进屋里,对新生儿的父母、祖父母说着"恭贺"之类的吉祥话,然后坐一坐、聊一聊,三五个人邀约着往礼房"写账",也就是"上人情份子钱",亦称为"上礼柜"。主人家通常会请一至两个能读书写字、管钱管物,且值得信任的人担任礼房先生。礼房先生的职责就是翔实记录所有来"上人情"的人的姓名、所送礼物以及与主人家的关系等,并精心保管好所有礼物,协助主人家管理内务。

吴树光家的礼房先生名叫谌志阶,他与吴树光的父亲吴祖德是30多年的朋友,也是邻居,重要的是他是河水坪村小学的一位语文老师,在当地人眼里他是有文化的人。谌志阶的工作就是将来上情的人的礼物登记到账本上,把接受的礼金收到自己胸前的皮包里放好,然后代表主人家将回敬的礼品——一条毛巾赠送给每个送礼的人。于是,人手一条毛巾成了"打喜"场上的一道亮丽风景。这条毛巾一方面说明客人已经上了情,另一方面也是主人家对客人的一种感谢。

嘎嘎是新生儿母亲的母亲,她代表着生命的源头、生命的保障,嘎嘎与新生儿"源与流"的亲密关系决定了嘎嘎送的礼是最重、最实在的,也是最具生活意义和象征意义的。可以说,为筹措为外孙"打喜"的礼物,嘎嘎家是倾其所有。

抬盒拢哒(意即礼盒全部搬进了"打喜"人家的堂屋),支客就要出来喊,嘎嘎屋里费起那么大的事,讲礼性咯,免哒,下雨打湿肩包——失礼啊,这就把东西哈(都)捡哒哟。面食放到月母子卧室里,醪糟用坐坛(泥土烧制而成的坛罐)送过去,月母子吃。打花鼓子的晚上还要宵夜哟,往常的人生活几多(多么)差嘛。[1]

嘎嘎的礼物既要为女儿考虑,也要为外孙着想。

往常做嘎嘎,要送挑子啊,打摇床啊,里头放的是做的帽子、鞋子、衣服,还有袜子、抱裙、尿布,就搞的这么些东西。小孩子的帽子要做八顶,什么凉帽、狗头帽、尾巴帽子、胎帽,满月了要换,过了季节要换。鞋子有什么猫猫鞋啊,手工做的,用布托的。我那个时候做嘎嘎,买了个小孩骑的自行车。[2]

嘎嘎家的礼物种类全,数量多,基本都是月母子和新生儿实用的东西。过去没有车,山路又不方便,往往要请背背盒的、挑挑子的人帮忙把礼物送到外孙家。请的人都要是八字好、生活顺的已婚村民,以男性居多。

这些挑挑子的挑子直接挑到堂屋放起。他那头的支客就来了,就来讲下礼性,说四言八句啊。"你爬坡上岭啊,给娃争这么大个光",就这么讲下礼性。"打喜""做嘎嘎",原来叫做送祝米,都是女的

---

[1] 访谈对象:叶定六,访谈时间:2010年1月19日下午,访谈地点:湖北省建始县三里乡河水坪村叶定六家。

[2] 访谈对象:龙有菊,访谈时间:2010年1月19日上午,访谈地点:湖北省建始县三里乡孙家坝村龙有菊家。

去，男的不出门，现在男的还出门送下祝米啊。①

送祝米的主力军是嘎嘎一方的妇女。嘎嘎家的礼物送来摆在堂屋里，客人们争相观看，女婿跟岳母磕头表达谢意。

你把挑子、蹄子啊放在堂屋里哒，这么摆起，他那边请的有支客，还要把你大人请到堂屋里，女婿要给磕四个头。②

嘎嘎的礼物最多，情也最深。嘎嘎是新生儿未来的依靠之一，嘎嘎家是新生儿遮风避雨的港湾。然而，越来越多的礼物在清江土家人那里变得有些沉重起来，所以，当地有"赚钱的祝米，背时的生"③的说法。

关于送祝米的来历，清江流域土家族有这样一则传说：

鄂西土家族，凡是哪一家生了小孩，无论是左右邻居，远亲近族都要去送祝米，这个习俗是过去传下来的。

很久以前，土家族山村居住着一对年轻夫妇，男的叫大山，女的叫田妹。小俩口勤劳善良，恩爱和睦。田妹每天在家看猪养狗，操持家务。大山每天弄柴赶仗（打猎），打鱼捞虾，日子过得很富裕。

有一年，老天干旱无雨，地上水干草枯，田里颗粒无收，人们全都刨树皮，挖草根，日子过得十分艰难。

恰在这灾荒之年，田妹十月临盆，为大山生了一个胖儿子。大山高兴得无法形容，可是高兴归高兴，眼见妻子身子虚弱，却没得么子东西弄来给她滋补身体。孩子无奶，哇哇乱叫，大山急得团团转，恨不得割下自己的肉让女人发妈儿（发奶）。

村里平时与大山要好的小伙子们听说大山得了儿子，都替大山欢喜，他们商量要好好庆贺一番，哪怕日子艰难，大家还是给小孩缝了衣服，做了鞋儿帽帽。但给月母子送点什么呢？什么都干枯了，什么都干死了，小伙子们在山上找啊找啊，找了好久才找到竹子上结的米米，摘回寨子，果真能发奶，于是小伙子们就摘了许多竹米，送给月母子煮粥吃。

---

①　访谈对象：龙有菊，访谈时间：2010 年 1 月 19 日下午，访谈地点：湖北省建始县三里乡河水坪村叶定六家。

②　同上。

③　邓贵艾、刘启明、向贤荣主编:《巴东民间谚语》，民族出版社 2007 年版，第 111 页。

从那以后，凡是哪家生了小孩，都要这样热闹庆贺一番，"送竹米"这个风俗就流传下来，以后，又把送竹米变成了"送祝米"。①

在物质匮乏的年代，送祝米就是为了在亲戚邻里的援助下照顾月母子，养育新生儿，因此，送祝米送的所有物品都是适用的、具体的，是生命得以存活和延续的物质，尽管这里面寄托了送祝米人的愿望，但是，祝米更直接的还是为新生儿成长提供物质上的帮助。礼物的物质功能不断传衍，其文化意义也随之沉淀下来，共同组成了生命的指向。

"打喜"这个活动，除了亲戚是送礼的，村里的人一般都来。过去的那个时候，你不送钱，起码有黄豆，面条，鸡蛋啊，鸡子啊，腊肉，猪蹄子啊，都送。我记得有个记账的，报账的喊黄豆五斤，豆腐一个。②

礼物无论多少，无论优劣，最为关键的是它所承载的人情，这是清江流域土家族建构社会关系的基础。"人情无大小，人到人情到"③"人情大如天，有时逼得癫"④，这些俗语形象地表达了清江土家人以情感为核心构建社会关系网络的优长与无奈。村民关系是人情的集中体现。"打喜"仪式中，乡邻的礼物既表现为物，更体现于情，因此，民间有"各（交往）得邻居好，胜过捡个宝"⑤ 的说法。因为赶人情而建立的良好关系，能为个人和家庭的生存与发展提供便利和畅达，"人情到处赶，下雨好借伞"⑥ 就是这个道理。因为有情，"打喜"充满了情感依恋；因为重情，"打喜"充溢着心灵关怀。

孩子的出生缘于男女双方的结合，因此，"打喜"的礼物在婚姻仪式上就开始流动了，孩子社会关系的建立也从那个时候开始了。比如，猪蹄子出现在清江土家人从"说亲"到"打喜"的全过程。孩子出世，女婿报喜后，嘎嘎家就预备去看望外孙，嘎嘎一方的亲朋好友都要一同前往，

---

① 《送祝米》，见侯明银编《中国建始文化丛书·民间故事》，湖北人民出版社 2006 年版，第 163—164 页。

② 访谈对象：戴曾群，访谈时间：2009 年 12 月 6 日晚上，访谈地点：湖北省长阳土家族自治县民族文化村。

③ 侯明银编：《中国建始文化丛书·民间谚语》，湖北人民出版社 2006 年版，第 263 页。

④ 同上。

⑤ 同上书，第 140 页。

⑥ 同上书，第 142 页。

这时,猪蹄子是必备的礼品。它既是当地产妇发奶的食物,又具有特殊的象征意义,表达了亲人朋友对新生儿及其家庭的祝愿。

在传统土家族社会中,猪蹄子是婚配、"打喜"及祝寿等喜事活动中的重要礼物。当男女双方还处于相互了解的阶段,女方会选定一个吉祥的日子约上亲朋好友在男方不知情的情况下到男方家里,查看男方的家境,叫做"看门户"。男方则准备好猪蹄子到女方家,意在探明女方的心意,如果女方接受了猪蹄子,说明女方看上了男方。而且男方要让女方同意嫁给自己,也必须准备好猪蹄子,让媒人到女方家游说,直到女方接受猪蹄子,其他男子才不会上女方家求亲。婚前的三天,男方请人到女方家送礼叫"过礼",猪蹄子是不可缺少的。婚后的第三天早上,新郎和新娘要一起带上猪蹄子和糖果等礼品回门。结婚的当年,新婚夫妇要给新娘家父母和其他需要走动的亲戚拜年,至少要带三只猪蹄子:新娘的父亲母亲一只、新娘的爷爷奶奶一只、新娘的外公外婆一只。

> 在看门户、放话、过礼、回门、拜新年、拜年这几个礼仪场合猪脚的制作,一般是后脚加上后胛肉,后胛肉用刀划为一圆圈与猪脚连在一起,俗称肘子。在土家族传统社会里,肘子一般要求不低于七斤,有"七方八肘"之说。在过礼、回门、拜新年时肘子上往最下端,即猪脚蹄上要围一圈红纸作为象征。在平日里如看见某夫妇背一猪脚并见红纸圈,那你就知道他们是回门;如在春节里,你看见某夫妇的猪脚上有红纸圈,就证明这是新婚夫妇,如没有红纸圈则证明此夫妇不是新婚夫妇了;拜年的猪脚一般是腊猪脚;在诞生礼中,猪脚作为望月的礼物,一般是丈母娘准备的腊蹄子,前脚、后脚都可以。少则几只,多则数十只,是作为女儿的营养品送来的。①

猪蹄子特殊的象征建立在猪蹄子作为清江流域土家族最珍贵的食物的物质意义上,由此衍生出象征生命关怀和土家人礼俗规矩的意义。婚姻礼仪中的看门户、过礼,男方不拿猪蹄子,直接的后果是婚姻不成。婚后回门、拜年,如缺少猪蹄子,则认为儿女不孝或男方家不懂礼节。生子"洗三""打喜",少了猪蹄子,则意味着嘎嘎不能干和不知礼,以致影响嘎嘎与出嫁女儿的感情,甚至亲家关系。

除了猪蹄子以外,"打喜"送的礼物中还有醪糟、鸡蛋等,这些食品

---

① 付静:《土家族婚俗中的猪脚文化》,载《长春理工大学学报》2010年第3期。

也必不可缺。

　　醪糟一般用桶装好，用红纸封起来。"打喜"晚上 12 点钟一定
要吃醪糟。醪糟对月母子很有好处，据说吃醪糟奶水多一些，它是发
物。"做嘎嘎"送的礼物必须有醪糟，黑了（夜晚）宵夜陪嘎嘎，人
人要吃醪糟。

　　送祝米就是说吃醪糟去哦。我们这孕妇，望她多大个肚子了就经
常问她，不是问她几时生小孩，而是问她几时吃醪糟哦。现在都是这
么个（这样），"那你几时吃醪糟哦？"她不问你几时生小娃儿，她不
这么问。我们年纪轻的都是这么个呢，或者看到她像是有小的了，就
说："嘿，你莫又要吃醪糟了。"①

生了孩子，产妇要吃醪糟，前来"打喜"的人也要吃醪糟。产妇吃
醪糟能够催奶，参加"打喜"的人吃醪糟能够饱肚，醪糟这个时候成了
一种生命的符号和喜庆的象征。

　　土家人说结婚去吃醪糟，是一种取笑，说她未婚先孕。往年的时
候这么说，别人嫁姑娘就可能打架。嫁姑娘绝对不能吃醪糟，不光不
能说，在这个场合中也绝对不能有这个东西存在。②

从这个意义上讲，醪糟只能在特定的场合出现，它在清江土家人那里
已经具有特殊的意义，是一种特殊的指代。

　　有醪糟，就要有汤圆，团团圆圆。"打喜"的时候，嘎嘎要十分周到
地送与醪糟等量的汤圆面到女儿婆家。

　　送醪糟的盆子上面写一个"囍"字，最大的那个盆子。像我来
的时候，妈屋里都是买的个坐坛。往常就是坐坛，现在都是像那种红
盆，都做十多斤，桶也行，一边装汤圆，一边装醪糟，两边挑起的，

---

① 访谈对象：龙有菊，访谈时间：2010 年 1 月 19 日上午，访谈地点：湖北省建始县三里
乡孙家坝村龙有菊家。
② 访谈对象：李晓明，访谈时间：2009 年 1 月 19 日晚上，访谈地点：湖北省建始县三里
乡河水坪村颜家艳家。

现在这么搞的。①

鸡蛋也是嘎嘎要送的礼物之一，亦可和醪糟搭配食用。在土家山乡，家家户户养鸡，嘎嘎家能拿出多少鸡蛋就送来多少鸡蛋，但一定是双数。万一家里没有鸡蛋，或者数量不够，嘎嘎也会到邻居家买一些过来。"打喜"宵夜，新生儿奶奶家会为客人们煮一碗醪糟荷包蛋，不仅可以充饥饱肚，更是分享生命的喜悦。

清江流域土家族姑娘出嫁前夕，男方家要送来两个煮熟的红鸡蛋，女方就用这红鸡蛋在姑娘脸上滚三下，名曰"开脸"。"开脸"是女子进入成年的重要仪式，那么，用鸡蛋在姑娘脸上滚动，意义就非同寻常了。在这里，鸡蛋具有成年过渡的性质，具有生育象征的意味。

清江土家人依然保留着人从卵生、卵破人生的信仰。鸡蛋既是生殖的象征物，亦是人生命的象征。所以，孩子出世了，嘎嘎为新生儿"洗三"，也必定要拿一个鸡蛋在新生儿身上滚来滚去，并且说美好祝福的话。

> 以前在农村生孩子后第三天等嘎嘎来，嘎嘎把娃娃洗哒包起就叫"洗三"。洗的时候搞点儿开水和艾蒿，用鸡蛋一滚就洗哒。用艾蒿水把鸡蛋煮了以后，拿鸡蛋在孩子身上滚，据说这样可以祛除风气。②

同艾蒿一起煮过的鸡蛋在孩子全身上下滚遍，有祛除寒气和火气，调理身体机能平衡的作用，为的就是促进孩子健康成长。

> 鸡蛋是退寒火的，就是消除寒和热这两种病痛。③

"打喜"送的礼物包括吃的、穿的、用的和玩的四大类，这些礼物以物载情的方式达到彼此帮助、和睦生活的目的。

> 姑娘有哒，她这个当妈的就要开始做准备，再哪么没得也要准备

---

① 访谈对象：龙有菊，访谈时间：2010年1月19日上午，访谈地点：湖北省建始县三里乡孙家坝村龙有菊家。
② 访谈对象：戴曾群，访谈时间：2009年12月6日晚上，访谈地点：湖北省长阳土家族自治县民族文化村。
③ 访谈对象：覃好宽，访谈时间：2011年2月23日上午，访谈地点：湖北省长阳县渔峡口镇双龙村覃好宽家。

个猪蹄子,有的没得借都要借;再就是鸡蛋、醪糟、面条。往常都是担子挑起,都是你给我打伴儿挑一担啊,我给你打伴儿挑一担。现在生活水平提高哒,都送匾,也就没得人拿粮食哒。

　　早前就讲哪个屋里就好过啦,挑子都接啊四五十担。还是以嘎嘎为主,各上各的人情。结婚的时候,姑娘嫁过来的时候,男方就有茶食过来。茶食就是男方的叔伯给姑娘给的,比如面条啊么子的。等姑娘这边生啊小娃儿哒要"打喜",那姑娘这边的亲戚就要送猪蹄子,特别是送猪蹄子的人都是重亲,不是一般的人不得送。①

在一个礼仪交流圈中,什么时候由谁给谁送什么礼是有讲究的。结婚的时候,男家给女方的礼额外重些;生孩子的时候,嘎嘎最大,礼也最重。礼物的流动某种意义上就是一种关系的平衡,就是一种社会援助仪式,具有相当强的社会支持功能。毕竟在举行大型仪式活动的时候,家庭的承受能力和支付能力是有限的,因此,众亲戚、众乡邻在特殊的时间给予集中性的帮助,就能够缓解对于家庭、家族乃至社群的压力。正是在如此的往来流动中,土家人的生活得以和美,关系得以发展。

当然,礼物也随着时代的变化而变化。生活富裕了,送的东西越来越多样,越来越现代化了。过去富贵人家才能拿得出手的"匾"已经在寻常百姓家十分常见了,"匾"也从笔墨挥就的字画变成了由人民币拼贴成的字画,比如用数量不等的50元或者100元纸币拼贴成"囍"字,这样的礼物一般是至亲赠送的。

　　送匾的人进大门先把匾放在堂屋的门边,受匾的一方也要找一个讲礼性的人接匾,他们就互相说。送匾的尽量说哒要早点儿进去,受匾的要尽量组织多说会儿,为了热闹。一个就说自己没送什么礼,一个就道谢。送进去以后,有的就直接挂到两边墙上,叫升匾。升匾的时候有很多歌乐句,都是讲一些奉承话。②

"打喜"的礼物有轻重之别,礼物的轻重就是人情的轻重,就是社会关系的亲疏程度。从这个层面上说,"打喜"中的人与礼物具有阶序性。

---

① 访谈对象:张申秀,访谈时间:2010年1月19日上午,访谈地点:湖北省建始县三里乡孙家坝村张申秀家。

② 访谈对象:吕守波,访谈时间:2010年1月21日上午,访谈地点:湖北省建始县三里乡小屯村吕守波家。

　　"打喜"不是一家的事情,而是两个家族,乃至两个村落的事情。女儿从怀孕开始,母亲和婆婆就着手为"打喜"做准备,尤其是嘎嘎要备办外孙出生后的大量用品,这不仅仅是为满足女儿坐月子的需要,也是为女儿在婆家争得面子和地位。

　　　我头一回做嘎嘎,十几根挑子,还岔 11 桌人,这就挑的挑子,一个挑挑子的找的是一个女娃儿,扁担上就放个手帕。就是家庭条件好啊,姑娘把人家里去了,在别个屋里去了,给她争光嘛,其实就是争地位,娘家富有,她姑娘在别个屋里就有地位。今天那个嘎嘎就说她送了两个匾,她就家里情况也不是很好,但就说是为了自己的面子,你送得多,婆家可能就看得重,可能就对女儿好一些。①

　　"打喜"之前,孩子父亲一方正式接嘎嘎,接嘎嘎一方的亲戚来"打喜"。到了"打喜"的日子,嘎嘎则亲自张罗自己一方的亲戚朋友一起去外孙家贺喜"做嘎嘎",清江土家人称之为"搭个伴""打个岔"。

　　　嘎嘎家和奶奶家定了"打喜"的日子,女婿还要去接嘎嘎,再就接嘎嘎那边的亲戚,叔男伯爷,去接她们吵。姑娘嫁人的时候给茶食,就把女婿引(带)过去给他说这个叫什么,那个叫什么。那"打喜"的时候,女婿就自己去女方那些亲戚家接,如果还要嘎嘎引过去,人家就要笑吵。没有见过面的,嘎嘎才引女婿去。②

　　　嘎嘎不接亲戚,嘎嘎这边是单独的了,它不叫接,而是让亲戚搭个岔,打个岔。我这边就是我去岔,打个伴儿,我们这儿喊的。打比方说,我这个姑娘她落月里哒(满月了),你初几给我打个伴儿,这就说定了。就是岔,邀她。我们这个不仅是亲戚,朋友都可以,这个村里的人都可以,基本上村里的人都去。③

　　"打喜"的礼物一类是至亲的,包括嘎嘎家在内,不仅送礼品,还要

---

①　访谈对象:龙有菊,访谈时间:2010 年 1 月 19 日上午,访谈地点:湖北省建始县三里乡孙家坝村龙有菊家。
②　访谈对象:田开武,访谈时间:2010 年 7 月 19 日上午,访谈地点:湖北省长阳县渔峡口镇双龙村覃孔豪家。
③　访谈对象:龙有菊,访谈时间:2010 年 1 月 19 日下午,访谈地点:湖北省建始县三里乡河水坪村叶定六家。

送礼金，这是疼爱，也是人情；一类是亲朋好友、乡亲邻里的，礼物是人际交往、情感沟通的纽带，所有这些均由礼房用"人情账本"记录下来。

我们那次挑了32个担子，装的米啊，谷子，醪糟啊，圆坛坛儿。外面就用红纸剪个"囍"字贴起。挑的担子里主要是米、醪糟、谷子、蹄子。我们搞的两个蹄子，挑的人是来接的，我们屋里没得人挑。去挑的，就是那些去陪您"做嘎嘎"，就是我们张家里的，去的是婶娘啊，全都是女的，男的不兴去。"打喜"那天，嘎公、舅舅不去，是妇女去啊。都是用的篾制的箩筐，棕绳子拴起，筐筐不够就借的吵，跟前都有，往常我们屋里都有箩筐。

去哒就进去，那边请的有支客，就讲礼性呢。32个挑子不全是我家的，也还有周围的，包括三个大屋场。我个人就是两个挑子，两个挑子就是60斤米，两个蹄子，有一坛醪糟。32挑摆起来蛮长的啊，他那个堂屋就只我们这么大，挨到挨到摆起，走路的地方都没得，讲礼性的地方都没得。

搞得蛮隆重，他们那个时候生个儿子还蛮高兴吵。"做嘎嘎"，那真是热闹。[1]

从这段叙述中可以得知，嘎嘎及嘎嘎客送给女儿婆家的礼物一共装了32个挑子，这些礼物主要来自三个方面：

嘎嘎家：60斤米、两个猪蹄子、一坛醪糟等礼品。

嘎嘎一方的亲戚：包括孩子和孩子母亲的舅母、姨娘、婶娘和其他亲眷送的礼品。

嘎嘎家的乡邻：即嘎嘎家所在村落及相关村落的乡亲邻里送的礼品。

姑娘有小孩儿了就开始准备，大被子、小被子，那不少啊，一搞就是上万。大铺盖、小被子，小被子是装孩子的，大被子是棉铺盖，冬天里背起哒玩，称为一大一小。蹄子、鸡子，再么子都要搞，主要是心疼自己的姑娘，免得姑娘遭孽吵。[2]

---

[1] 访谈对象：张家书，访谈时间：2010年2月20日上午，访谈地点：湖北省建始县原农委宿舍张家书家。

[2] 访谈对象：张申秀，访谈时间：2010年1月19日晚上，访谈地点：湖北省建始县三里乡孙家坝村张申秀家。

也就是说,"打喜"的礼物以嘎嘎和嘎嘎客送的礼物为主,这礼物就是亲情,就是友情,就是乡情,它显示了以嘎嘎为中心的社会关系对于出嫁的女儿和出世的外孙的特殊意义。

嘎嘎客跟随嘎嘎一起来到外孙家,由此就构筑起他们与外孙家的联系。加上爷爷的家族、奶奶的家族、爷爷奶奶家的乡邻、孩子父母的朋友等,多种亲属关系、乡邻关系、社会关系交错叠加,构成了孩子未来的人际关系网和社会交际圈。所以,"打喜"之后,不但孩子家,所有参与"打喜"的人的交际圈子都扩大了,社会关系更宽广了,如此一代一代,形成了乡村彼此依存的熟人社会,一家有事,就是众家有事。当然,这种叠加的关系也不是无穷尽的。随着新一代的降生,老嘎嘎的地位比不上新嘎嘎了,与老嘎嘎相连的亲友也许就会逐渐退出这个礼仪交流圈。正所谓"一代亲,二代表,三代了了"。因此,"打喜"的人情位置也会发生或多或少的变化,也会历经淘汰和新生的过程。

清江流域土家族的家庭模式主要有两种:一种以男子为中心,就是女子出嫁到男方家做媳妇,这是最为普遍的模式;另一种是女婿入赘,即是男子出嫁,当地叫做招坐堂女婿,因为女方家只有女儿,没有儿子,而男方又有两个或两个以上的弟兄,只要双方愿意,男子便可入赘女方家。与此对应,"打喜"也有两种类型:在婆家坐月子,在婆家"打喜",礼物流动以婆家为主导,以娘家为中心,建立和强化了婆家的社会关系;在娘家坐月子,在娘家"打喜",礼物流动以娘家为主导,建立和强化了娘家的社会关系,此时婆家就不那么重要了。

"打喜"不是一个孤立的事件,它是礼尚往来中的一环。男婚女嫁,女方接了男方茶食①的亲友在出嫁女儿生了孩子以后,必须带礼送祝米,这叫"一礼还一礼"。接了茶食就是认了亲,到了"打喜"的时候,就要还礼,就要上情,一来二往,感情增进了,关系加强了。

> "做嘎嘎"还牵涉到结婚的时候。男方到女方那边去娶亲,比如那家姓张,新姑娘出嫁的时候,男方就有茶食,以前茶食就是面条、糖这些东西,现在就是给50块、100块钱。就要给张家的姑娘这一族人以及和他们亲的亲戚都要给茶食,甚至大的家族要搞百把家。茶食没有固定的,比如你搞两把面条、一斤白糖。甚至据说家里有钱的就把猪肘给一家一个。给你搞了茶食的,以后"打喜"你就必须要

---

① 茶食:男婚女嫁时,男方定亲择期婚嫁时送给女方主要亲戚的礼物。

去。到时候，"打喜"的时候，亲嘎嘎一叫，就都要准备去了，所以有时候做嘎嘎一去去几十人。

把茶食是表示认亲，给茶食的人"打喜"的时候必须要去。"打喜"的时候给了茶食的人，比如是他稍微远一点的亲戚，"打喜"的时候他去了，以后嘎嘎家过事还是要去，一礼一搭，就是礼尚往来。①

"亲戚门前一座塔，你一礼我一答。"② 从婚礼的茶食到"打喜"的祝米，都是强化亲属联系、建构社会关系的重要介质。此时，礼物不仅仅是礼物，礼物就是人情，礼物就是关系，礼物就是纽带。所以，处在这个知识网络里的人心里明白什么时候送什么礼，还什么情，做什么客。

姑娘结婚的时候，像你妈那会送亲的时候，这边的向家的就给张家的80块钱的红包，茶食钱。像她后来生了娃娃哒呢，接了茶食的人就必须要去，去还礼。这是必须去的，要还礼。那去呢，嘎嘎就还要岔，她不挨到去接。③

他要还情啊，这边有事的话，就通知那边的人。女儿多的话，或者孩子多的话，那就好多亲戚呢，还情要还好多呢。这样，几家的亲戚都要走动。④

参加"打喜"的亲戚和村民都要"上人情"，这些"人情"被如实记录在账本上，这是主人家对收到的所有礼物的全面且正式的记载。在老人们的记忆中，先前"打喜"仪式上的"人情"更多地体现为实物，是来自山里、地里、田里的物产。如今的人情账本上记录的基本是金钱的数额，实物已经很少见了。

从覃亮家、覃超家和吴树光家的人情账本来看，上人情份子钱的人大多数是以与孩子嘎嘎或奶奶的关系身份出现的，这意味着在一般情况下，

① 访谈对象：吕守波，访谈时间：2010 年 1 月 21 日上午，访谈地点：湖北省建始县三里乡小屯村吕守波家。
② 邓贵艾、刘启明、向贤荣主编：《巴东民间谚语》，民族出版社 2007 年版，第 112 页。
③ 访谈对象：张家书，访谈时间：2010 年 2 月 20 日上午，访谈地点：湖北省建始县原农委宿舍张家书家。
④ 访谈对象：龙有菊，访谈时间：2010 年 1 月 19 日下午，访谈地点：湖北省建始县三里乡河水坪村叶定六家。

"打喜"及其关系的往来是以嘎嘎和奶奶为中心的。之所以孩子的嘎公、爷爷和父亲没有以关系主体的身份出现在人情账本上,主要有三点原因:第一,"打喜"原本就是一个以家族女性为主的知识场域,女性发挥着核心作用,特别是嘎嘎一方的女性,她们是仪式活动的主角;第二,嘎公与嘎嘎是一家人,在"男人不送祝米"的传统认知下,嘎公一方的亲友是以与孩子嘎嘎的某种身份关系来上人情;第三,在土家族主干家庭中,孩子的父亲与孩子的爷爷奶奶生活在一起,他的社会交往圈与自己父母亲的大致重叠,奶奶又是"打喜"仪式主人家一方的主导人物,因此主人家的亲友多以奶奶存在的某种身份关系标识,尤其像覃超和吴树光,他们婚后没有独立门户单独过日子。在覃亮家,情况则有些不同。在"打喜"的人情账本上,孩子父亲覃亮的名字多次作为关系主体出现,这是因为覃亮在长阳县城工作,和妻子独立生活,结识了很多同事和朋友,有了自己新的社交圈,而这些人虽与覃亮父母不发生直接关系,但也是生活在同一文化传统中,所以覃亮夫妇喜得千金,举行"打喜",他们自然要送一份人情。也就是说,随着生活的变迁,在当下的"打喜"仪式中,孩子的父亲、爷爷,乃至嘎公等男性以及由此延伸的其他关系层面的人也可能成为"打喜"人情往来的对象,这是对传统以嘎嘎和奶奶为中心建立社会关系和人际交往的扩充和拓展。

　　三个家庭的人情账本中记录的金钱数额显现并代表着清江沿岸土家人相互送礼送情普遍能接受的和拿得出手的礼金数量,它从一个侧面反映了清江流域土家族的生活水平。礼物最多、礼金最重的当然是嘎嘎,至亲千百元不等,族亲几百元,乡亲邻里多是几十元至百元,数额的差异显示出关系的疏密,显示出经济实力的强弱。这份人情,嘎嘎家和奶奶家各自都有一本账。当送礼的亲戚、朋友和乡邻家中有事的时候,这人情都是要还的。

　　　　那一般的横直对得起人,五十、一百。像到哒两百啊,三百的呢,那关系呢那就不错哒。像写一百啊,五十啊,三十啊,那就是吃白口酒,那都不等的。写到哒两百以上呢,关系还是可以,那不是亲戚,也是好点儿的朋友。①

---

① 访谈对象:田祥鹏,访谈时间:2013 年 7 月 25 日下午,访谈地点:湖北省长阳县渔峡口镇双龙村。

礼房先生是请来帮忙的人，他并不完全清楚所有客人与主人家的关系，所以记账的时候他要一一询问并标明这个关系。"打喜"仪式结束以后，主人家要仔细查看人情账本，了解哪些人来了，哪些人没有来，来了的人送了什么礼物。可以说，人情账本记录了新生儿家庭人际关系的状态和变化。

查完账本，主人将其保存起来，一则作为今后回赠礼物的依据，便于查阅，一则作为"打喜"的纪念和见证。"礼单就像相册一样可以作为人们生活历程中的里程碑或者甚至是纪念碑，由于一个里程碑具有仪式意义而且值得在多年以后回顾，它必须以相称的方式精心制作。"① 当询问是否可以翻看一下主人家珍贵的账本时，三个"打喜"家庭的主人都欣然同意，并且乐意陪同一起翻阅，还边查看边讲解，逐一介绍每个送礼的人与自己家的关系以及他们之间联系的状况。此时，主人家都面带幸福的笑容，自豪地侃侃而谈。因为在他们看来，这是自己家这么多年来在当地为人的最好证明，也是家庭及家人人际关系网络的体现。

说礼物是人情的纽带，是人际交往的媒介质，指的是它具有的社会功能。实质上，"打喜"中亲戚或乡邻送的礼物从根本上说是帮助新生儿家庭渡过生命中的特殊阶段。以往清江土家人生活艰苦，物资不足，孩子出世了，产妇和新生儿都需要营养和呵护，亲友乡亲送来礼物，一方面解决了实际的问题，另一方面也温暖了整个家庭。那么，从这个角度上来说，礼物就成为有益于生命健康和情感关怀的事物了。诚如利奇所讲，"互惠的义务感是我们所同属的社会系统的共同的感情表示。……以回礼的方式将表明某些有关我们相互关系的事情"②。

"打喜"是清江流域土家族的一种生活，一种传统，是他们建立和维系关系体系的重要方式和场域。每一次"打喜"，就是一次人员的交流，就是一次关系的协调，就是一次网络的编织。

> 现在是搞单干，各搞各的事，只有这个机会，等于是个场合，大家聚在一起，拉下家常，玩一下啊。③

① ［美］阎云翔：《礼物的流动》，李放春、刘瑜译，上海人民出版社2000年版，第49页。
② ［英］埃蒙德·利奇：《文化与交流》，郭凡、邹和译，上海人民出版社2000年版，第4页。
③ 访谈对象：龙有菊，访谈时间：2010年1月19日下午，访谈地点：湖北省建始县三里乡河水坪村叶定六家。

礼物的流动专注于"打喜"的人家,即礼物的馈赠。这一天,所有参加"打喜"的人都要送礼上情,一般主人家不还礼。清江流域土家族给某个人或某个家庭赠送礼物,不一定立刻就收到相应的回赠。一般来说,礼物馈赠方与受赠方都会把某个时刻发生的礼物赠受记在账本上,也记在心里,在日后的交往中,受赠方会寻找恰当的时间和场合回赠相应的礼物,回赠的礼物既可以与先前接受的礼物同类,也可以赠予不同种类的礼物。从这个角度而言,礼物的馈赠就是将现在拥有的钱物存放在他人家中,到了自己家中出现相当的事情、举行相当的礼仪时,受赠方再去回赠相当的礼物。因此,礼物的流动就是人情的流动,就是一种社会关系的动态运行。"打喜"的礼物"并非纯粹的物理之物,几乎所有的没有实用价值的礼物交换行为都是为了建立某种社会关系"①。"打喜"的礼物具有动态运行的特点,它并非重复的、重叠式的,而是在不断地淘汰,不断地扩大,不断地延展,不断地重建一种社会关系。因此,礼物代表的是一种人伦情感、一种关系状态、一种习俗惯制。

> 我们这里自古以来就是如此,与自然条件、居住环境也有关系。遇到红白喜事,都要到他家里去凑热闹,再有事来哒,都要主动去帮忙,好比我给别人帮忙,我有事哒,别人就主动来给我帮忙,都是相互的。即使有矛盾的,在礼柜上挂个账哒(送礼上人情),不吃饭都行。像农村里农闲的时候、夏天热哒睡不着的时候就喜欢串门、聊天,今天我到你家去,明天我到你家去,我们就说好,你来哒之后,我们同样弄饭吃,搞酒喝。②

"打喜"中礼物的流动是现实生活中人际关系的反映。在以礼物为媒介的人情往来中,社会关系亦随之流动和变化。正是在这个动态过程中,人际互动得以强化,社群秩序得以整合。所以,从这一层面上讲,礼物在馈赠与回赠之际成为协调社会关系的润滑剂,实现着家庭、家族、村落和社会的聚合与团结。礼物的流动不是物品的流动,而是情感的流动。

尽管在流动中,礼物有好坏之别、多少之分,它在一定程度上映射了人们之间的阶序关系,但是,礼物流动的价值应该是差级性的对等。在另

---

① [法]马塞尔·毛斯:《社会学与人类学》,佘碧平译,上海译文出版社 2003 年版,第123 页。

② 访谈对象:覃孔豪,访谈时间:2010 年 7 月 20 日上午,访谈地点:湖北省长阳县渔峡口镇双龙村覃亮家。

外的时刻，主人家向曾经发生礼物关系的人家回赠礼物时，一定会尽可能比当初馈赠给自家的礼物要多一些、好一些，此时的礼物又不只是象征着情感和关系。但是，无论出现何种状况，"打喜"仪式对于所有参与者来说最终是一种互惠，互惠的不仅是礼物，更多的是情感和关系。

> 比如说别人送我一百，下次他家有事，我就尽量多一点，可以去一百五、二百，也可以将一百还起去，人家也不得说。小点儿的是情，大点儿的是账吵。不管多少，就是人情再少起些，千里送鸿毛，礼轻人意重吵。那个农村的风俗习惯是这么搞起的。[①]

"一件礼物显示了送礼者和受礼者之间的关系，礼物表达、联结和创造了社会关系，有超出礼物的物质价值以外的价值。"[②] 在送礼—受礼—回礼的过程中，人们的礼物馈赠遵循的是一种互惠的原则。这种原则不仅要求物质上的馈赠，更深层地体现在礼物馈赠的精神层面，希望通过送某些具有象征性的礼物来寄寓某种特殊的情感和愿望。

然而，不可否认的是，礼物是家庭经济状况和社会关系的反映，特别是嘎嘎家的经济实力通过礼物得到了具体而鲜明的体现，新生儿家庭"打喜"所收到的礼物突出地反映了新生儿祖父母及父母亲的社会关系和人际关系的情况。嘎嘎和嘎嘎客送来的礼物都要整齐地摆放在主人家的堂屋里，供人观赏和查看。礼物的多少和好坏就成为亲戚邻里当时及日后议论的话题，也是今后嘎嘎一方被人谈论的重要内容之一，比如"某某家'打喜'嘎嘎岔了多少客来""某某去'做嘎嘎'送了多少挑子的东西"，等等。因此，嘎嘎家送的礼物越多，越能显示出嘎嘎家的力量，越能为女儿脸上增光，提升女儿在丈夫心中以及婆家的地位。

在"打喜"礼物的馈赠往来中，馈赠方借助赠送的礼物既显示自身的经济能力，也表达对新生儿及其家庭的情感关怀。对于受赠方而言，在重大事情或关键时刻能得到他人，特别是自己亲属或好友的馈赠，既获得了物质上的赠予和援助，更得到了心理上的慰藉和鼓舞，这是一个人、一个家庭社会地位和人缘关系的最佳反映。

"仪式性送礼给地位与关系的显示提供了一个特别的场所，是一个人

---

① 访谈对象：田祥鹏，访谈时间：2013 年 7 月 25 日下午，访谈地点：湖北省长阳县渔峡口镇双龙村。

② 庄孔韶主编：《人类学通论》，山西教育出版社 2003 年版，第 105 页。

能够动员的关系资本的可见证明,与参加者更为亲近、数量也较少的非仪式性的馈赠场合不同,在仪式性的礼物交换中反映出来的网络,真实而具体地表现了某家社会关系的总体。"①

"打喜"礼物的流动已从以家族亲属为中心的人群扩展至有着相同居住环境、文化背景、从业方式等的人群之间。先前,清江土家人由于"山大路远人口稀"需要互相协助共同生活,因而相对聚居在一起的人交往非常密切,就如同一家人。现今,清江流域土家族年轻人纷纷走出山寨,开创新的事业,也结识了更多的人,拥有了更多的关系。因而,今天"打喜"仪式的举行意义不仅在于新生儿社会身份的确认和建立,更在于梳理和重置与之相关涉的所有亲缘关系、地缘关系以及业缘关系的层次和秩序。

第三节　香火接到哒:以新生儿为中心的成员身份确立

在"打喜"仪式的活动和符号表达中,新生儿的身份确立相当重要。"打喜"仪式所展现的时空关系与意义绵延,表明新生儿通过该仪式实现了确定为"人"的身份,实现了从家庭向家族、从个人向社会的真正转化,同时这也是确立家庭关系和家庭秩序的重要内容。"打喜"仪式中的身份生成包括两个方面:新生儿的身份生成和新生儿家族成员的身份生成。

新生儿身份的确认是一个渐进的过程,这个过程主要发生在从新生儿出生到举行"打喜"仪式的这个时间段内,其间展开的礼仪活动是新生儿身份确立的仪式。

过去,清江流域土家族妇女生孩子请捡生婆婆(助产婆)接生,或靠有经验的乡邻和家人帮忙,还有的就自生自接,危险性很大。临产前,孕妇往往会为自己做一双"寿鞋",希望能够顺利生产。土家族有俗语云:"娘奔死来儿奔生。"接生时,要敬祭神祖,以求平安。孩子娩出后,有的由捡生婆婆接住,有的落在脚盆里,有的故意让他落地,说是接了地气清吉(少病)些。清江土家人用白线给孩子结扎脐带,在距肚脐七寸处截断挽结,而不用剪刀剪断。传说这与土家族崇尚白虎有关。白线象征白虎之虎须,表示孩子是虎的子孙,应当受到虎的保护。"甚至到了今天,欧洲许多人仍然相信一个人的命运或多或少跟他的脐带有着密切的联

---

① 〔美〕阎云翔:《礼物的流动》,李放春、刘瑜译,上海人民出版社2000年版,第50页。

系关系。在莱茵河巴伐利亚，人们把孩子的脐带用一块旧亚麻布包起来保留一段时间，然后根据这个孩子是男孩还是女孩，把脐带切碎或刺碎，促使他或她长大后能成为一个手艺高明的工人或裁缝。在柏林，当接生婆把揩开了的脐带交给孩子的父亲时，通常都要严厉地要求他保藏好脐带。因为只要它还保存着，这个孩子就能茁壮成长并免于疾病之苦。"①清江流域土家族认为，脐带不但是新生儿与母亲的生命连接，而且是新生儿与祖先的血脉沟通。

在清江流域土家族，生了儿子就放三眼铳，生了女儿就放鞭炮，这是新生命降临的特有信号。给新生儿洗澡，澡盆上要盖一把筛子滤水，意为隔殃滤灾。洗澡水必须倒进厕所或者火塘角落里，严禁任意外泼，以免污秽神灵。新生儿从母胎中带出来的血污并不洗净，也不能洗净。擦完身，给他裹上毛衫②、袍子，有的直接用大人的旧衣服包裹，若是儿子，就用父亲的衣服；若是女儿，则用母亲的衣裙，没有裤子穿。这种装扮从生物学意义上讲，就是保护孩子，保护母亲；但从仪式的意义上分析，则是新生儿置于一种"不修饰"的过渡状态，其身份还没有得到家庭、家族、亲戚和乡邻的正式确认。

> 伢子穿白毛衫，是戴反孝，他在另外一个地方死了，他在这里才转世，纪念他前一节的那个人，因为这里死了，那里才诞生，他就还要纪念他前世的那个母亲，那个大人。③

清江土家人有生命轮回的观念。在他们看来，有生必有死，有死必有生，所以，对于生命的离去，他们是豁达的；之于生命的到来，他们更是倍加珍惜。孩子生下来，他的胞衣（胎盘）不能随意处置，要放入土罐，俗称"衣胞屋场"，或者用棕皮包好，埋在自家堂屋香火底下或屋旁无人去的地方，必须把它安置好，以期这个新生命能够平平安安，长命百岁，光宗耀祖。

应该说，新生儿初生时清江土家人的这些做法主要是围绕新的生命个体进行的，目的是给予这个新生命一个安身立命的个体身份。

---

① [英]詹姆斯·乔治·弗雷泽：《金枝》，徐育新等译，大众文艺出版社1998年版，第62页。
② 毛衫：用白棉布做成的长褂，不缝边。
③ 访谈对象：萧国松，访谈时间：2011年2月23日上午，访谈地点：湖北省长阳县渔峡口镇双龙村覃好宽家。

娃娃生哒,请算命先生查个红庚咯,看那个娃娃养不养得。往常条件不好,死娃娃,现在这个医生好,大多都在医院里生的。我捡生捡得多,我把脐带剪了后,就用灯草烧七寸火,这个娃娃就不发七疯。后来我成了地主,我就不捡了,最后解放哒,就找的接生员,我捡的娃娃一个都没死过。这个跟前(这一块地方)都是我捡生,半夜喊我,我都去。我活这么大个年纪不死,总是做啊些好事。我给别人捡生哒,那些脏的东西我都给她们洗。娃娃又多,成分又不好,苦日子就是我们过的啊。

我们那个时候那么大个肚子哒还在田里薅秋。我都是各人生各人捡。我捡生就捡得不少咯,数得出来名字的就有明举、明秀、明英、琼子、清儿、兹志、周周、杰儿、福儿,这都是我一手捡啊洗,还有海燕,那横直至少都是十多个,各人的孙儿我找的接生员。解放哒,我老哒吵,我就不接哒,得重孙儿,我也只望到(看着)。捡啊十多个哦。往常没得那么好的医生。还有人给我把钱,我从来不要。为了感谢接生婆,"洗三"那天把接生婆接过来,满岁也要接,过年还拜年,现在还这样,还封的红包,在医院生就免哒。①

中华人民共和国成立后,尤其是改革开放以来,乡村医疗条件有了极大改善,乡镇卫生院和基层卫生站设立,医学卫生知识得到宣传普及,绝大多数妇女都自觉前往附近的医疗机构分娩,或请经过专门培训的接生员到家中接生,一切都在逐步"科学化",但清江流域土家族的生育观念仍以不同方式发挥着作用和影响。

"打喜"时,嘎嘎给新生儿送的礼物,都是专门为他预备的衣物和用具,这就表明新生儿已经被确认为"人",送来的鞋帽、摇窝②、被盖、项圈和玩具等更加说明了新生儿进入社会人群的身份指向了。

长阳榔坪"打喜"时嘎嘎送的猪蹄子和坐墩子一起砍,很长,背篓里放个猪蹄子,高出很大一截。土家族背孩子的背篓有凉背篓、站背篓。凉背篓是打的孔,上面编的有花,夏天背孩子时用;站背篓

---

① 访谈对象:叶定六,访谈时间:2010 年 1 月 19 日下午,访谈地点:湖北省建始县三里乡河水坪村叶定六家。

② 摇窝:专为婴儿制作的小床,床体可以左右摇晃。俗话说:"一人一个窝。"

是打得满满的,没得洞,孩子站在上面,冬天里放铺盖,孩子在里面就热乎乎的。"打喜"时送的礼物还有摇儿的摇窝,给孩子的被子,孩子用的、穿的,月母子吃的,那全套的都是嘎嘎送来。①

"打喜"的正日子,嘎嘎在女儿女婿房中用艾蒿、菖蒲等煮的水为新生儿洗澡,新生儿穿上嘎嘎带来的新衣服,俨然是一个"小人"了。以往在给嘎嘎报喜时,女婿就接嘎嘎来"洗三"。而今"洗三"日渐淡化了,合并进"打喜"的仪式活动中,但这个澡一定要由嘎嘎来给外孙洗。

> 以前在农村,生孩子后第三天等嘎嘎来,嘎嘎把娃娃洗哒包起就叫"洗三"。现在基本上就是满月哒"打喜",由嘎嘎来给娃娃洗澡、穿衣服,就是"洗三"那么个事。②

在女儿面前,嘎嘎为外孙洗澡、穿衣。此时此刻,亲情在弥漫,血脉在流淌,她们喜悦而自豪,嘎嘎也在用自己作为母亲的身份和行动教导女儿如何成为一个好母亲。嘎嘎与外孙的亲密接触,确认了她与新生儿的血肉联系,也是这个家庭对原有姻亲关系的重视与重构。

> "洗三"以后,娃娃的衣服都是嘎嘎穿,不消人帮忙得,她有个大包单包起的,你放在脚那儿哒,把衣服拿了给他穿,他骨头都是软的,好穿。洗完以后就交到月母子手里哒。因为娃娃没洗之前没穿衣服,是块大屎片包起的,就是四四方方的一块布,里面是块细布,这娃娃生哒就放到里头,从脚头这么一裹,裹了就放那儿,到第三天等嘎嘎来"洗三"。所以一搞就说娃娃讨人嫌是生下来没包好吵。③

清江土家人讲究在新生儿出生的第一个月里用布包裹他的手脚,传说这样做是为了新生儿在成长中能手脚端正,品性优良,做个光明磊落的人。至今土家人见到品行不端者,就会说他们是月子里爹妈没有包好手脚

---

① 访谈对象:戴曾群,访谈时间:2009年12月6日晚上,访谈地点:湖北省长阳土家族自治县民族文化村。
② 同上。
③ 访谈对象:叶定六,访谈时间:2010年1月19日下午,访谈地点:湖北省建始县三里乡河水坪村叶定六家。

的缘故。

不论是出生后给新生儿包布片,还是"洗三"时为其洗澡穿衣,都是新生儿得以成为土家人之"人"的既定步骤和社会规范,是已有血亲和聚落之人与新生个体必不可少的身体接触与情感交流,自此一步步确认新生儿的"人"的身份。

在清江流域土家族地区,一般由嘎公或舅舅给新生儿取他的学名,有"命名礼"之俗。这个名字在"打喜"的仪式场合被众人称呼开来,这是新生儿在家族和社会中正式身份的建立。在河水坪村,吴树光在接孩子嘎嘎、嘎公来家商议"打喜"事宜的时候,就请他们为儿子取名字。家人都觉得这个孩子的出世圆了双方家族的心愿,因此也希望他能带来更多的祥瑞,所以就取名叫吴希瑞。名字的获得标志着新生儿融入其家族,实现了他作为"人"应该拥有的身份和权利,亦是新生儿由生物人向社会人的转变。通过礼物和名字的馈赠,实现了馈赠方与受赠方在社会关系层面的整合与凝聚,而且通过这些馈赠也进一步强化了人际关系,达到了团结家庭、家族和社会的目的。

新生儿身份确认是将新生儿纳入既有的社会秩序之中,尽管新生儿无法完成所有的礼仪,也不可能遵守规范,但是,新生儿的礼仪规范以及"社会角色"却被父母亲或家庭其他成员来担当和操持。他不同于婚礼中新郎、新娘角色转换那么自主,那么自觉,可以说,新生儿是"被"身份化和"被"社会化的。

社会角色"要求个人在特定的社会和群体中,与社会地位或身份相联系并按规范执行的行为。它规定一个人活动的特定范围和与人的社会地位相适应的一套权利义务与行为规范,是社会对一个处于特定地位的人的行为期待"①。对于新生儿来讲,人们给予他的身份期待和行为期待只有通过家庭成员和"打喜"仪式得到体现,在家人的引导下,新生儿从确认与嘎嘎的关系开始,逐渐扩展到其他亲戚和乡邻,这些关系的建立以称谓的方式彰显出来,仪式的行为主体均以新生儿的口吻称呼所有客人。

新生儿的身份确立意味着新生儿家庭成员身份与关系的调整,意味着新生儿家庭在社群中地位与角色的调整。在这里,与新生儿关系最密切的是母亲。从新生儿出生以后,通过剪断脐带,母亲与新生儿分离,此时母亲与新生儿在肉体上形成的母子关系在家庭和社群中并没有得到确认。在"洗三"前的时间里,母亲与新生儿一样处在"不修饰"的状态,处在模

---

① 章人英主编:《社会学词典》,上海辞书出版社1991年版,第246页。

糊混沌的状态。到了"洗三"之后，母亲和新生儿之间才逐步被赋予文化意义上的母子关系，但是这个过程还没有完成，只有等到"打喜"仪式结束，母子关系的确立和母亲身份的生成才得到整个家族和社群的认可。从此，新生儿及其母亲和父亲组成的新的核心家庭展现在人们面前。

新生儿母亲的身份是经历了坐月子期间守御"弱者"位置和遵守禁忌，并通过抚育新生儿，以身体、语言和行为等方式日益建立起来的。在这个过程中，母亲首先分娩了新生儿，确立了他们在生物学意义上的母子关系，尔后，母亲在家人和周围人的呵护与认同中完成角色的更新和转换，为人妻、为人媳，又多了一重为人母的角色。与此同时，母亲因为新生儿的出生在家庭里开始承担更多的责任，其家庭地位也进一步得到巩固。清江土家人之所以重视"打喜"，并且要送大量的礼物到女儿婆家，据说是女儿出嫁的时候送的东西太少，只有等女儿生了孩子以后，女儿在婆家的地位才得到最后的确立，这样两个家族的关系就更加紧密了。

> 嘎嘎家的彩礼很重，平常的都是万把块，那经济好的还搞几万。这些钱一般设的有礼柜，物资就摆在堂屋里的镶桌上。镶桌上由这个支客的来交啊来接，像如果五千块或三千块钱的人情钱，就在礼柜上去落账。娘家可能要付出得大一点儿。比如我的姑娘到别家去哒，有哒一男半女，第一又是一辈人，第二姑娘出门哒，跟到我几十年，没得功劳也有苦劳，她就那么到人家去了，还是有点儿不忍心。带小孩儿嘛，话说到底哒，纯粹是尽义务。但是呢，作为风俗呢，姑娘到人家去以后呢，嫁出门的姑娘啊泼出去的水，她有了一男半女呢，如果在结婚的时间没有过过什么事（举行婚礼）啊，那就在"打喜"的时候多给一点。①

"打喜"重视的是娘家送给女儿的礼物，嘎嘎送给外孙的礼物。无论是金钱还是物品，除了祝贺外孙出世、新生命诞生，那就是补偿女儿出嫁时娘家送的不太丰厚的陪嫁。"东风吹，树叶落，嘎嘎的来哒真不错，来的东西特别多，我们男方都要使车拖。高组合，矮组合，花了银钱一万多，跟姑娘办起好嫁妆，跟孙儿办起好凉床，真是办得喜洋洋!"② 然而，

---

① 访谈对象：覃孔豪，访谈时间：2010 年 7 月 18 日上午，访谈地点：湖北省长阳县渔峡口镇双龙村覃孔豪家。

② 访谈对象：唐永菊，访谈时间：2013 年 7 月 27 日上午，访谈地点：湖北省长阳县榔坪镇乐园村绿盛宾馆。

最为关键的还在于，这个时候、这个场合，嘎嘎的礼物已经成为了各种身份、各种关系生成的外在表达。因而，虽然今天的生活富裕了，物质不再是问题，但婆家及众亲朋好友依然十分关心嘎嘎送来的礼物。

> 结婚时或因风俗习惯以及各种原因，未来得及给女儿置办嫁妆，这在清江土家人看来并没有什么要紧。但生了孩子，人生的意义就不同了，决不能马虎、轻率。①
>
> 开始还是准备过事的，准备跟他们举行一个婚礼，跟姑娘办点儿嫁妆啊。后来他们结婚的时候非常突然。腊月十几的看场子，二十六七呢就办手续，时间太逼哒，我是确实闹不赢，就这么没过事的。现在姑娘生外孙哒，我就要跟她多办点东西。姑娘呢她就说不要，他们样样儿有啊，不需要办那么蛮多嫁妆的。那我们就只跟小孩儿买东西，各种各样的买齐全哒，再其余的像这些子嫁妆啊，就折成现金上礼柜。②

娘家嫁女儿的仪式没有女儿生子"打喜"那么隆重，背后隐藏着清江土家人对生命的重视和家族延续的关切，隐藏着从娘家人到婆家人的身份转换以及对应的秩序重构。结婚繁育后代，是清江流域土家族异常看重的事情。只有生育了后代，接续了香火，嫁过来的媳妇及其娘家人才有资格享受一生中至高无上的礼遇，出嫁的女儿才接受得起娘家竭尽所能给予的奖赏，"做了大人"的媳妇也才真正能够在婆家站稳脚跟。

> 得孙儿哒，嘎嘎奶奶欢喜，本来不该那么说，特别是得男孙哒，嘎嘎就欢喜，姑娘在别人屋里做啊大人哒，就是说把香火接到哒，奶奶也欢喜得男孙哒，高兴嘛。我们那次得的个男孙，也"打喜"整酒，接了二三十桌，蛮热闹。③

身份的确立不仅仅在于个人，而是一个关涉到个人、家庭和社会多方面

---

① 白晓萍:《独具特色的"过家客"——湖北清江土家族生育习俗田野调查实录》，载《三峡论坛》2010 年第 1 期。
② 访谈对象：覃菊秀，访谈时间：2011 年 7 月 11 日下午，访谈地点：湖北省长阳县渔峡口镇双龙村覃超家。
③ 访谈对象：杨会，访谈时间：2010 年 1 月 19 日上午，访谈地点：湖北省建始县三里乡孙家坝村张申秀家。

的事件。女儿在婆家的身份和地位,除了通过生育行为得以确立以外,娘家在关键时刻给予的帮助和支持也十分重要和必要,因此,礼物馈赠的轻重不只是物质本身,而且是关系的体现。以前"打喜"送的都是非常实际和实用的东西,现在随着经济的发展和社会的变迁,礼物已不再局限于物品,而是考虑到受礼者的需要以及便捷等因素,很多情况下礼物直接表现为金钱。在他们看来,这样简单、直观又实惠,一目了然,也体面适宜。

> 以前不兴打满月喜,主要是婆家弟兄姊妹多,又比较穷,早打喜,嘎嘎就要把猪蹄子背过去,她是为了姑娘好吃,吃哒好有奶水,硬是等到满月哒,还吃个么子啊。那个时候生活水平蛮局限,蛮穷,妈屋里好早点儿把东西送过去,主要是为了姑娘把身体养好,还不是心疼各人的姑娘。
>
> 现在生活水平提高哒都送匾,也就没得人拿粮食,早前就讲哪个屋里就好过啦,挑子都接了四五十担,现在就是讲的哪个屋里好过,接了好多个匾。那反正就是你岔的人,爱热闹一起凑块匾也还得行,还是以嘎嘎为主,各上各的人情。
>
> 我们这个是生第二胎哒,她生第一胎的时候,我们屋里接九个猪蹄子,这次我已经都送两个去哒。我还不是绷面子,锭子(拳头)放在荷包里绷起的。我第一次做嘎嘎的时候在他们刘家湾,我们是第一名。那个时候我们就送了 12 个蹄子,当时还不兴送匾吵,我就还搞了一千多块钱的活钱。①

张申秀每一次"做嘎嘎"都尽心尽责。为大女儿的孩子"打喜",她送的礼物最贵重,最引人注目。小女儿张远兴生第一胎,她就送了九个猪蹄子。这一次生二胎,得了个男孩,她特意精心制作了两块匾送来。匾用 32 张 100 元面值的人民币拼贴成"囍"字,价值共计 6400 元。礼物还有毛毯、花被,价值 600 元;孩子的衣服,价值 400 元;两个猪蹄子,价值 300 元;鸡蛋、醪糟,价值 100 元;孩子的学步车,价值 200 元,总价值在 8000 元左右。嘎嘎用了一个"锭子放在荷包里"的比喻,表明她是竭尽全力了。

生育使女儿在婆家赢得了相应的地位和"合法化"的身份,娘家人

---

① 访谈对象:张申秀,访谈时间:2010 年 1 月 19 日上午,访谈地点:湖北省建始县三里乡孙家坝村张申秀家。

的脸上有光,娘家人能够与婆家人平等对话,底气也更足了。"打喜"的时候,嘎嘎家送来丰厚的礼物进一步强化了女儿在婆家的地位和身份,也巩固了儿女亲家之间的关系。倘若嘎嘎家的礼物寒酸,不仅"做嘎嘎"显出窘态,而且女儿虽然嘴上不说,但心里却在埋怨,即便是女儿婆家也感觉没有面子。由此可见,嘎嘎家送来的礼物直接而微妙地作用于嘎嘎家与出嫁的女儿、女儿婆家之间的关系,此后女儿与嘎嘎家关系的亲疏基本就取决于此。在清江流域土家族乡村,姻亲关系是社会关系网络的重要组成部分,"打喜"无疑是拓展人际往来的有效平台。但儿女亲家的交好关系、姻亲交际的层层累积最终仍是以后辈子女婚姻稳定、生育顺利为前提条件的。若是婚后多年还未生儿育女,亲家关系也会渐趋紧张,甚至持续焦灼。从这个意义上说,新生命的孕育生产不仅是一桩可喜可贺之事,更重要的是,它更为紧密而有效地联系了两个家族。而家族之间关系的密切与巩固主要就通过"打喜"来展现和实现。"亲情仅有血缘上的联系是远远不能成为人们一种难舍难离的情感的,它还需通过人们在现实生活中的密切交往和联系,才能由人们之间生理的联系升华为一种崇高的感情。只有这样,才能使血缘亲情显得更加其乐融融,从而可以进一步强化人们对宗族的归属感和责任感。"①

"打喜"仪式上,家庭成员身份确立的还有孩子的爷爷这个重要的角色。爷爷是一家之主,承担着照顾家庭的重任。孙子的出世对于他来说弥足珍贵,家族的香火接续上了,孙子成为家族延续的有生力量,因此,爷爷是家中最心满意足的成员之一,也是身份得到有效确认的成员之一。

在长阳双龙村覃亮家和覃超家,"打喜"进入到深夜,爷爷在家人的协助下背起孙女走出房间,来到堂屋,跟在奏乐的六合班后,围着镶桌行走转圈,打发三仙娘娘。在这个时候,客人们都来围观,都来认识和祝福新生儿。他们伺机往爷爷脸上抹锅巴烟灰,给他佩戴各种奇怪的物品,爷爷越被作弄,越是欢喜,引得围观的人哈哈大笑。此情此景之中,爷爷全然没有了主人的威严,没有了与客人的距离,所有人都交融到这个"狂欢"的时空里。另外,镶桌上摆放着祭祀的饭菜,桌前是香火的所在,于是爷爷就在众人面前引领孙女确认她在这个家族、这个村落、这个社群中的身份,爷爷同时也确立起自己的身份。在绵绵瓜瓞的家族血脉相继中,可以说,爷爷已无愧于祖先了;在地缘关系网中,爷爷和孙女都取得了新的位置和关系认定。"打"爷爷,"整"爷爷,是"打喜"仪式最深

① 刘世奎:《论族居村落的人际关系及其变迁》,载《江汉论坛》1996年第1期。

层意涵的外在表露。从此，新生儿在神灵、祖先的保护下，在爷爷、亲人和乡邻的照料下健康成长，真正成为一个人。

> 长阳榔坪一带，"打喜"那一天，有敬观音菩萨的仪式，要专门准备饭菜，在堂屋的镶桌敬观音菩萨。这时候就把伢儿抱出来，不是每一个人，起码是亲戚朋友都要抱一下，反正是转着抱的，一个亲戚从另一个亲戚手中接过来，再由另一个人接过去，就那么搞一下。①

敬奉观音娘娘，并传抱新生儿的行为同打发三仙娘娘的仪式虽形式略有差别，但它们的意义相近，作用相同，都在借助人与神、人与人之间的接触、交流与互动确认彼此的身份关系和角色担当。

随着新生儿和家庭成员身份的变化，家庭和社群中的权利资源、社会责任随之发生变化。爷爷奶奶逐渐交出当家权，新生儿的父亲掌管起这个家，处理家庭的对外往来事务和对内管理事务，担负起社会意义上成人的权利和义务。所以，新生儿的身份确立不仅仅是一个完整独立的事件，也不是线性的单一事件，而是一个关联性极强的社会关系和民族认同事件。

"每一个社会都有其认同的'幸福生活'或愿望、向往，同时每个个体也有其所归属的性别角色，仪式的举行就是在公开的场合下表示该社会所认同的一种价值趋向。"② 在清江流域土家族"打喜"仪式中，新生儿身份确立和认同彼此关系的仪式具有清晰的层次，尽管这种层次里的身份关系由模糊混杂到逐渐清楚明朗。具体来讲，这其中主要包括四个层次：

生产：新生儿娩出，剪下脐带，脱离母体，确认母亲与新生儿的生物性母子关系。

报喜：新生儿父亲给嘎嘎家报喜，巩固已有的姻亲关系，确立与新生儿相关联的亲缘关系。

洗三：嘎嘎为新生儿洗洁身体，再次确认新生儿与母亲的血亲关系以及新生儿父亲一方和母亲一方的姻亲关系。

打喜：嘎嘎、亲戚和乡邻祝贺孩子诞生，确立孩子在家族中的地位和在社群中的社会身份。

这些由内而外的结合仪式和认同仪式，不仅说明新的成员加入及其身

---

① 访谈对象：覃发池，访谈时间：2009年12月6日晚上，访谈地点：湖北省长阳土家族自治县民族文化村。

② 杨筑慧：《中国西南民族生育文化研究》，中央民族大学出版社2006年版，第166页。

份确立，还有已有家庭成员的身份转换，个人、家族和社群的联结关系建立并加固。

小　结

　　清江流域土家族把"打喜"作为最习得、最需要的生活内容，实际上就是将其演变为一种宏大的仪式，在仪式的展演过程中，信息的传递无关紧要，仪式本身获取的是借助这一仪式表达各种重要的象征意义，那即是"它产生了社会联结，无论真情还是假意，它都把人们联结在一起，并使相互共处的生活有了可能。这些观点不仅代表不同的传播观，而且与特定历史阶段、技术及社会秩序模式密切相关"①。

　　作为人生的开端仪式，"打喜"活动中的社会秩序与社会关系张弛有度。在这个仪式上，所有的元素都能调动人们的情绪，也使与"打喜"仪式相关的意义得到强化。"打喜"仪式在清江土家人那里一代又一代演述，成为他们一种记忆深刻的身体行为和文化符号，成为一种民族象征和集体无意识的行动。

　　"打喜"仪式中充满了生活化事件、娱乐化事件和狂欢化事件，这些事件建立在喜庆的祝贺之上，但是，在这里，仪式性的事件与日常性的时空实现了交换和转换。在"打喜"活动中，许许多多的事件在确认和强化以新生儿为中心的亲属关系和乡邻关系，从而维护和整合了清江流域土家族的团结与内聚。"当某种文化里直接来自共同祖先群体的血缘群体，诸如，血缘家庭、双系家族、家庭、氏族等，生者与死者之间便构成了重要的联系，即在血缘群体成员与其祖先群体之间出现了一种社会关系。"②

　　"打喜"仪式提供了一种共享的境界，村落或聚落的所有人都来参加，并不以与主人家的关系而论，所有人均从其中获得某种满足，并且为主人家送上祝福。"打喜"的仪式活动一方面增强了亲属联系与乡邻交流，另一方面也可以化解人与人之间以及个人与群体之间的冲突和矛盾。

　　"打喜"仪式的符号系统暗含的身份问题，包括新生儿诞生，尤其是新生儿带给家庭添丁进口的喜悦，可以说，"打喜"仪式是改变家庭成员

---

① ［美］詹姆斯·W. 凯瑞：《作为文化的传播——"媒介与社会"论文集》，丁未译，华夏出版社 2005 年版，第 11 页。

② ［美］凯西·F. 奥特拜因：《比较文化分析：文化人类学概论》，章智源、张敦安译，河南人民出版社 1990 年版，第 185 页。

原有身份和社会地位的契机。"打喜"中的一系列活动目的在于实现新生儿身份生成，实现家庭成员身份转换，由此完成家庭成员更恰当的角色担当、家庭责任和社会交际任务。

"打喜"的礼物对于产妇和新生儿来说是亟须的。猪蹄子、鸡蛋、醪糟、面条等是产妇身体恢复和新生儿营养的必备食品，鞋、帽和衣服是新生儿穿着佩戴的必需装备，这些礼物在实用基础上附加了相应的文化意义。因此，满足产妇和新生儿特殊生理需要和精神需求的礼物成为支持"打喜"仪式和加强亲属关系的重要力量。

"打喜"中的礼物交换并非物质上简单的互置互换，而是具有深藏着的情感交流和人际往来的社会化功能。在礼物流动中，清江流域土家族人与人之间的关心、眷恋、道德关怀和感情联系得到了最美好、最充分的体现。在这里，礼物的性质并非全是实用的，而是内化为人的精神，并以这种精神将礼物馈赠双方紧紧地联结在一起。"打喜"仪式中的礼物为理解和诠释清江流域土家族既定社会中的文化规则及社会关系结构提供了一种可靠而有效的途径。

第四章 "打喜"仪式的艺术法则

"打喜"是一种生命的仪式，一种生命的艺术。它自始至终饱蘸着蓬勃的朝气，洋溢着喜庆的氛围，散发着艺术的华彩。清江流域土家族就是借助"打喜"的一系列仪式活动展演着对新生命的礼赞、祝愿与期盼，也包含了他们对生命历程的实践、感悟和理解，其中最具艺术性地张扬生命精神的要数打花鼓子了。

第一节 花鼓子好打口难开：歌的文化向度

打花鼓子作为"打喜"仪式的重头戏之一，一方面是社会生活的重要表现；另一方面吻合了人们的精神追求，具有娱神娱人的特质。打花鼓子借用土家族山歌、小调作为歌唱的主要体裁和素材娱人乐神。娱神，主要指向生殖，监管新生儿及其家庭的福祸；娱人，互表情谊，加强沟通，重建社会关系网络。

"花鼓子好打口难开，樱桃好吃树难栽，想吃樱桃先栽树，要打花鼓子放下脸来。"① 这首民间歌谣形象地揭示了花鼓子具有的文化向度和情感倾向。

打花鼓子最集中的是在"打喜"正日子的夜晚进行，嘎嘎和嘎嘎客与主人家及其亲戚、乡邻为庆贺孩子出世，通宵达旦地唱歌跳舞，并伴有多种诙谐幽默的场面。花鼓子的曲目、程式和生活属性等内容包含了强烈的精神诉求，以及艺术表达过程中符号的特殊意义，这些在花鼓子歌词里有鲜明的体现。

花鼓子歌以土家族儿女的感恩、爱情、生活、劳动和娱乐为主要唱叙

---

① 访谈对象：覃孔豪，访谈时间：2010 年 7 月 18 日上午，访谈地点：湖北省长阳县渔峡口镇双龙村覃孔豪家。

对象,既相对固定,又可即席发挥,自编自创,为民众所喜闻乐见。在长期的发展过程中,清江土家人吸纳、融合和创作了不少花鼓子的曲目和调式。打花鼓子的人能在现场不断切换曲调,既展示自己的技艺,也营造喜乐的气氛,沉醉其中,实现自我与歌舞的合一,激起竞赛的劲头和态势,彰显打花鼓子独特的艺术性与美感。

　　打花鼓子的调子多得很。《十劝我的郎》是那么一个调子:"正月哟子哟是新年,我劝小郎哥哥,歪歪子哟,莫赌钱啰,奴的干哥,十个赌钱九个输哦;十劝我的郎喂,乖乖奴小美,拿一根竹签嘛,歪歪子哟,呀呀绺子飘是花朝,我劝小郎哥哥,歪歪子哟,不能嫖嘞,奴的干哥,在外嫖娼要挨刀喂;十劝我的郎喂,乖乖奴小美,人家晓得哒,歪歪子哟,要挨刀嘞,奴的干哥。"就是这种调调哦。那调门多得很,想唱哪个调就唱哪个调。

　　《三十六天干》它又是一个调门:"三十嘛六天干哦,小奴把坡上哟,自进那个树下哦,歇阴纳个凉。"这就是一段。

　　再还有那么些绣荷包的歌。绣荷包的歌它就是这么说的:"正月里来哦,梅花儿开,与姐哦讨一个荷包哦带,姐唉奴哟,问姐带一个荷包来。"这么一个调子,这就一段。这是绣荷包的歌。

　　还有修桥歌。往常修罗元桥,罗元修桥吵,修桥的也有答五句:"正月里来哦是元宵,状元要哟要修罗元桥。姐爱我嘞,桥儿要修万丈高嘞。"罗元桥要修万丈高吵,下头就接五句,又有一帮人接下来。"罗元一个桥啰喂,心肝姐啰喂,依儿哟依也,万丈的高啰喂,情哥哟依哟。"这就答哒,这才是一段。罗元秀才吵,往常不是有个罗元秀才,就是罗元桥的歌。①

　　清江土家人打花鼓子的曲目主要有《十送》《十绣》《十写》《十想》《十爱姐》《闹五更》《黄四姐》《探郎歌》《怀胎歌》《单身汉歌》《郎爱姐好人才》《螃蟹歌》《青蛙歌》《猜字歌》《结婚歌》等30多首。演唱内容从传说故事到现实生活无所不包,注重信、达、雅和传播技巧的综合使用。花鼓子歌词字句整齐有序,似珠玑落玉盘,既平白如话,落落大方,又光英朗练,铿锵有力。歌曲溢满真情,充满活力,似明媚的阳光温

---

① 访谈对象:崔显桃,访谈时间:2010年1月21日下午,访谈地点:湖北省建始县三里乡老村村崔显桃家。

暖人们的心田。它一方面对眼前事实进行描述,另一方面对心中理想予以渲染,让人在打花鼓子中享受快乐,接受教育,获得启示。

"打喜"场上的花鼓子历经演变,形成了较为固定的曲目,但是,这些曲目又在不断地变化和丰富。它们或形成于"打喜"活动,或诞生在其他地方,不过,只要进入"打喜"仪式,就具备了花鼓子的特质。而且这些曲目不一定只在花鼓子中出现,也可以在其他场合演唱。比如婚丧嫁娶之时,在与当时当地的情境相吻合的条件下,曲目经过人们的改造和转化,尤其是调式、唱腔和歌词的程式等方面,就可以用来表演了。

例如,花鼓子的经典曲目《黄四姐》在建始丧鼓舞中演出道具较为简易,主唱者携鼓领唱,另外三个人以锣、勾锣、毛巾为道具,左右扭动身躯,踏地为节,按倒"8"字穿插,或者围圆圈旋转,动作滑稽搞笑,令人捧腹。丧鼓舞里的节奏稍快,且按三句或四句选用唱板,采用民族五声羽调式,终止于羽调主音"la"。花鼓子里采用民族五声徵调式,结束于徵调主音"sol"。调式是不同活动、不同场合在选用同一个曲目时最为显要的区分,也是不同文化空间中价值取向和情感因素最具表现力的元素。因此,清江土家人根据场景的要求来选择价值和特色相契合的曲目进行表演,同时在特定场合中发挥和创造。

花鼓子的曲目比较多,每次打花鼓子时并不全部使用,表演顺序也不绝对固定,经常随主人家的需要和人们的情绪灵活变化。歌舞的声音、动作、姿态、眼色、表情等质朴、真切、美观,是生活的艺术化反映。一般来说,风格正统的曲目和插科打诨的曲目常交错呈现,声情并茂,跌宕起伏,既激发了兴致,又调节了气氛,特别是人们渐有倦意和困顿时,上演一出热闹的、好笑的,颇能提振大家精神的歌舞很有必要,这就让"打喜"场上的欢腾持续着,直到曙光黎明。

花鼓子歌生气灵动,结构复杂的长歌并不多见,主要是旋律简短反复的对唱歌曲,即民歌中惯常的分节歌。其歌词格律单纯洗练,最大的特点是多用五言二句、五言四句、七言二句、七言四句,还有七言三句、七言五句、七言六句,但常是五言与七言交替结合,也有三言、六言、九言入歌。总的来说,五五七七、五五七五、五五七、六七七句式居多,二三五言、二二三七言、三三六言的词格形式常见一些。歌词的句数以双数的情况多见,这是由二人对唱的形式决定的,要么各唱一句,要么各唱两句。花鼓子的歌词排列有讲究,诸如"十二月""十爱""十想"等,从名称上就能判断出它们是按一定顺序往下演唱的,段段结构相同,内容上并列或递进。

正月是新春啦，风吹叶叶儿顺啦，姐呀住在嘛斜啊对门啦，伙里伙计喂喂，您假装啊斯文啦。

二月是花朝啦，我伸手把姐捞啊，二人挽手就上啊花桥啊，伙里伙计喂喂，问啊您好不好啦。

三月是清明啦，情哥嘴要稳啦，麻啊绳扎得使啊水分啊，伙里伙计喂喂，我还要打指印啦。

四月是立夏啦，当初说的话啊，你许的东西还啊没把啊，伙里伙计喂喂，您又要哄奴家啦。

五月三端阳啦，小郎下宜昌啊，杂货一个铺子才开张啊，伙里伙计喂喂，问您要哪样啦。

六月是三伏啦，小郎下宜都啊，胭脂水粉就二啊瓶撸啊，伙里伙计喂喂，还有一对桌布啦。

七月是月半啦，小郎下武汉啊，篾草帽儿就清凉伞哪，伙里伙计喂喂，白铜水呀烟袋啦。

八月是中秋啦，小郎下苏州啊，只要把我的东西唬骗到手啊，伙里伙计喂喂，觉得我呀姓邱啦。

九月是重阳啦，小郎返转乡啊，奴家呀不开淫秽行啊，伙里伙计喂喂，莫啊把我名声扬啦。

十月小阳春啦，我的哥哥要转身啊，你的丈夫我来背名啊，伙里伙计喂喂，好说嘛不好听啦。

冬月下大雪啦，我铺盖叠两叠啊，外头还在嘛滴到下，伙里伙计喂喂，您今儿就在这里歇啦。

腊月是冬腊啦，我家业败完哒啊，只怪我的当初嘛眼睛瞎啊，伙里伙计喂喂，失悔也搞迟哒啦。①

这是一首典型的《十二月歌》。一般情况下，花鼓子歌均是依照它内在的逻辑一段段排列下来，由起兴句引导，说事又表情，既容易记，也容易唱，还有自由发挥的空间，这就是歌唱的诀窍。

老辈子唱歌是一排一排地唱，是按顺序来的，那不是东一下西一

① 访谈对象：覃孔豪，访谈时间：2010年7月18日晚上，访谈地点：湖北省长阳县渔峡口镇双龙村覃孔豪家。

下，这儿现在是想得起哪个就唱哪个。①

一排一排的歌是一辈一辈的人积淀传承下来的歌，是对他们共同生活的描画与纪念。花鼓子歌在程式中又有变化，在传统中融入现实，最妙的是，歌舞者能见到什么唱什么，唱到什么跳什么，这才是人们最爱听、最爱看、最感兴趣的内容。

> 通宵达旦打花鼓子，其唱的形式和跳的形式就会多样化。门口一片竹啊，风吹二面扑啊。碰到过喜事的啊，今年过喜事啊，明年有儿哭啊，随口就来。果碟子里的食品啊，就是说也不是随便吃的，说一个令歌儿，就吃一点儿。②

花鼓子的不少曲目既可以完全用唱的方式，也可以兼说兼唱，说中带唱，唱中带说，自由度较大。它以地方语言来演唱，其结构形式和音乐旋律一方面利于内容的呈现，另一方面便于记忆和发挥。韵味节律受到方言语速和节奏的影响，宜于抒情与叙事。花鼓子着重表现"情"，没有了情，也就没有了花鼓子的妩媚动人。而大量恰到好处的虚词的活用与咏叹更增显了花鼓子时而舒缓细腻，时而热情奔放的风格特征，吻合了清江土家人的欣赏习惯和审美期待。

花鼓子是贺生祈福的喜庆花鼓。它以自然风情、历史典故、社会生活等为题材，穿插结合，围绕祭神（护子神灵）、敬祖（家族祖先）、庆生（子嗣绵延）而展开。打花鼓子运用浅显易懂的口语、朴实无华的歌舞形式、丰富多彩的素材、精心设计的情节结构、有效表达的演唱技巧，在尊重生活的基础上，映现风俗，施逞想象，抒发情怀，娱神又娱人。

地处巴楚国境的清江土家人认为，不仅新生命的来临是神灵的赐予，而且母子的平安更得助于祖先的护佑。于是，在庆祝香火延传的诞生礼仪式上，人们便以二人对演的形式向神祖传递人间美好性爱和蓬勃生命的信息，暗示家族兴旺亦是神性的张扬、祖灵的延续，表达土家人对神祖的忠诚、感谢，并期盼得到他们永恒的眷顾和保护。这类表演多唱神仙功绩、祖先事迹等，肃穆而虔诚。然而，伴随时间的推移、社会的发展，着重于

---

① 访谈对象：田克周，访谈时间：2011年2月23日晚上，访谈地点：湖北省长阳县渔峡口镇双龙村田克周家。

② 访谈对象：覃发池，访谈时间：2009年12月6日晚上，访谈地点：湖北省长阳土家族自治县民族文化村。

娱神的歌舞或成分逐渐减少，或者基本融入历史的唱叙和生活的歌咏之中。

花鼓子在祭祀歌舞的娱神功能淡化以后，人性化色彩更浓，在审美情感的支撑下，情歌成为花鼓子最重要、最突出、最精彩的曲目构成部分。土家人以歌为媒，男女之间结识、恋爱、婚配，整个过程都离不开歌。土家族俗语曰："无粮无粬不成酒，无郎无姐不成歌，情歌出自心窝窝。"这就是说，动听的歌必定是心有灵犀的人相互发自内心的咏唱。情郎情姐互生爱意，眉目传情，歌声达意，他们唱的就是各式各样的情歌。情歌是男女爱情的见证，也是家庭幸福的彰显，这与生子打花鼓子的旨趣一致。所以，人们毫不犹豫地选择了情歌作为"打喜"庆贺的主要表现途径，它生动、喜庆、热闹。

花鼓子中的情歌有爱慕歌、赠物歌、相爱歌、相思歌、离别歌、挑逗歌、思春歌、规劝歌、荤歌等，反映了丰富的生活内容和情感内涵。不过，多数情形下，这些情歌不是单一表情的，它们有的讲唱神灵事功，有的叙述历史传说，有的唱诵桑麻农事，有的表现嬉戏娱乐，从中映现出深厚而酽醇的情意。不同主题、不同情趣的歌舞交替上演，抒情性与叙事性完美统一，有时温婉，有时热烈，人们的注意力不断转换，情绪也随之起起落落，这是坐夜时抵御困意来袭的好办法，也是拓展表演空间的好手法。

　　打花鼓子时经常唱的就是正月怀胎心里欢。怀胎歌，开台歌，什么唱在一，我还是唱的老古式的。往常我们的那个爹他蛮会唱。再几时（不管什么时候）都唱那么些老古式歌。①

"老古式歌"指的是哪些歌？它指的就是那些最能普遍体现清江土家人生活和情感的传统曲目，它代表了清江流域土家族的核心审美观念和诉求。

　　最喜欢唱的花鼓子的段子有相思歌，现在就是讲的谈爱情嘛。往常就是他那么想的，就是这高头的歌。"正月里相思正月里正，瞒到爹妈不做声，哥呀喂，奴家得了相思哦病。"这就是风流歌。"二月

① 访谈对象：张福妹，访谈时间：2010年1月20日下午，访谈地点：湖北省建始县三里乡河水坪村吴树光家。

啦相思百花开，瞒到爹妈做双鞋，哥呀喂，笔直抱到怀中揣。"他唱的相思歌，唱十个月，就是讲的现在谈恋爱的这么个意思。①

以情感为中心的歌包括展演父母与子女之间的情义、恋人之间的情愫、夫妻之间的感情等的曲目，还有不少歌曲含有"荤"的内容。这些歌或表现父母的恩情、子女的眷念，或展现恋人的痴狂、夫妻的恩爱，有美满的，有期待的，有苦闷的，有焦虑的，情感细腻入微。比如《荷包歌》：

> 正月里梅花开，与姐讨一个荷包戴，你要荷包亲自来。
> 二月里百花开，与姐带封书信来，带信求不得光辉来。
> 三月里是清明，奴的哥哥不聪明，你这份书信对别人。
> 四月里是立夏，姐在房中把样样夹，绣个荷包郎来拿。
> 五月里是端阳，花线搭在肩包上，绣起荷包送情郎。
> 六月里三伏热，缎子的荷包绣不得，汗手纳花花毁色。
> 七月里是月半，缎子的荷包绣一半，鸳鸯成对姐成双。
> 八月里是中秋，缎子的荷包绣九洲，绣起狮子滚绣球。
> 九月里是重阳，缎子的荷包绣云南，绣起金鸡对凤凰。
> 十月里是十月一，缎子的荷包才绣起，特地莫说奴绣的。②

《荷包歌》运用"十月"的结构模式，表现情郎情姐的交往与恋情，清晰明丽。歌中首先叙述郎对姐的追求，多次讨要定情之物——荷包，又是传话，又是带信。紧接着描写得信的情姐精心绣荷包的过程，剪样、捋线、护色、针绣，用情又用心。绣出的鸳鸯成对、狮子滚绣球、金鸡对凤凰寓意明确，真切地传达了情姐的心意，也是对情郎"与姐讨一个荷包戴""与姐带封书信来"最直白也含蓄的应答。二人的情意如潺潺流水，最后情姐还特意嘱咐情郎不要张扬，更显情之真、爱之切。

打花鼓子时，人们最常唱的《十爱姐》表达了情郎对意中人的炽热爱情。

---

① 访谈对象：崔显桃，访谈时间：2010 年 1 月 21 日下午，访谈地点：湖北省建始县三里乡老村村崔显桃家。
② 《荷包歌》，见荣先祥搜集整理《建始民歌选萃》（内部资料），湖北省建始县民族宗教事务局。

一爱姐的头啊，头发黑油油啊，梳起一个龙头对凤头，狮子滚绣球啊，依哟哟的哎哟，狮子滚绣球啊。

二爱姐的眉啊，眉毛刷般齐啊，好像一个羊毛啊笔画的，慢慢地来哟调戏啊，依哟哟的哎哟，慢慢地来哟调戏啊。

三爱姐的环啊，金打扭丝缠啊，幺姑戴起傍门站啊，爱坏风流汉，依哟哟的哎哟，爱坏风流汉子啊。

四爱姐的牙啊，牙齿过金打啊，说起话来好优雅啊，说些知心话，依哟哟的哎哟，说些知心话啊。

五爱姐的手啊，指甲白如藕啊，十样戒指戴的有啊，这样的好朋友啊，依哟哟的哎哟，这样的好朋友啊。

六爱姐的衣，红的套绿的啊，的良的卡夹花衣啊，莫说是奴缝的啊，依哟哟的哎哟，莫说是奴缝的啊。

七爱姐的裙啊，褶褶像鱼鳞啊，走起路来风扫云啊，飘带就二面分啊，依哟哟的哎哟，飘带就二面分啊。

八爱姐的脚啊，恰恰二寸多啊，走起路来踩软索啊，花鞋包裹脚啊，依哟哟的哎哟，花鞋包裹脚啊。

九爱姐的身啊，生得好洁净啊，又想同你结门亲啊，就怕添麻烦啊，依哟哟的哎哟，就怕添麻烦啊。

十爱姐的肉啊，嫩得像豆腐啊，把郎爱得无处走啊，心肝奴的肉啊，依哟哟的哎哟，心肝奴的肉啊。①

《十爱姐》将意中人从头唱到脚，又赞人来又赞妆，对情姐的细致观察与描画就是爱的表白与流露。唱叙中呈现了二人交往的进展和情感的深入，语言直白，情意浓烈，无矫揉造作之态。

花鼓子以歌舞的形式，以歌为主，它的动作，基本动作啊，非常简单，但是动律还是蛮别致咧。但是它那个动作咧，就说，那么一搞通宵达旦咧，它主要是歌词内容很好，都是情歌。男女之间横直眉来眼去。你说好比是说什么一串好葡萄，结得结又高啊，这个高，捞又捞不到啊，他兴抓一下哈，捞也捞不到，这些动作，就完全是一种娱

---

① 歌舞者：覃世翠、谢孙桂、安心菊、田甫英，歌舞时间：2010 年 7 月 20 日下午，歌舞地点：湖北省长阳县渔峡口镇双龙村覃亮家。

乐啊。它是通过歌能够表达，如果你只用几个动作，那不可能通宵达旦。①

　　长阳土家族民间舞蹈家覃发池认为，打花鼓子之所以为民众所喜爱，唱跳起来通宵达旦，歌舞者乐此不疲，就是因为它的歌有情致，既来自生活，又传情达意，简洁贴切的动作一配合，意境全出，令人振奋。
　　一曲《苏州打货建始卖》以男女问答的形式，借日常生活的素材和场景，俏皮地你来我往，言他物而抒己情，特别是配上恰到好处的肢体动作，颇具趣味。

　　　　男：苏州打货就建始卖，与姐带一根丝帕子儿来。
　　　　女：哎呀我的哥啊，舍不得我的郎，我要你一根丝帕子儿做得哪一样？
　　　　男：我双手捆在姐的脑壳上，行路又好看，坐到有人瞧，一心打扮奴的娇娇。

　　　　男：苏州打货就建始卖，与姐就带一个花兜兜儿来。
　　　　女：哎呀我的哥啊，舍不得我的郎，我要你一个花兜兜儿做得哪一样？
　　　　男：我双手捆在姐的肚儿上，行路又好看，坐到有人瞧，一心打扮奴的娇娇。

　　　　男：苏州打货就建始卖，与姐就带一双丝光袜子儿来。
　　　　女：哎呀我的哥啊，舍不得我的郎，我要你一双丝光袜子儿做得哪一样？
　　　　男：我双手穿在姐的脚儿上，行路又好看，坐到有人瞧，一心打扮奴的娇娇。②

　　花鼓子的歌舞者一方面遵照既有的歌词曲调，另一方面临场即兴发挥，各显其能。《苏州打货建始卖》就是笔者2007年5月22日上午在建

---

①　访谈对象：覃发池，访谈时间：2009年12月6日晚上，访谈地点：湖北省长阳土家族自治县民族文化村。
②　歌舞者：黄宗武、罗伦秀，歌舞时间：2007年5月22日上午，歌舞地点：湖北省建始县三里乡老村村黄家大屋场。

始县三里乡老村村黄家大屋场采录得来的。当时，作为一场文艺表演，村民们都十分踊跃。黄宗武和罗伦秀两人自告奋勇地走到屋场中央，相互使个眼神就唱着跳起来了。黄宗武特别大方，唱到什么歌词，就对着搭档表现相应的内容。罗伦秀妩媚中略显羞涩，舞步、动作、手势却一点儿不逊色。他们的配合天衣无缝，演绎自然流畅。

这首歌曲的主人公是挑担货郎和土家族姑娘。货郎从遥远的苏州带来"丝帕子""花兜兜""丝光袜子"，为的是装扮心上人，讨她的欢心。一连送上几件礼物当作爱情的信物，货郎尤为执着地展开了热烈的追求。从歌词内容判断，两人早已结识，正情深意浓。

在土家族，恋人之间相互称呼"哥与姐"或者"哥与妹"，以示亲昵。货郎唱"苏州打货就建始卖，与姐带一根丝帕子儿来"，似委婉却直接地表达了自己的爱慕疼惜之情；而暗自窃喜的姐儿却欲擒故纵，硬要货郎道出送礼的缘由，"哎呀我的哥啊，舍不得我的郎，我要你一根丝帕子儿做得哪一样？"亲切、泼辣、调皮的姑娘情态跃然而出，既略显刁蛮，又娇嗔万般。一问一答，"行路又好看，坐到有人瞧，一心打扮奴的娇娇"，这哥与姐便一起心花怒放。

与此曲目相近的还有《杭州打货建始卖》《施南打货建始卖》等版本。

花鼓子歌中也有描摹事理、传授知识的歌，这些歌是老百姓在生产生活中经验的总结，因此涉及范围较广，内容较丰，乃民众的所见所闻、所思所感。而这些事物和现象又是人们日常接触的对象，所以人人熟悉，倍感亲切，也易于接受。比如《解歌》：

打个一，解个一，什么开花在水里？打个一，解个一，灯草开花在水里。

打个二，解个二，什么开花起苔叶？打个二，解个二，扁韭开花起苔叶。

打个三，解个三，什么开花单上单？打个三，解个三，牡丹开花单上单。

打个四，解个四，什么开花一包刺？打个四，解个四，板栗开花一包刺。

打个五，解个五，什么开花过端午？打个五，解个五，艾蒿开花过端午。

打个六，解个六，什么开花乌嘟嘟？打个六，解个六，茄子开花乌嘟嘟。

　　打个七，解个七，什么开花两夫妻？打个七，解个七，豇豆开花两夫妻。

　　打个八，解个八，什么开花吹喇叭？打个八，解个八，饭藤子开花吹喇叭。

　　打个九，解个九，什么开花造美酒？打个九，解个九，菊花开花造美酒。

　　打个十，解个十，什么开花霜打死？打个十，解个十，烂草开花霜打死。

　　打个冬，解个冬，什么开花两头空？打个冬，解个冬，分葱开花两头空。

　　打个腊，解个腊，什么开花腊上腊？打个腊，解个腊，魔芋开花腊上腊。①

　　《解歌》是一首谜语式的歌谣。人们特别智慧地选取各个时令季节的常见植物，抓住其开花的特征准确地描述，既亲切又有趣，一问一答，不仅锻炼了思维，而且增长了见识，融知识与娱乐于一体。这首曲目尤其适合多人配对表演，大家边舞边唱，一唱一和，唱时咏叹大量独特的衬词，让"谜语"更吸引人，也让互动更具挑逗性，节奏相对欢快，气氛格外融洽。

　　知识类的花鼓子歌主要有唱人名、地名、植物名、动物名的，以及其他生活道理，这些成为地方认同、民族认同的重要内容。唱这类歌，人们在轻松愉快中表现了自我，也接受和传播了民族地方的文化。

　　还有不少花鼓子歌集中反映了民众的道德观念、处世原则和生活理想，它们或唱述历史的典范，或描绘现实的生活，或记叙人生的经历，借此劝导世人遵纪守法，尊老爱幼，品行端正，这些都是社会稳定的重要规范和做人做事的基本准则。如《二十四孝歌》：

　　　太阳过了河，各位听我说，唱个花名莫笑我。
　　　早晨唱花名，中午唱古人，要在下午唱交情。
　　　各位朋友们，听我唱花名，唱起花名有精神。

---

① 歌舞者：覃世翠、谢孙桂、安心菊、田甫英，歌舞时间：2010 年 7 月 21 日凌晨，歌舞地点：湖北省长阳县渔峡口镇双龙村覃亮家。

哪样花儿白，哪样花儿黑，哪样花儿紫红色。
栀子花儿白，茄子花儿黑，豌豆花儿紫红色。
哪样花儿黄，哪样花儿长，哪样花儿结成双。
南瓜花儿黄，浮萍花儿长，豇豆花儿结成双。
正月又见寅，百花都发生，杨香打虎救父亲。
正月又见卯，百花开得好，曹安夫妻多行孝。
三月又见辰，清明祭祖坟，郭巨埋儿天赐金。
四月又见巳，当归红血枝，目连寻母找恩师。
五月又见午，打起龙船鼓，董永卖身去葬父。
六月又见未，荷花遍地蕾，五娘行孝等夫归。
七月又见申，芙蓉花儿芬，王祥为母卧寒冰。
八月又见酉，葵花向日头，庞氏三春多受苦。
九月又见戌，菊花开满地，唐氏乳姑两夫妻。
十月又见亥，小阳春又来，七岁安安救亲娘。
冬月又见子，雪花万丈深，孟宗哭竹出冬笋。
腊月又见丑，梅花又打柳，日红割股把妻救。
一年十二月，月月花儿白，二十四孝听明白。①

  讲唱孝道的主题在花鼓子的很多曲目中都存在。这首《二十四孝歌》非常鲜明地表达了儿女遵孝道、夫妻守恩情的社会伦理秩序和道德要求。此歌结构完整，有开篇，有结语，既有制谜猜谜的乐趣，又有叙历史故事的深情；既有铺陈，又有描画，是在逻辑上衔接稳妥，内容上唱叙完满的歌曲。其中的节气花名、风俗习惯、天干地支等都富有知识性和趣味性，因而使"劝孝歌"不枯燥无味，而是亮丽生动。

  赞颂母爱的《怀胎歌》详尽地叙述了生命孕育的种种辛苦与生命降临的阵阵喜悦，不仅涵盖了生育的知识，而且展现了习俗的规矩，动容、动情、动人，在打花鼓子和打丧鼓中都可以演唱。

  怀胎正月正，奴家不知音，水上的浮沉为何生了根，这才是啊那才是，水上的浮沉为何生了根。
  怀胎二月末，时时怀不得，新接的媳妇时时脸皮薄，这才是啊那

---

 ① 《二十四孝歌》，见荣先祥搜集整理《建始民歌选萃》（内部资料），湖北省建始县民族宗教事务局。

才是，新接的媳妇时时脸皮薄。

怀胎三月三，茶饭都不沾，只想情哥哥红罗帐里玩，这才是啊那才是，只想情哥哥红罗帐里玩。

怀胎四月八，拜上爹和妈，多喂鸡子少是少呀喂鸭，这才是啊那才是，多喂鸡子少是少呀喂鸭。

怀胎五月五，时时怀得苦，只想得个酸的吃到二十五，这才是啊那才是，只想得个酸的吃到二十五。

怀胎六月热，时时怀不得，这是的情哥哥葬啊葬的德，这才是啊那才是，这是的情哥哥葬啊葬的德。

怀胎七月半，扳起指根算，算去的个算来还差二月半，这才是啊那才是，算去的个算来还差二月半。

怀胎八月八，奴家把香插，保护奴家得一个胖啊娃娃，这才是啊那才是，保护奴家得一个胖啊娃娃。

怀胎九月九，时时怀得丑，儿在腹中打一个倒跟头啊，这才是啊那才是，儿在腹中打一个倒跟头啊。

怀胎十月尽，肚子有些疼，疼去疼来疼得满屋里滚，这才是啊那才是，疼去疼来疼得满屋里滚。

丈夫你走开，妈妈你拢来，是男是女一把抓起来，这才是啊那才是，是男是女一把抓起来。

孩儿落了地，满屋里都欢喜，收起一个包袱嘎嘎里去报喜，这才是啊那才是，收起一个包袱嘎嘎里去报喜。

走到嘎屋里，喊嘎嘎送恭喜，恭喜娃儿的嘎嘎得了外孙的，这才是啊那才是，恭喜娃儿的嘎嘎得了外孙的。

舅妈来筛茶，说些急作话，这才是啊那才是，这才是啊那才是，这才是啊那才是。①

在覃亮家打花鼓子，覃世翠、田甫英、田少林、田克周上场配成两组，男女相对，优雅别致地唱跳起了《怀胎歌》。他们时而叉着腰，映着大肚子，时而又轻轻摆手，作含羞状。吟十月怀胎是娇娇柔柔，唱恭贺报喜是高高兴兴，表演十分到位，又滑稽生动，惹得观众直发笑。

在"打喜"的场合，所有的活动均围绕"喜庆"这个主题来进行，

---

① 歌舞者：覃世翠、田甫英、田少林、田克周，歌舞时间：2010年7月21日凌晨，歌舞地点：湖北省长阳县渔峡口镇双龙村覃亮家。

而花鼓子正是把这个时空助推到最热烈、最火爆、最完美的活动。花鼓子里一个个曲牌的变换、一首首歌谣的唱述、一曲曲舞蹈的律动,它们紧扣仪式的主旨和诉求,构成为一个绵密的系统,造就出一幅炫丽的文化景观。所以,花鼓子本身就是一个完整而严密的体系,有其表演程式、曲目和讲究,同时它又是诞生礼的一部分,它与其他仪程一起为整个贺生庆喜仪式来表抒思想和愿望。

打花鼓子演唱的歌是美丽的,是率真的,其歌词中有不少衬词,这些衬词成为"打喜"仪式乡土情感和生活真性的表达。花鼓子衬词具有极强的艺术性,这种艺术性建立在生活属性基础之上,可以说,打花鼓子是土家人创造生活和享受生活的艺术。

花鼓子歌词中实词和衬词平分秋色,实词描写具体事项,衬词渲染情感。衬词在书面文本的欣赏中似乎感觉有些啰唆,有些累赘,但是,这些衬词恰恰是花鼓子地方性和生活化最为浓烈的显现,是歌舞中必须出现的。表面来看,衬词没有意义,可问及花鼓子传承人时,他们异口同声地说,这些衬词是不能缺少的,没有衬词就无法演唱,没有衬词就无法诠释,没有衬词就不知道"你和我",因此,花鼓子歌里的衬词有助于情感的表达和意义的传递。

> 我们唱的《十送》里头的,其实唱的是"劝您莫做两样的心"。有的我们农村里就搞成土话哒,唱出来就是"劝您莫做劝您莫做两样的心啊咿啊哟嘿"。①
>
> 一送的珍啦珠啦变玛的个瑙啊,我来呀扳船儿头啊,我来扳的个船儿尾啊,小小的船儿推着,小小的湖儿偎着,推着偎着心上的人啦。车(转)了一个的身啦子儿啊,我瞧啊瞧中您啊,我再过来瞧中您啊,劝您个莫做劝您个莫做两样的心啦咿哟。②

田少林是双龙村有名的花鼓子传承人,他所说的"土话"其实就是生活的真实情状、民众的真实情感。像这类民间歌舞艺术中出现衬词的情形,在清江流域土家族民歌演唱中普遍存在。如果将这些衬词去掉,就会无味,就会失真,就会失去乡土艺术的本性。

---

① 访谈对象:田少林,访谈时间:2010年7月18日上午,访谈地点:湖北省长阳县渔峡口镇双龙村田少林家。
② 演唱者:覃孔豪,演唱时间:2010年7月20日上午,演唱地点:湖北省长阳县渔峡口镇双龙村覃亮家。

花鼓子歌的衬词常常被记录者删略,认为是"无意义的虚词"。衬词尽管没有明确的意思,但与节律高度吻合,传达歌中特殊的感情与情绪。所以,衬词不是抽象的、可有可无的,而是一种歌唱的形式。花鼓子歌的衬词有利于人与人情感的交流,是特定文化空间中的艺术表达。

如《五更调》中的"哇啊唉唉啊""哇啊嘻嘻啊""哇啊悠悠啊""哇啊喳喳啊"是衬词,它活跃了节奏,舒展了歌腔,使歌舞的表现更加生动、风趣,不但体现了清江流域特有的地理色彩,而且也增添了"打喜"时歌唱的表现力。这些衬词具有浓郁的土家族韵味,准确地表现了民族的特点和地域的风格。

花鼓子通过运用衬词推动歌曲结构形式的变化发展,使之更为丰富多变,所以衬词成为一种促使结构变化的手段。由于衬词所在的位置不同,和前后句的关系不同,所以它们的功能也不同。

花鼓子歌里的实词和衬词,不只是一种沟通和表达的语言,而且标明了"打喜"仪式的行为规范和艺术追求。打花鼓子的第一首歌由谁来唱,由谁来和,又以什么样的歌舞来收场,都是有规矩、有讲究的。所以,衬词不仅仅是音乐上的要求,也是体现地方文化的需要,在这看似狂欢的背后实质上隐藏着土家族社会的道德秩序和伦理观念。

> 我们开始到文化站工作,写的歌词给他们谱曲,他们就说那搞不拢(搞不好),一定那个里头还要有衬词的东西,不然,他就唱不出来。①

花鼓子歌少不了衬词,这就是生活中的花鼓子,这就是生活中的艺术性。

新生命的孕育与诞生是美满婚姻、兴盛家族的标志和体现,这无论对夫妇自身,还是对双方家族来说,都是头等欢喜的事。孩子是爱情的结晶、生命的延伸,他既是家族的子嗣,又是家族绵续的希望。他的一生也会如同他的祖祖辈辈那样,被各种情感所包围,亲情、友情、爱情、乡情……培育着他走出一条相同而又不同的路。因此,某种意义上,生子"打喜"唱歌是对生命的礼赞,既慰劳了产妇,祝福了孩子,愉悦了主人家,更传递了生命的信念,撒播了知识的种子。

---

① 访谈对象:田少林,访谈时间:2010 年 7 月 18 日上午,访谈地点:湖北省长阳县渔峡口镇双龙村田少林家。

作为民族文化的产物，打花鼓子不仅迎合了老百姓的心理诉求，而且符合本民族的艺术审美趣味。歌舞是献给神祖，献给主人家，献给孩子的，亦是献给参与者自己的。此时此刻，所有与这项仪式活动相关的人一方面个人的心理得到了安全的保障，获得了人伦情怀的关照，接受了行为举止的规范；另一方面有形无形当中他们的祖宗观念、家族观念、民族观念均得到了强化。

应该说，娱人是打花鼓子在不同发展阶段得以存活的共有手段。作为外部形态特征与审美表意功能相结合的民间自然传衍型的生活艺术，花鼓子从来就不是以全部严肃的祭祀仪式来寄寓思想，而是通过生活情趣的白描来表达，彰显着欢快与戏谑。但它既映现日常生活，又升华内心情感，不是单纯的模拟，而是艺术的创造。花鼓子色调明朗，意蕴健康，人物鲜明，温婉中见妩媚，泼辣中见细腻，风趣中见柔情，闪耀着刚柔并济的智慧光芒，具备很强的丰富性、包容性和变通性。其丰富性意味着这种生活艺术根基强劲，枝繁叶茂，即便经受变化着的环境因素影响，自身也在发生变化之际，其基本特征不易被吞噬；其包容性和变通性则使它善于容纳、消化，可以涵盖较多的表意内容，并且以多种审美方式体现，不轻易发生根本变异而不复存在。

花鼓子的文化向度尽管在不同的仪式阶段具有不同的思想指涉性，但是，就演唱的歌而言，其主旨是与"打喜"仪式高度一致的。这是一个生命的仪式，一个生命起点的仪式，因此，打花鼓子表达的是生命的原色，张扬的是生命的精神。

第二节 脚踏"之"字拐：舞的艺术形态

关于打花鼓子，《长阳县志》如此描述：花鼓子并不要鼓，演伎人也不化妆，往往二人、四人对舞……舞蹈者手执花帕，边唱边舞，其动作要领是：脚踏之字拐，手似杨柳飘，腰身前后扭，臀部两边翘。① 打花鼓子是即兴而歌，乘兴而舞，基本的舞步为"两步半"，典型的舞姿为"三道弯"。这是清江土家人对打花鼓子舞蹈部分的形象记录，也是对花鼓子艺术技巧的总结。在土家人看来，打花鼓子是人的一种自然而然的状态，窍

---

① 湖北省长阳土家族自治县地方志编纂委员会编纂：《长阳县志》，中国城市出版社1992年版，第590页。

门就在于"屁股要崴,要放得开","花鼓子没得巧,屁股要崴腰杆要筛,身子要有点儿翘才好看"。清江流域土家族特别强调花鼓子是身体的艺术。

花鼓子是歌舞结合的艺术,曼丽的舞与柔情的歌相得益彰,歌词传达的意境因舞而生,因舞而现,打花鼓子的笑场也多因舞蹈动作而频发。因此,花鼓子歌没有过多的情景唱叙,直抒胸臆或托物抒情,以轻松、柔美、夸张的身体行为传达生活的意蕴。

> 正月嘛铜啊钱多,一问铜钱要啊几多(多少),一呀问铜钱几呀几个字,四呀四个字,绣花楼上一双好小脚。打呀么会打鼓,我姐又会筛箩,趱开些啥,莫踩奴小脚。我要拢来耶,看你哪么说。你是个厚脸皮,又会打散皮;你是个厚脸巴,又会吹唢呐。唢呐哪么吹,啦啦啦哩耶哩哩啦耶,女儿回娘家。

> 二月嘛铜啊钱多,二问铜钱要啊几多,二呀问铜钱几呀几个字,八呀八个字,绣花楼上一双好小脚。打呀么会打鼓,我姐又会筛箩,趱开些啥,莫踩奴小脚。我要拢来耶,看你哪么说。你是个厚脸皮,又会打散皮;你是个厚脸巴,又会吹唢呐。唢呐哪么吹,啦啦啦哩耶哩哩啦耶,女儿回娘家。

> 三月嘛铜啊钱多,三问铜钱要啊几多,三呀问铜钱几呀几个字,十呀二个字,绣花楼上一双好小脚。打呀么会打鼓,我姐又会筛箩,趱开些啥,莫踩奴小脚。我要拢来耶,看你哪么说。你是个厚脸皮,又会打散皮;你是个厚脸巴,又会吹唢呐。唢呐哪么吹,啦啦啦哩耶哩哩啦耶,女儿回娘家。

> 四月嘛铜啊钱多,四问铜钱要啊几多,四呀问铜钱几呀几个字,十呀八个字,绣花楼上一双好小脚。打呀么会打鼓,我姐又会筛箩,趱开些啥,莫踩奴小脚。我要拢来耶,看你哪么说。你是个厚脸皮,又会打散皮;你是个厚脸巴,又会吹唢呐。唢呐哪么吹,啦啦啦哩耶哩哩啦耶,女儿回娘家。

> 五月嘛铜啊钱多,五问铜钱要啊几多,五呀问铜钱几呀几个字,二呀二十个字,绣花楼上一双好小脚。打呀么会打鼓,我姐又会筛箩,趱开些啥,莫踩奴小脚。我要拢来耶,看你哪么说。你是个厚脸皮,又会打散皮;你是个厚脸巴,又会吹唢呐。唢呐哪么吹,啦啦啦

哩耶哩哩啦耶,女儿回娘家。①

　　配对的两人边唱边互相打趣、质问、应答,一扭一颤,对面错步,趁走拢之际,突然伸出黑黑的手往对方脸上抹,一来二去,直至两人都被抹成花猫儿才肯罢休,引得全场笑声一片。《铜钱歌》的歌词重重叠叠,五个唱段中只有几个数字不同,如果从阅读的角度来看,其艺术价值就大打折扣,但在打花鼓子中多人对唱对跳,来来往往,穿来梭去,并以恰当的身体动作,包括眼神、手势、步伐配合着,恰如其分又不乏幽默滑稽,将"打喜"现场推向了热烈鼎沸。

　　花鼓子的肢体动作轻柔、舒缓。在场上,人们两两相对,中间相隔一两米的距离,唱起歌后,两人分别向相反的方向同步走两步半,然后踏着节奏往回走两步半,回到原地,停顿一下,两人又各自改变方向,互相朝相反的方向走两步半,接着返回原地,如此根据曲目的长短往返数次。在回复到正位的时候,两两对走,在两人中间处形成交叉,侧肩擦背而过,交换位置,再两两相对。后面又各自重复反方向的对舞,如此伴着歌循环往复,手和手臂自然随步伐前后摆动。这是最基本的步伐路线。歌舞者含胸、撅臀、屈膝,柔缓婀娜,歌也轻轻叙唱,甚是美妙。

　　　跳花鼓子需要身体柔软,光手动不好看,手膀子要动。身体、膀子、手是一起的。②

　　打花鼓子除了扭动柔美的身躯外,其情感的表达和情绪的张扬最为集中地表现在歌舞者的眼神和手势上。眼和手要配合好,与歌曲和脚步的节奏协调一致,眼睛随手臂的舞动来回梭动,到了两步半步伐停顿的时候,对跳的两人深情地对望一眼,一切尽在这惟妙惟肖的意境里。

　　　花鼓子的神韵全在探出的手帕和划出的那一个手指上。那一探一勾是两种难于逾越鸿沟情爱的表达,是两束跳动火花的心灵碰撞,如果不是爱在深处,那一探一勾的表达不过是全部舞蹈的一次不太经意的点缀,一个随意渲染的符号。因为爱,便使那一个小小的点化成为

① 2010年1月20日在湖北省建始县三里乡河水坪村吴树光家打花鼓子《铜钱歌》的一段。
② 访谈对象:田克周,访谈时间:2011年2月23日晚上,访谈地点:湖北省长阳县渔峡口镇双龙村田克周家。

整个花鼓子的高潮和精华。那一探一勾的表达需要对花鼓舞蹈的神髓准确的把握,更需要一种把掩藏在内心深处的感情含蓄而生动表露的功力。并不是所有的舞蹈者都会表现花鼓子特有的韵致,只有那些内心丰富、感情挚烈而又善于舞蹈者才能享受那种翩然对舞的传情欢悦。①

　　歌舞者所有的脚步动作、所有的手势行为,都在围绕一个"情"字展开,尤其是她们的神情目光。花鼓子舞出的温情与绚丽抚慰着心灵,装点着希望,并且相伴清江土家人的一生。这些舞蹈动作看似简单却意味深长,重点是动作的协调和节奏的把握。

　　　　花鼓子打的时候就说呢,唱《十送》,唱《十想》,它就那样的,现说唱么子就唱么子,想起唱么子就唱么子,曲调、节奏都是跳舞的人自己掌握的。基本步法、动作就那么几个,主要是根据歌词来做一些即兴的动作和神态。②

　　花鼓子的舞步动作朴实,以一左一右的同边上步、提胯下沉为特色,一步一拍,"两步半"形成"之"字状,半步为息步,稍作停歇,平缓而优雅。调度上,常用的有"穿十字"(俗称"豆腐架架")、"走∞字""转圆圈""左右横穿""前后交换"等,画面多变。打花鼓子身体重心偏后,脚的着地部位以平足为本,步幅不大,有碎步、矮子步、双环步、弓步小跳和"小拐弯""大拐弯"等典型步姿,在半步休息的时候用手势和表情向对方传递歌中唱叙的内容与感情。唱跳时,脚的着地部位、下肢的屈伸度以及步幅等,都呈现出多样化形式。伴随步伐的移动带动腰部扭动,即"走动摇晃扭",屁股随之两边翘,从侧面看上去,歌舞者头部往前倾,背部往后翘,膝部往前弯,呈S形,极致地展示了身体之美。难怪当地人精辟地概括说:"跳花鼓不为巧,全靠屁股扭得好","脚踏之字拐,身成三道弯",做好这几点,花鼓子就跳到位了。

　　从目前的状况来看,打花鼓子的主要道具有毛巾、手帕、芭扇、草帽、扫帚、长烟袋等,它们是歌舞者演绎故事、传达情感的重要工具。像

　　① 胡献锦:《多少情,唱出来;多少爱,舞起来——湖北长阳土家族民间舞蹈"花鼓子"田野调查手记》,载《神州民俗》2007年第11期。
　　② 访谈对象:戴曾群,访谈时间:2009年12月6日晚上,访谈地点:湖北省长阳土家族自治县民族文化村。

一切以手帕和扇子为舞具的众多舞种一样，花鼓子的显要动作部位是手臂。其动作流程以环动型（非直线型）为主，展现出环动与折动的复合状态。比如"风摆柳"的大臂即横折以动为主，手腕却是明显的环动型。另外，诸如头、肩、腰、胯等部位的协动不仅比较多，而且各部位之间的动静格局——时间差，也较为复杂。歌舞者的手势、表情、举动也可视歌词曲调的情趣和现场气氛任意表现，尽显风韵。

花鼓子舞蹈既有相对一致的步伐、动作、节律，也有舞态、举止、形式上的地方性差异。在此，简要分解建始打花鼓子的几个舞步动作，以便感受和认识（如图4-1、图4-2、图4-3所示）。

动作一：准备。

图 4-1 (1)

第一拍，左腿向前一小步跳起，同时右腿向前踢出25度，"单双起落"，或"虚步"脚跟点地，勾脚，左手向下，右手向上翻时甩帕。

图 4 -1 (2)

第二拍，右腿撤回，做与第一拍对称动作。

图 4 -1 (3)

动作二：准备。

图 4-2 （1）

第一拍，右腿向前上一步，同时向左转四分之一圈成"蹲裆步"，左手起伏一次，右手扇风一次。

图 4-2 （2）

第二拍,左腿向前上一步,做与第一拍对称动作。

动作三:准备。

图4-3(1)

第一拍,左腿向右前上一步,左手自然摆动,右手向前上方举起做"里绕手"一次,向左拧身。

图4-3(2)

第二拍，右腿向左前上一步，做与第一拍对称动作。

图4－3（3）

第三拍，左腿向后撤一步，做第一拍动作。上身向右前俯。

图4－3（4）

第四拍，右腿向右后撤一步，做第二拍动作，上身向左前俯。

图4-3（5）

资料来源：康进编：《中国建始文化丛书·民间舞蹈》，湖北人民出版社2006年版，第125—128页。

花鼓子的节奏是自然型（与生活中的呼吸节律近似）与非自然型的交替与结合。歌舞者的稳态舞姿造型大都呈现出以拧、倾（人体曲线）为基础的造型特征，但瞬间舞姿既有与稳态相一致的曲线型，又有以倾为主的直线型，拧、倾结合，丰富多姿，"扭"尤为娇媚可爱。扭起花鼓子，人的身体自然前倾后仰，体态常运用"比""兴"手法来充分抒情表意，与花鼓子歌词相映成趣。比如描画鸟雀在枝头喃喃细语的"凤凰三点头"，趣味盎然，是典型的非自然型呼吸。但是，打花鼓子的基本步伐节奏以自然型为主，不少舞姿动作直接取自劳动生活，如"端针匾"；也有的受自然景象的启发而创作，如"风摆柳"等。

花鼓子动作讲究对称性，不仅身体动作要协调，跳的人数也是对称的。先前由两个以上的女性对舞，且是双数，现在有男女搭配的形式，更具观赏性。在对称的舞美中，歌曲的美也被最大限度地激发，给人以和谐与团圆之感。

跳花鼓子对唱对跳，人多，个个奈得何（人人都会），就哈（都）跳，一边架（放）五个也行，架六个也行。不会跳，看的看，就两个人搞下。①

花鼓子的舞蹈并不复杂，它是以形体传达意蕴，以神态传递情感，这种行为艺术源于清江土家人的身体与心灵。打花鼓子轻柔的艺术风格与女性的生理特点和性格特征关联在一起。女性的身体决定了舞蹈的动作与情韵，尤其是以前土家族妇女以小脚为美，使她们不可能有大幅度的动作，也不可能有快速的挪移穿梭，只能轻缓柔曼。《十爱姐》中唱："……八爱姐的脚啊，恰恰二寸多啊，走起路来踩软索啊，花鞋白裹脚啊，依哟哟的哎哟，花鞋白裹脚啊。"② 伴着歌，舞者的舞步神情越发轻柔起来，似小心翼翼，又无比美丽，甚为可爱。这反映出清江流域土家族把妇女拥有"三寸金莲"视为审美的标准，女性自然就会依照这个标准来塑造自己，与此相伴的艺术表达就必然要服从于这样的身体条件。由于花鼓子是基于女性身体产生的行为艺术，因此其接受者和传承者自然就是女性群体了。

在使用人体艺术的所有这些要素中，有关教育的各种事实是决定性的。教育概念可能是与模仿概念重叠的。……孩子、成人模仿是成功的行为，他所看到的被他信任的人与他的上司所成功采用的行为。这种行为自外、自上地摆在面前，它完全是一种生物学的行为，与他的身体有关。③

这就是说，行为模仿与身体有关系，打花鼓子的舞蹈动作正是清江流域土家族妇女缠小脚的身体特征所致。至于土家族妇女什么时候开始缠小脚，或者是否受到汉族文化的影响，则是另外一个话题了。但是，在过去，清江土家人视缠小脚为女性魅力的重要元素是已被印证的事实。

打花鼓子的身体艺术从妇女自身的生物性行为开始，到逐渐成为这种身体性的艺术，再到模仿身体的生物性行为，这种身体艺术就进入传统的

---

① 访谈对象：田克周，访谈时间：2011 年 2 月 23 日晚上，访谈地点：湖北省长阳县渔峡口镇双龙村六组田克周家。

② 歌舞者：覃世翠、谢孙桂、安心菊、田甫英，歌舞时间：2010 年 7 月 20 日下午，歌舞地点：湖北省长阳县渔峡口镇双龙村覃亮家。

③ ［法］马塞尔·毛斯：《社会学与人类学》，余碧平译，上海译文出版社 2003 年版，第304 页。

技术行为了，尔后和传统的仪式行为相结合。因此，一种身体性的艺术与技术成为传统，并得到传统呵护，才能够延续、传播和发展。

> 我称一种有效的传统行为是技术（而且，你们看到在此，它不同于巫术的、宗教的、象征的行为）。它必须是传统的与有效的。如果没有传统，那么就不会有技术与传播。①

可以说，打花鼓子是以身体为主的艺术，展现的是身体本身传达出来的各类动作、姿态和神情等，这是人类最初，也是最真切的艺术创造。

> 我们打交道的是各种身体技术。身体是人首要的与最自然的工具。或者，更准确地说，不用说工具，人首要的与最自然的技术对象与技术手段就是他的身体。②

当然，身体技术的模仿只是从生物性开始的，当身体性技术进入传统性身体技术的范畴，打花鼓子的艺术才真正形成并发展。于是，伴随身体动作的行为，演唱与之匹配的歌谣，一种生活艺术就诞生了。

打花鼓子中演唱的歌曲也是以对唱抒情为主，因而不可能出现在户外喊山歌那样高亢的调子，这同样与清江流域土家族妇女的身体条件有关系。即使在今天妇女们打花鼓子的时候也在表现和仿照女性小脚时代的形态模样。

> 舅母就和婶娘啊又接到打。老辈子就说你们来，还在旁边教搞不来的，笑的笑啊，就是好玩儿，延长时候吵。往常时间长吵，一搞就是三四天。苦日子就是我们过啊，穷快活。前头两个人说，后头两个人就跟到那么打，那么转。往年子的女的都裹小脚，她一走一颠就这样。就是后来妇女是大脚的也装个小脚。比如《螃蟹歌》《十八摸》《黄四姐》等等，都是这么跳的。③

打花鼓子的身体动作较日常生活中妇女的行为体态是有区别的，这种

---

① ［法］马塞尔·毛斯:《社会学与人类学》，余碧平译，上海译文出版社 2003 年版，第 306 页。
② 同上。
③ 访谈对象: 叶定六，访谈时间: 2010 年 1 月 19 日下午，访谈地点: 湖北省建始县三里乡河水坪村叶定六家。

区别就是生活的艺术再现。

> 我们身上的一切都是受控制的。我正在给你们做报告：你们看到
> 了我的坐姿与我的声音，而你们则坐着安静地听我说话。我们有一整
> 套允许的或禁止的、自然的与不自然的姿势。因此，我们给凝视这个
> 事实赋予了不同的价值。①

花鼓子的舞蹈动作有相对固定的套路，这些套路是清江土家人在生活
实践中经过加工、提炼创造出来的。为了适合贺生祈福的主旨，为了适应
妇女的身体特征，其呈现的舞蹈艺术就具有明确的选择性与明确需要禁止
和允许的动作了。

打花鼓子是以艺术的形式呈现生活的意义。打花鼓子的过程充分展现
了它具有的身体艺术的性别特性和身体艺术的生活属性。看过打花鼓子的
人，无不惊叹打花鼓子与女性特有的生活的关联性。打花鼓子的人依据选
唱的曲目，或不拿任何道具，直接上场，完全用身体表现；或顺手拿起一
件生活用品，这件物品在建始是扇子、帽子或者扫帚，在长阳多数是毛巾。

> 我妈往常也会打花鼓子，我生了大娃儿的了，都在这儿打了花鼓
> 子的。岔四个老年人，戴的戴草帽，拿个扇子，拿个草帽。一般都是
> 拿的扇子，戴个草帽，老婆婆跟老婆婆扒你一下。她就一路唱，就一
> 路扒你一下。她拿个草帽，一拿下来就扒一下。一路唱就一路跳。②

对于为什么拿这样一些东西，当地人的解释基本都是方便、简易，随
手就能拿到。这就说明毛巾、帽子、扇子、扫帚等是清江土家人日常生活
中最常见、最常用的物品，花鼓子就是老百姓的生活、老百姓的艺术。另
外有一种说法是拿毛巾主要是为了装扮过去时候的花姑。"女子做姑，姑
娘的姑。"③ 这也恰恰证明了"打喜"是以女性为主导的生活仪式，打花
鼓子是女性的艺术，所以有土家人认为花鼓子应是"花姑子"。这种顺手

---

① ［法］马塞尔·毛斯：《社会学与人类学》，余碧平译，上海译文出版社 2003 年版，第
307 页。
② 访谈对象：龙有菊，访谈时间：2010 年 1 月 19 日上午，访谈地点：湖北省建始县三里
乡孙家坝村龙有菊家。
③ 访谈对象：田少林，访谈时间：2010 年 7 月 18 日上午，访谈地点：湖北省长阳县渔峡
口镇双龙村田少林家。

取物,依势而舞的动作情态把花鼓子的生活属性展露无遗。

作为身体的艺术,打花鼓子具有在群体内部的可理解性和可交流性,其中的地方知识传统成为这种理解和交流的前提。

以身体动作彰显人的意志,以身体动作表达心的寄托是早期社会最为普遍的祭祀规程,也是最有效的宗教情怀。可以说,凡是大型的祭祀和仪式都离不开舞蹈,而仪式本身就是民众生活中最具内聚力的认同文化。在清江土家人那里,花鼓子成为凝聚民心、传达民意的公共行为。

花鼓子的舞蹈作为身体艺术的重要组成部分,其意义是刻写在身体上的,这种身体上的生活惯制与艺术行为,是被文化传统所建构,是被发明的传统和被演绎的生活。打花鼓子的身体刻写着历史与文化,身体也因为这些历史文化的刻痕成为特定文化塑造的身体。

看一种舞蹈,认识一个民族;观一种舞蹈,了解一种生活。舞动着的身体昭示着花鼓子生活文化的特性,积淀和映现着清江流域土家族的民族心理、审美情趣、风俗习惯等文化现象。

总之,花鼓子植根于清江土家人的文化传统与现实生活,具有神圣性、传统性、生活性和娱乐性等多重特征。"情"是花鼓子的核心,没有情,歌无法吟咏,舞无法施展。花鼓子独有的魅力就在于"脚下溜、韵律强、身姿美、情感真、神态媚"。

第三节 无形之中有规范:程式与张力

花鼓子,在许多人的眼中,是一种自由的艺术、一种开放的艺术、一种自我的艺术。

> 花鼓子其实是很自由的,跳出来就打,蛮灵活,非常自由,它并没得一个固定的起头、结尾和高潮。但在实际过程中无形之中有那么点儿……但是没形成格式,没得固定的词啊句。①

果真如此吗?从调查现场的情况来看,打花鼓子的确自由自在,不拘一格,但在自由的艺术张扬中,它仍遵循一定的程式。这种程式主要体现

---

① 访谈对象:杨会,访谈时间:2010 年 1 月 19 日上午,访谈地点:湖北省建始县三里乡前往孙家坝路上。

在三个方面：

首先，打花鼓子作为"打喜"仪式的重要内容，不是随时随地都能唱能跳的，也不是随意就能上场下场的，它有序幕、发展、高潮和结尾。由于"打喜"仪式是庆贺新生儿诞生的仪式，是陪嘎嘎的仪式，新生儿尚在襁褓之中，于是嘎嘎成为活动的中心。打花鼓子始于主人家款待客人的宵夜，在堂屋摆上镶桌，嘎嘎及嘎嘎客坐上席，奶奶家一方的亲戚朋友坐下席陪伴，她们边打趣边对歌。

对歌由开台歌引导。开台歌虽然各地不一，但不可缺少，由奶奶家这方的妇女领唱，多是女支客师。比如，长阳一带的开台歌固定为《石榴开花叶叶密》。

> 石榴啊开花啊就叶叶儿啊密呀，堂啊屋里来扯起就万字席，
> 远啊来的哦客人就上席呀坐，近来的客人下席的陪呀，
> 听我就唱个开台啊唉歌。①

开台歌也可以依据现场情景自由发挥，但基本形式和内涵不变。

> 石榴开花叶叶密，堂屋里扯起是呀嗬咿万字席啊，
> 拿妹儿的酒来啊是好的酒啊，拿一个菜来是呀嗬咿是好菜呀，
> 是好的酒来呀是好的菜呀，得罪一个客人们呀嗬咿莫见怪呀。②

这首歌被认为是打花鼓子中难度最大的歌之一，是一人或几人领唱，其他人附和，曲调悠扬，娓娓动听。

> 《石榴开花叶叶密》弯弯太多了，蛮难唱，字数不多。那个词不能随便改，五句子。我们唱的开台歌是作为第一个歌，就是弯的那个调子，那个弯的调子不简单呐。③

---

① 覃俊娥演唱，演唱时间：2010 年 7 月 19 日上午，演唱地点：湖北省长阳县渔峡口镇双龙村覃孔豪家。
② 覃孔豪演唱，演唱时间：2010 年 7 月 19 日上午，演唱地点：湖北省长阳县渔峡口镇双龙村覃孔豪家。
③ 访谈对象：田开武，访谈时间：2010 年 7 月 19 日上午，访谈地点：湖北省长阳县渔峡口镇双龙村覃孔豪家。

开台歌是谦虚的、诚恳的，接着就"唱个歌那您撩"。

> 五句子歌呀撩两撩耶，要把一个歌师撩上桥耶，一不是撩您来饮酒唉，二不是撩您呀嗬咿下象棋也，来饮的酒来啊下象棋耶，原本是撩您呀嗬咿唱歌的呀。①

奶奶家这边又唱道：

> 高山岭上一树蒿哇，嘎嘎您就来得好呀热闹，左手呀提啊起啊就白大米啊，右手提起是锦的鸡啊，热热的闹闹就送恭喜。②

这即是在邀请，是在客气中宣战。嘎嘎那边就要接应了。

> 洞庭湖里一啊支的蒿，嘎嘎我来得是呀嗬咿不热闹啊，左手没提呀白大的米呀，右手一个没提呀嗬咿是锦鸡啊，白大米呀是啊锦的鸡呀唉，空脚一个打手呀嗬咿送恭喜呀。③

奶奶家称赞嘎嘎送的礼物多，嘎嘎家则表示礼物不多、不好，既是谦虚的态度，也显示自己唱的歌不逊色。嘎嘎会唱的自己唱，不会唱的可由其他会唱的嘎嘎客来唱，或者请能说善唱的支客师对唱，算是回敬，也是规矩。

这样，嘎嘎和嘎嘎客与陪嘎嘎的人一个接一个地对唱起来，在竞争中欢乐，在欢乐中庆祝，所有的人都沉浸在快乐和幸福之中。唱到花鼓子快要收场的时候，就唱一首《五更调》作为收尾曲。

> 领：一更那锦鸡叫哇啊唉唉啊；合：叫哇啊唉唉啊；
> 领：奴家的个打扮儿打扮儿才啊起来啊；合：奴家的个打扮儿打扮儿才啊起来啊；领：双啊手绕开红啊罗帐啊；合：红啊罗帐啊；

---

① 覃孔豪演唱，演唱时间：2010 年 7 月 19 日上午，演唱地点：湖北省长阳县渔峡口镇双龙村覃孔豪家。
② 覃俊娥演唱，演唱时间：2010 年 7 月 19 日上午，演唱地点：湖北省长阳县渔峡口镇双龙村覃孔豪家。
③ 覃世菊演唱，演唱时间：2010 年 7 月 19 日上午，演唱地点：湖北省长阳县渔峡口镇双龙村覃孔豪家。

领：不知我的绣鞋绣鞋在何方啊；合：不知我的绣鞋绣鞋在何方啊。

领：二更那锦鸡叫哇啊嘻嘻啊；合：叫哇啊嘻嘻啊；

领：奴家的个打扮儿打扮儿才啊穿衣啊；合：奴家的个打扮儿打扮儿才啊穿衣啊；领：上啊身穿的红啊绫袄啊；合：红啊绫袄啊；

领：下身的个穿起穿起那水罗裙；合：下身的个穿起穿起那水罗裙啊。

领：三更那锦鸡叫哇啊悠悠啊；合：叫哇啊悠悠啊；

领：奴家的个打扮儿打扮儿才啊梳头啊；合：奴家的个打扮儿打扮儿才啊梳头啊；

领：左啊边梳起盘啊龙簪啊；合：盘啊龙簪啊；

领：右边的个梳啊起梳起凤凰头啊；合：右边的个梳啊起梳起凤凰头啊。

领：四更那锦鸡叫哇啊喳喳啊；合：叫哇啊喳喳啊；

领：奴家的个打扮儿打扮儿才啊插花啊；合：奴家的个打扮儿打扮儿才啊插花啊；

领：左啊边插呀起灵啊芝草啊；合：灵啊芝草啊；

领：右边的个插啊起插起牡丹花啊；合：右边的个插啊起插起牡丹花啊。

领：五更那锦鸡叫哇啊天明啊；合：叫哇啊天明啊；

领：奴家的个打扮儿打扮儿才啊出门啊；合：奴家的个打扮儿打扮儿才啊出门啊；

领：出呀门就把情郎望啊；合：情郎望啊；

领：不知我的情郎情郎在何方啊；合：不知我的情郎情郎在何方啊。①

镶桌边的对歌是吉祥的欢歌，是有头有尾的歌，它是规矩下的自由，是自由中的坚守。用覃孔豪的话说："《石榴开花叶叶密》是第一个，撩嘎嘎的放啊第二个，奉承嘎嘎的是第三个，嘎嘎屋里再回一个，再就是把《五更调》作为一个收场。这完了就是花鼓子。前面那些是坐屋里

① 歌舞者：覃孔豪、覃俊娥、田开武、覃世菊，歌舞时间：2010年7月19日上午，歌舞地点：湖北省长阳县渔峡口镇双龙村覃孔豪家。

唱的。"①

打花鼓子的时候，常常是先要把嘎嘎引出来登场。在长阳双龙村，这样引嘎嘎入场：

　　嘎嘎今天长得乖，也不怕别人筛，今天打个花鼓子来，把亲戚朋友都乐开怀。要不要得！②

嘎嘎上场了，主人家的堂屋里顿时沸腾起来，一时间自成风格的艺术表演在一定的规范中流动飞扬，人们随兴而起，随心而歌，随意而舞。

其次，打花鼓子的艺术程式表现在演唱曲目的句式逻辑上，诸如"十送""十劝"等。每一段逻辑结构相似，按照相应的顺序，依据不同的场景，填充新的内容，以《十杯酒儿》为例。

　　一杯酒儿正月正，奴爱哥哥年轻人，你是大户人家读书子，十篇文章讲得清。

　　二杯酒儿百花开，口叫丫鬟把茶筛，无事不进三宝殿，有事才到姐家来。

　　三杯酒儿是清明，奴在家中绣手巾，左手绣起花一朵，右手绣起满盘红。

　　四杯酒儿过立夏，妹妹田中把秧插，哥哥下田来帮忙，一对鸳鸯挨挨擦。

　　五杯酒儿是端阳，妹妹斟酒陪小郎，劝郎多喝雄黄酒，免得蚊虫咬小郎。

　　六杯酒儿热茫茫，上瞒老子下瞒娘，两头瞒起哥和嫂，二人挽手玩一场。

　　七杯酒儿搭鹊桥，姐害相思郎害痨，姐害相思容易整，郎害痨来命难逃。

　　八杯酒儿是中秋，口劝哥哥莫失手，你要丢手你就丢，根根树上结石榴。

　　九杯酒儿是重阳，妹妹斟酒小郎尝，你一盅来我一盅，人生能有

---

① 访谈对象：覃孔豪，访谈时间：2010 年 7 月 18 日上午，访谈地点：湖北省长阳县渔峡口镇双龙村覃孔豪家。

② 同上。

几重阳。

　　十杯酒儿小阳春，二人叩头把香焚，你我同心同到老，天地鸳鸯永不分。①

　　《十杯酒儿》以起兴之物作为命题，且贯穿全篇，引出节气作为叙事线索，一方面表示时间在推移，另一方面展现恋人的交往，十分独特。歌中主人公是一位真率、勇敢而心思细腻的土家族姑娘。她与心上人初相识，便心生爱慕，大胆表白。他们的情感在劳作中渐渐加深，爱情在亲密间步步升华，你来我往，"害了相思病"。歌曲通过二人在正月、清明、立夏、端阳、七夕、中秋、重阳和小阳春的活动叙述，既真实地昭示了恋人之间的海誓山盟，也颇为巧妙地透露出当地的风土人情，甚为精致。情哥情妹相亲相爱，终于"天地鸳鸯永不分"。

　　该曲目曲调起句高扬，二句重复韵律，畅快之情，表达淋漓。每一段第三句后均添加衬词"奴的哥儿啥"，令甜蜜、娇嗔、柔美之情展露无遗。

　　曲目的表演在掌控规矩的同时，关键在于即兴发挥。人们在灵动的变化中表现出深刻的洞察和生活的智慧。下面这首《十杯酒儿》借酒抒怀，重在展现情妹与情哥相识、相知、相恋、相爱、相思的镜花奇缘。

　　一杯酒儿对郎斟啊，奴家的哥哥年轻人啊，你是大户人家的读书子啊，哥哥哟喂，你把文书讲奴听啊。

　　二杯酒儿进门来呀，口叫丫鬟把茶筛啊，半盘不筛半盘筛呀，哥哥哟喂，无事不到姐家来啊。

　　三杯酒儿镜花缘啦，手捧花束软绵绵啊，花开花落是年年有啊，哥哥哟喂，哪有人老装少年啊。

　　四杯酒儿竹叶青啦，奴家的哥哥绣手巾啊，左手绣起花一朵啊，哥哥哟喂，右手绣起满堂红啊。

　　五杯酒儿是端阳啊，九款美酒敬小郎啊，劝郎多喝三杯雄黄酒啊，哥哥哟喂，免得蚊虫咬小郎啊。

　　六杯酒儿热茫茫呀，上瞒老子下瞒娘啊，两边瞒的是哥和嫂啊，哥哥哟喂，众街满地是小情郎啊。

---

① 《十杯酒儿》，见荣先祥搜集整理《建始民歌选萃》（内部资料），湖北省建始县民族宗教事务局。

　　七杯酒儿过小桥哇,郎害相思姐害痨啊,郎害相思是容易好啊,哥哥哟喂,姐害痨病命难逃啊。

　　八杯酒儿八成双呀,人有好坏谁又想啊,人又亲啊水又甜啊,哥哥哟喂,人不想念谁想念啊。

　　九杯酒儿九月九啊,奴家的哥哥早丢手啊,你不丢手我丢手啊,哥哥哟喂,人到中年万事休啊。

　　十杯酒儿小阳春啊,奴家的哥哥上北京啊,北京城里是样样有哇,哥哥哟喂,你给奴带包绣花针啊。北京城里是样样有啊,哥哥哟喂,你给奴带包绣花针啊。①

　　花鼓子曲目的程式化尤为体现在结构和音乐上,常运用比兴、反复、对称等手法,每一段的内容形式基本固定,如此段段推进,这样的结构逻辑和音乐旋律一方面利于内容的呈现,另一方面便于记忆传唱。

　　再次,"打喜"场上的花鼓子是以已婚女性为核心的习俗活动,通常是班辈的搭档,即辈分相当,如奶奶、嘎嘎这一辈,婶娘、舅母这一辈,两人一对,口唱小调,相对起舞。她们按歌词内容分角色表演,跟随悠扬的乐曲、舒缓的节奏而扭动,手舞足蹈,神韵流露,时而背靠背,时而面对面,时而娇羞,时而挑逗,旁观者则帮腔起哄,不需要任何乐器伴奏。每一个曲目唱跳完,妇女们仍可继续其他曲目,或即兴发挥,或应要求展示,也可换作另一班上场,表演她们的"拿手好戏"。女人们的眼神随动作举止的变化而顾盼生辉,让她们看上去是那么心意荡漾、幸福满怀,一种友好竞赛的格局就此形成就更具欢趣了。舞到得意之时,她们便互相调笑,做各种趣味性动作,嬉戏取乐,气氛热烈,有时还燃放鞭炮助兴。这无疑是深夜里没法安然入睡的人们的一剂兴奋剂,也隐约地透露出打花鼓子之"打"的兴致与深意。

　　打花鼓子,开先(开始的时候)搞得蛮正规,搞去搞来,就你一巴子(巴掌),我一巴子这么搞着好玩。开先搞得蛮好看。现在一般都不这么搞了,现在的人,他觉得还是不文明。②

---

① 罗伦秀等表演《十杯酒儿》,采录时间:2007年5月22日上午,采录地点:湖北省建始县三里乡老村村黄家大屋场。

② 访谈对象:龙有菊,访谈时间:2010年1月19日下午,访谈地点:湖北省建始县三里乡河水坪村叶定六家。

花鼓子作为一种长久以来在民众生活实践中约定俗成的歌舞艺术，在一定的程式当中又具灵气和意趣，这也正是它具有广泛群众基础的关键所在。

> 我们小时候看见花鼓子非常有乐趣的，乐趣在什么地方呢？她有时候跳着跳着，就不见一个人了，她就在那个灶啊锅下面，烧的黑色的，她摸上一手，背在后面，她跳着跳着，就给她对面跳的人脸上啊到处抹些，抹得满脸的漆黑。我所知道的打花鼓子就是婆家的母亲跟娘家的母亲两亲家，这两亲家跳的时候啊，你给我龇（擦挠），我给你龇，看谁龇得花一些。旁边看的人非常高兴，觉得非常有乐趣，充满生活气息。①

打花鼓子已经形成了诸多传统曲目，在开台歌后，人们可以根据自己的喜好与特长临时选择歌舞的内容。尽管在一些土家族地区有些曲目是必唱必跳的，但是在"打喜"场上具体由哪些人参与则是灵活的。花鼓子的歌舞虽有一定的规范，但表演起来比较随意。加之花鼓子曲目的结构特点适合自由发挥，创新变化，它的新颖之处在很大程度上就表现为临场发挥，即兴创作，只要掌握了基本套路，便能见到什么唱什么，看到什么舞什么。

> 她打的那个词是即兴发挥的，不是念出来的。像她看见你穿的衣服她也要说，即兴打就是这样的，鞋子是什么样的，她取笑，你也要说，头发哪么搞起，她也要取笑。往常打花鼓子专门好玩，她还在灶洞里摸些锅灰哒往脸上到处抹，抹哒黑漆漆的，你一巴地去，她一巴地来。②

正是现场的即时表现与竞相逗趣才使花鼓子具有鲜活的生命活力。特别是夜深了，妇女们越打越欢，越打越闹，越打越"疯"了。这时就会有《十八摸》一类的荤歌，她们边唱，边笑，边做动作，完全超越了日常的自我，也一次次掀起打花鼓子的高潮，在场的所有人都沉醉其中，忘却了自己，忘却了时空。

① 访谈对象：吕守波，访谈时间：2010年1月21日上午，访谈地点：湖北省建始县三里乡小屯村吕守波家。
② 访谈对象：颜家艳，访谈时间：2010年1月19日上午，访谈地点：湖北省建始县三里乡孙家坝村张申秀家。

哎呀,我一摸姐的头呢,姐的头最光溜,四个人搞就搞得好玩。
二摸你的嘴哦,你的嘴像猪嘴,都是些骂人的,丑得很。三摸姐的奶
子哦,姐的奶子像桃子;四摸姐的肚儿哦,姐的肚儿像筲箕;五摸你
的胯哟,你的胯胯是个肥大胯······①

打花鼓子虽是女性的活动,但如果是表现男女情爱的歌,她们就会有
角色的分工。也就是说,两人配对,其中一人反串扮演男性,在对唱中唱
男声部分。建始打花鼓子中,男女区别的标志是戴草帽的是男性,拿毛
巾、手帕或芭扇的是女性。在长阳,男女角色之间则没有显著的道具之
别,主要是通过歌唱和舞蹈来区分。

整体上看,花鼓子的基本曲调数量不是特别多,但由于它的演唱是即
兴的,能在基本曲调的基础上产生多种变化,以适应不同场景所需的情
绪和唱词,因而其曲调的数量也不断在增加。花鼓子的歌舞者边歌边舞,
一唱一和,歌曲明显受到地方语言、风俗生活的影响,唱腔时而明快,时
而婉转,似说话,又吟唱,具有清江流域土家族民歌的音调特色。在技巧
上没有太多要求,唱腔由启腔、行腔、甩腔三部分构成。歌舞者多以叙
唱、对歌的方式,表明身份,描绘环境,叙述情节,既有统一调度,又有
个人发挥,自由灵活,情感真挚。

凡适宜于舞蹈的民歌小调皆可在花鼓子中演唱,数十首经典唱段既可
依从传统,也能当场自编自唱,次序不一,唱词精彩。在曲目上,花鼓子
有三个忌讳:一忌唱下流淫秽的歌,这表明孩子从小知理受教,日后必成
人成才;二忌唱丧葬中的歌,否则孩子可能因咒夭折;三忌唱半截子歌,
如"十送"只唱七送、"十爱"只唱八爱等,寓意新生命完整、健康长
寿。一般而言,两人表演的花鼓子内容丰富一些,既可叙事,也可言情,
衔接自然,许多舞蹈动作都具有较强的表意性。多人参与的曲目则长于烘
托情感,宣泄情绪,营造气氛,舞蹈的形式感强。

而今,"打喜"场上打花鼓子有了男性的身影,男女捉对儿上场,且
不分老少,无论婚否,皆可上场一显身手。不过,那些过于直露的歌舞也
基本不唱不跳了。

---

① 访谈对象:叶定六,访谈时间:2010 年 1 月 19 日下午,访谈地点:湖北省建始县三里
乡河水坪村叶定六家。

女的对女的，女的对男的，男的对男的，都可以。上头挑起七十几，下头跳起三岁伢。没结婚的姑娘也能跳，对方是男的也可以跳，就是不能唱荤歌。酒席场上无大小。①

以经典曲目《黄四姐》为代表的打花鼓子也已不再局限于特定的"打喜"仪式活动，人们节日庆典、款待宾客、休闲娱乐等都会打花鼓子。打花鼓子进一步发展成健身娱乐和舞台表演的一种形式，表演场地也延伸到了院坝、街道、广场和舞台。打花鼓子还被编入土家族的乡土教材，成为民族文化建设的重要组成部分。打花鼓子因其通俗、简约、灵动，群众参与性高，成为民众重要的社交方式，进而丰富着人们的生活，陶冶着人们的情操，施展着人们的才华，调节着社会关系，和谐着生活韵律。

小　结

"打喜就是打花鼓子。"这是清江土家人参与打喜仪式，且尤为看重打花鼓子活动心理和行为诉求的直白表述。打花鼓子以艺术的形式再现民众的生活，将生活的艺术演绎得妙趣横生而又风趣幽默。花鼓子歌舞将生活与艺术结合得天衣无缝，把女性的身体艺术展演得淋漓尽致，真实而精确地传达出清江流域土家族村落生活传统的特征。

在清江流域土家族地区，花鼓子以一种生活文化的形态，而非纯粹的艺术审美渗透到民众的生活当中。人们通过"打喜"，通过打花鼓子，一方面保护生命，另一方面维系关系。这些关系既包括孩子与家庭、孩子与所在村落、孩子与所属民族的关联，也涵括母婴、家庭及社会与所有不可知的外在因素的联系。

打花鼓子是村落或地域的共同爱好，是生命共同体的精神文化，它带有轻松、诙谐、喜庆的艺术气息，这与诞生礼仪的主旨相一致。在清江土家人的心目中，"花"是美丽的、娇娆的、蓬勃的，是生命的象征，是喜悦的表达。人们由衷地希望新生命如同花朵一般光鲜灿烂，能够得到祖先、家庭和社会的呵护，身体康健，生命圆满，便以喜庆的歌舞来祝祷。

---

① 访谈对象：田克珍，访谈时间：2011 年 2 月 23 日晚上，访谈地点：湖北省长阳县渔峡口镇双龙村田克周家。

因此，打花鼓子时，歌要唱完，舞要扭完，绝不能唱半段，也绝不能扭半截，要唱出对崭新生命的美好祝福，扭出精彩生活的美满幸福。打花鼓子成为了整个"打喜"仪式喜庆活动的高潮部分。

清江流域土家族"打喜"仪式的地方性较为鲜明，就是在建始境内打花鼓子也有所不同。大簰乡一带，在酒宴过后，都官喊："把香龛上的亮点燃哟！打花鼓子哟！"接着说几句即兴编的逗人发笑的话，如："东一岔，西一岔，一岔岔到筲箕洼，岔嘎嘎、嘎爷打一个匹吖（pia）鼓子哟！"都官故意把"打花鼓子"说成"打匹吖鼓子"以引人发笑。之后，四个跳舞的人便唱《开台歌》，舞起来。《开台歌》唱完之后，他们就随意唱自己熟悉的歌。三里乡一带，在开始的时候，香龛下的八仙桌两边各坐二人，由一人领三人合，说几句话：领：穿上衣服穿上鞋，轻轻几步走出来。合：走呀么走出来。四人边说边走至堂屋中央，呈十字形站好，女的拿手帕在胸前一点，表示礼性，然后唱《十送》跳起来。蟠龙一带，在四人站好之后，女的拿手帕在胸前一点讲了礼性之后，男的将扇子放在地上，便一对一答地说四言八句。男：扇子落地，女：买田买地，男：今日拣起，合：我们打起。接着唱《十送》跳起来。唱《十送》在三里乡和蟠龙是不可少的。① 有即兴编词能力的人还根据嘎嘎等亲友赠送的礼物现场编唱。

打花鼓子的这些差异性不是根本性的，并不影响清江流域土家族之间的交流与交往。在这里，如果说打花鼓子是一种一定范围内的共享艺术的话，那么，这个范围应该是清江流域土家族生活区。打花鼓子在保持核心元素不变的基础上呈现的多元化，充分展现了清江流域土家族传统的多样化发展的特点。

---

① 参见文世昌《打喜与打喜花鼓》，见朱传迪编《中国风俗民歌大观》，武汉测绘科技大学出版社1992年版，第2页。

第五章 "打喜"仪式的生命观念

"打喜"是清江流域土家族人之为人的第一个生命礼仪，它包含着鲜活而深刻的生命观念。它与婚礼、丧礼属于人生不同阶段的过渡礼仪，其仪式内容传达出生命认知的共同性与差异性。

第一节 喜事都打花鼓子：生命的原真传统

诞生礼是任何民族都有的生命礼仪，它基于也体现了人们对人口的需求和生命的重视。因此，与生命相关的仪式活动是民族共同体最质朴、最传统、最重要的群体生活事件，具有归属于本民族最本真的特征。由于不同民族经历的社会发展和受到的外来影响不同，在人生仪式中留存的传统因素存在较大差别。对于土家族来说，诞生礼接受了域外文化的作用，尤其是汉族文化的影响。而且土家族生活的大娄山、武陵山及大巴山麓的土地被众多河流切分成文化风格迥异的区域，形成了酉水、澧水、清江、乌江等流域的土家人共同传统之下的文化多样性。以诞生礼来说，酉水流域、乌江流域的土家族有"报喜""洗三澡""打三朝""打十朝""满月酒"等与清江流域土家族庆生祈福相类似的习俗活动，但他们都没有"打喜"的叫法，没有打花鼓子的活动，唯有清江土家人有"打喜"的说法，而清江上游和下游部分地区的土家族"打喜"仪式也略有差异。从目前对清江流域诞生礼的调查来看，主要是清江中游的"打喜"仪式保存有打花鼓子的习俗，恰恰就是这种风习是土家族在历史变迁中留下的本真传统。

在清江流域中游地区，每逢土家人有结婚、生子、祝寿等喜庆活动时，人们都会自愿自发地打起花鼓子。

打花鼓子是一种喜庆歌舞，它不局限于在嫁姑娘的时候跳花鼓

子,凡是喜事的时候都跳花鼓子。比如说,儿子结婚,姑娘出嫁,祝
寿,打喜,都跳,都跳。它不仅仅是局限于哭嫁的时候,唱十字歌
儿,陪姊妹跳花鼓子,它那个喜庆歌舞用的范围,凡是喜庆,土家族
的聚集区都有跳花鼓子。那是蛮明显的。①

土家族用歌舞的形式表现和传递喜庆的生活内容应该说在清江流域最
为盛行,这里的打花鼓子具有特殊性,有别于其他地区的同类歌舞。

　　我是搞舞蹈的,在周边,在外地,就没看到过跟我们相同的,就
是动律相同的。打花鼓子就是这么跳的,它要的就是这个劲儿。我往
这边走啊,他往那边走,我往那边走,他往这边走,两个人都是这样
地挪过来挪过去,交叉啊,就是那么搞的,它又没得什么打乐伴奏
啊,一般就是这样的,唱歌儿跳,而且非常慢,很抒情。②

这类抒情性极强的歌舞艺术在清江土家人看来是生活的需要,他们希
望通过具有村落延续和人口繁衍的特殊场域表达幸福生活的愿望。并且作
为清江流域土家族以女性为主的艺术表达,它是在女性身体条件基础上发
展出来的属于女人的歌舞。

在清江土家人的心目中,生命宝贵而珍稀,新生命的降临自然引起人
们的高度关注,诞生礼成为一个人一生之中最重要的人生仪式之一。"打
喜"仪式就是清江流域土家族诞生礼的核心部分,不仅在清江流域,在
土家族生活的其他地区也流行诞生礼活动,只不过称呼和形式不同,而打
花鼓子在清江中游一带广泛传播。长阳县渔峡口镇境内的茅坪的老花鼓,
古朴雅致,前倾后仰,幅度较大;枝柘坪的新花鼓,诙谐生趣,臀部摆动
突出。两种花鼓子都意趣盎然,人们甚至不分节令,于堂前地头,自娱自
乐,强身健体。

打花鼓子是清江土家人表达喜悦、传递信念的一种重要方式,其曲目
唱词、舞蹈动作、思想主旨无不透露着喜庆和欢乐。在清江流域,土家人
无须专门拜师学艺,只要到"打喜"场上转几遭,试两手,便能熟练而
精准地掌握,加之平日民歌舞调的耳濡目染,成为行家里手就自不待言

---

① 访谈对象:戴曾群,访谈时间:2009 年 12 月 6 日晚上,访谈地点:湖北省长阳土家族
自治县民族文化村。

② 访谈对象:覃发池,访谈时间:2009 年 12 月 6 日晚上,访谈地点:湖北省长阳土家族
自治县民族文化村。

了。清江土家人以擅长花鼓子而自豪，不难想见，打花鼓子生长繁盛的土壤就是这片土地上土家人的日常生活和歌舞传统。

对于打花鼓子的来历，清江土家人众说纷纭。花鼓子传承人覃孔豪如是说：

> 花鼓子，据我们了解的话，是很早以前从湖南流传到我们这个地方。花鼓子等于说呢，是我们那儿有个姑娘，张家屋里的姑娘就嫁到枝柘坪，等于回来哒呢看到偷学的。①

这种说法值得商榷。人们将一种生活文艺的产生归结为某个个人的一次偶然性行为，这是民间解释的常用办法。一般这个人是地方文艺的杰出代表，他的言行举止能够影响整个地方。同时，在人们的眼里，外来文化总是具有它一定的优越性，所以，当谈及当地文化的来源这个问题时，他们倾向于将本地文化与外来文化联系在一起，特别是在相对闭塞的地区。双龙村人对花鼓子歌舞来历的解释同样具有类似的特点。

那么，花鼓子究竟是外来的还是本土的？应该说，"花鼓"这种文艺形式作为中国许多民族和地方都有的生活文化，彼此之间相互关联和作用是难免的。在清江流域土家族生活的地区，又跳又唱的传统一直都存在，丧事中打丧鼓，喜事中打花鼓子。这就是说，花鼓子的存续不是一种单一的文化现象，也不是一个孤立的生活事件，它存活于土家人的生活体系中，与土家人的生命认知和文化传统关系紧密。

> 我们长阳花鼓子啊，在周边，在外地，我是学舞蹈的，没有一个跟我们相同的。那个贺家坪的花鼓子，要说的话，就不是那么蛮独特哒，就和宜昌的有点像。唯独就是榔坪乐园，再就是渔峡口的啊，枝柘坪的，双龙村的，就说我们没有考证它到底产生哪个年代，但是我们认为那个东西是土生土长的，不是外头传来的。我们的主要依据是周边，再远一点儿，没有跟这个相同的。②

"打喜"是长辈为新生的孩子祈福而举行的仪式，"打丧鼓"是晚辈

① 访谈对象：覃孔豪，访谈时间：2010年7月18日上午，访谈地点：湖北省长阳县渔峡口镇双龙村覃孔豪家。
② 访谈对象：覃发池，访谈时间：2009年12月6日晚上，访谈地点：湖北省长阳土家族自治县民族文化村。

为逝去的老人举行的仪式，二者均关乎家庭的兴旺和家族的延续，自古及今，清江土家人都非常重视，并遵循传统，不轻易改变，也借此抒发生命的情绪，表达生活的热望。因此，"打喜"是清江流域土家族的传统，打花鼓子亦是清江流域土家族的传统，它们与丧葬仪式中的"打丧鼓"共同构成了清江土家人最原真的民族传统，构成了土家族文化中最具标志性的和最有感召力的文化传统。

> 县内居民，喜好舞蹈，无论"红事""白事"，均爱以舞寄情。民舞中，一为喜事场中的花鼓子，二是白事场中的跳丧舞。①
> 我们这儿过一个事，红白两行的事，白事就是死人哒啊，那有打丧鼓的嘛，那个红事他就搭起镶桌唱，搭起镶桌就在那儿唱，唱啊跳，跳花鼓子啊。②

打花鼓子尽管名称中有"鼓"，但是，歌舞的时候并没有任何伴奏乐器，包括"鼓"，人们是踏着歌的节奏来舞蹈的，这种形式很特别，流传的区域也很特殊，这就使其成为一个民族和一个地区特色鲜明的文化表征。

在清江流域中游地区，土家族将"打喜"中的花鼓子称为"打花鼓子"或"打喜花鼓"。在"打喜"的正日子里，"当夜深席毕，因无床铺可供客休息，又无其他活动可供娱乐的情况下，人们不甘寂寞，跳起'打喜花鼓'，既是对主人家的祝贺，也借机自娱"。打花鼓子"穿生活服装，通常为四人同跳，男女相对。远亲近邻均可参加，不受限制。跳时，男的头戴草帽（越破越好），手执芭扇（没有芭扇就用扫帚代替）。女的手执手帕，载歌载舞，并有围观者帮腔……"③ 这是一段当下打花鼓子情景的记录。在早期，打花鼓子以成年女性为主，进而形成了女性色彩浓郁的仪式性生活事件。

"打喜"起源于何时，无文献可考。但是，"打喜"和"打丧鼓"的流传范围高度一致则是一个已经被印证的事实。它们一个是生命开端仪

---

① 湖北省长阳土家族自治县地方志编纂委员会编纂:《长阳县志》，中国城市出版社 1992 年版，第 590 页。

② 访谈对象:秦道菊，访谈时间:2013 年 7 月 27 日上午，访谈地点:湖北省长阳县榔坪镇乐园村绿盛宾馆。

③ 徐开芳:《恩施土家族苗族治州民间舞蹈集》（上），湖北人民出版社 2006 年版，第 429 页。

式，一个是生命结束仪式，这两种仪式恰好都体现了清江流域土家族最初始、最朴素的生命观念，也是清江流域土家族文化的精髓和传统留存的标志。对于这一现象，长阳文化人的解释是：

> 这个地方才有一种能歌善舞的习俗，你像我们其他地区就没有。像都镇湾就没得打丧鼓和打花鼓子的习惯，它们是清江北岸资坵、渔峡口等地方的特有习俗。打丧鼓和打花鼓子是重复的，这些形式在这个地方有这，就有那；有那，就有这。有的会搞这，就会搞那。①

"打喜"与"打丧鼓"流播区域的重合至少说明几个问题：第一，"打喜"和"打丧鼓"是清江流域土家族久远而真实的风习，是任何时代清江土家人关于生命的生活文化；第二，清江流域土家族生命礼仪中的"打喜"和"打丧鼓"有着紧密联系，它们不是分离的，尽管一个是出生仪式，一个是死亡仪式，其联系的纽带就是生命精神，只不过它们在以相似而又相异的文化形式进行表达；第三，"打喜"中的打花鼓子和"打丧鼓"中的跳撒叶儿嗬是清江土家人最精华的生命诠释，也是最具有活力的传统，是清江流域土家族核心的文化体现。

凡有打花鼓子的地方就有打丧鼓，凡有打丧鼓的地方就有打花鼓子，两种仪式活动流传重合的区域主要在清江流域的长阳、五峰、巴东、恩施和建始一带，这从一个侧面证明了打花鼓子是清江流域土家族的本土传统，也佐证了清江流域是土家族文化的发源地之一。为了清晰地认识打花鼓子和打丧鼓存在的区域一致性，不妨看看下面一张流播分布图。（见图5-1）

打花鼓子的流传区域东起长阳，西至建始，在五峰和巴东的清江两岸均有广泛传播。打丧鼓东起五峰的渔洋关，西到建始的景阳关，北至巴东的野三关，南达鹤峰的邬阳关。这两种生活事项在流播分布上的一致性显示打花鼓子和打丧鼓起源、发展、生存的文化生态和历史传统具有共同性。

不仅如此，打花鼓子和打丧鼓在歌唱曲目上也高度统一，主题倾向上高度一致。二者唱的都是五句子歌，以情歌为主。情歌是生命之歌，特别是涉及性爱的情歌更是生命观念的外露和生命精神的传达。许多歌曲既可

---

① 访谈对象：覃发池，访谈时间：2009 年 12 月 6 日晚上，访谈地点：湖北省长阳土家族自治县民族文化村。

图5-1　打花鼓子和打丧鼓的流播分布

以在打花鼓子中唱，也可以在打丧鼓中唱，只不过花鼓子场上伴随女性轻柔的舞蹈唱得优雅些，丧鼓场上配合男性阳刚的舞蹈唱得粗犷些，如《五更调》《怀胎歌》《十二月》等。

> 一送郎的帽，送一个烂草帽，鼻子尖尖也窜到，硌人也好笑。
> 二送郎的衣，送一床烂蓑衣，小郎穿起不过意，我大也不该去。
> 三送郎的布，送你三尺布，这是奴家的裹脚布，穿起哒开不得布。
> 四送郎的袜，几匹棕来扎，小郎穿起不回家，那有啥办法。
> 五送郎的鞋，送一双烂草鞋，小郎穿起不回来，哪晓得你做不来鞋。①

这是一首传唱在建始的《五送》。歌词看似简单，排比句式易记易唱，描绘的情景却都是当地老百姓生活的真实写照，因而最能引起人们的共鸣。送给郎的虽然是烂草帽、烂蓑衣、裹脚布、棕袜子、烂草鞋，但正

---

① 《五送》，见荣先祥搜集整理《建始民歌选萃》（内部资料），湖北省建始县民族宗教事务局。

是这些日常生活之物最能表达情意的浓醇，体现贫贱中的真情。歌唱者边唱边跳，你推我攘，打情骂俏，极具戏剧性，令人捧腹。

打花鼓子和打丧鼓的歌唱内容相近，但它们毕竟属于两种不同的人生仪式，一个是诞生，一个是死亡，所以，即便同一首歌曲其演唱配舞也是有明显区别的，这种区别主要表现在唱腔调式、舞蹈步伐和形体姿势上。

> 打喜唱腔柔和些，丧鼓唱得疯狂些，苍劲些，膀子幅度大些，动作舒展些。撒叶儿嗬节奏感强些，打喜花鼓唱得连贯些，柔和些。①

清江流域土家族与生命相关的活动以诞生、结婚和丧葬仪式最为集中，这些生命礼仪是土家人世世代代的生活方式，也是最具生命活力的文化积淀，一代一代传承沿袭。相传"巴氏、樊氏、曋氏、相氏、郑氏"的"五姓之巴"是土家族最早的先民，他们的后裔在清江流域繁衍生息。在历代的社会政治和军事事件中，清江土家人以顽强的毅力和智慧的方式存续发展，并且守护着自己的传统，这其中就包括出生仪式和死亡仪式。直至今天，土家族先祖创制的传统还在，土家族民众又在此基础上发明新的传统，兼容并蓄外域文化结构成新的传统而使本土传统不断壮大发展。

清江流域土家族生活的地区，到清代康熙年间，仍然人口稀少。"山羊隘古夷地也，有明洪武年间，平麻寮寨爰设所隘，防御土苗，遂改为麻寮所，属十隘。如在所、靖安、黄家、梅梓、樱桃、青山、九女、曲溪、栏刀、山羊等隘是也。……康熙年间，悉行丈量，照依道州则例输纳，是时人烟稀散，上下一带居民不过一二十户，草木畅茂，荒郊旷野，道路俱系羊肠小径。崎岖多险，兽蹄鸟迹交错于道。"② 在如此恶劣的自然环境中谋求生存，人口数量的多少凝聚起来的力量大小是关乎土家族生死存亡的重要因素，由此，对于新生命的诞生与养护，不论家庭还是村落都非常重视，成为他们共同关注和处理的重大事件。所以，在"打喜"仪式上演唱关于生命的歌曲和表演关于生命的舞蹈也就自然而然了。

当然，在不同时代以不同方式进入土家族生活领地的移民，尽管在一

---

① 访谈对象：田少林，访谈时间：2011年2月23日上午，访谈地点：湖北省长阳县渔峡口镇双龙村覃好宽家。
② 鹤峰山羊隘《向氏族谱》，见鄂西土家族苗族自治州民族事务委员会编《鄂西少数民族史料辑录》，1986年版，第90—91页。

段时间内难以适应山区环境，难以习惯山地的生活，但是，他们懂得要想在异域扎根发展，必须改变原有的生活惯习，与大山的民族和睦相处，认知、学习和接受他们优良的生存之道，尽管这个过程很艰难、很漫长，尽管这期间还有摩擦、碰撞和冲突，但都不能阻挡历史的车轮和生活的继续。长此以往，外来移民与当地人结成了新的共同体，他们一起传承清江的传统，一起创造清江的未来。

在移民活动中，汉族是进入清江流域土家族生活区域的主体人群，因此，清江土家人"打喜"仪式吸纳、融合汉族文化也是必然的。这不仅因为大量的汉族移民进入土家人生活的地区，他们身上所携带的文化势必影响土家族的传统，而且一些土家人因为种种原因离开清江，走了出去，尔后他们又返回清江，这时的他们不但乡音有所改变，同时也带来了外域文化。"自西山之乱，县民寄居枝江、宜都，十余年始归，声音逐变。"①这就造成了"土民"与"客民"杂居生活、彼此影响的局面。"雍正十三年（1735年）改土归流，来凤土民二千三百一十二户，客民八千四百四十六户，共有民户一万七百八十五户，共有人口四万七千四百四十五丁口。"② 这些"客民"主要是明末清初逃亡或迁移过来的，而且在数量上超过了"土民"，原初的生活被打搅了，"土民"的生存一定程度上存在隐忧。当时改变这种状况的重要途径就是鼓励人口生产，增强民族实力，这也作用于"土民"的生育观念。于是，在清江土家人那里，妇女从怀孕到生产，孩子从出生到成长，直至为社会所接纳，每一个环节人们都特别重视，并用尽其所能的方法和无微不至的方式呵护着他们。在这个过程中，庆生祈福仪式就成为清江流域土家族家庭和村落的重大事情了。

第二节 红事请 白事戳：生命仪式的规则

打花鼓子是清江土家人"打喜"仪式中的特殊活动，跳撒叶儿嗬是清江土家人丧礼中的特殊仪式，它们各自位于生命的两端，看起来互不相干，然而，打花鼓子和跳撒叶儿嗬均由当事人所属家庭来操办，其生命观念的表达和仪式意义的呈现具有高度的一致性，但是，生与死的礼仪所体现的生命精神和社会关系方面的不同也是显然的。

---

① （清）廖恩树等纂修：《巴东县志》卷十二，清光绪六年刻本。
② （清）李勋等修纂：《来凤县志》"食货"，清同治五年刻本。

我们这里有句俗话叫"红事请，白事戳"。就是红事要接，那个白事是闻讯而去，不接的，不兴接。亲朋好友把个信，都是晓得死个老人，我们都去热热闹闹陪亡人到天亮。为什么呢？我们家里也有大人，老人归山，所以都是那样的，你家的丧事也是我家的丧事，它是那么一种概念。喜事不一样，喜事一定要接。红事要接，按现在的说法，第一，怕瞧不起我，看得起我，就会接我；第二，怕有这样那样的意见。死人，再有意见，生不记死仇，那要来。①

"红事请"，"请"就是办喜事的主人家因"红事"主动要求并建立起一种新的社会关系。"打喜"的"请"首先表现在接嘎嘎上，女婿给嘎嘎报喜，接嘎嘎"洗三"，商量做嘎嘎的事宜，即是在强调和承认自新生命降临后就天然具备的一种孩子与嘎嘎一方的关系，但这种关系还需要用社会性的方式加以体现。嘎嘎得知喜讯，又以主人的姿态去"请"她那一方的亲戚朋友，"岔"村中的邻里乡亲一起"做嘎嘎"。其次，在男方，主人家会郑重其事地去"请"自己这一方的亲人和好友，临近"打喜"，又在村里走东家、串西家，既是在请乡邻来喝酒帮忙，也是在请他们送人情。这就意味着新生儿要成为一个真正的"人"，就要通过"请"的方式，通过"打喜"的仪式，进入既有的社会结构体系，建立以他为中心的新的社会关系，原有的社会秩序因此得到调整。所以，为新生儿举行的"打喜"仪式本身也要重视和遵从现已存在的社会关系结构。

生与死的区别就在于"生"是生命的开始，不要在生命开始的时候就出现不和谐的因子，要接纳新的生命个体，要祝福新生儿的人生旅程。"死"就不一样了，毕竟是人生的最后一程，恩恩怨怨随着人的离去而烟消云散了。亲不亲，故乡人，相处一生，送走一程就成为清江流域土家族恪守的人伦道德底线了。因此，白事就不需要向任何人发出邀请，放个炮，把个信，就是在宣告生命逝去的消息。"戳"意即闻讯之后自己赶来，这是在生者和死者已有的社会关系基础上的一种人情表达。土家族俗语曰："打不起豆腐，送不起情，跳一夜丧鼓送人情。"打丧鼓就是在一个生命个体离去，脱离原来社会关系体系时候的一种表达方式，它也是在调整社会结构秩序，但在打丧鼓的仪式中并不凸显这种关系秩序，因为这

---

① 访谈对象：戴曾群，访谈时间：2009年12月6日晚上，访谈地点：湖北省长阳土家族自治县民族文化村。

是生命消失的时刻。

打花鼓子中的歌和婚嫁中的歌显示出生命观念的共同性。

> 都是唱的过去那些歌儿,都是那些动作,它横直(总之)都是喜事上的,都可以用。它没得特定的,如果是姑娘出嫁,它唱的歌儿和"打喜"的时候有点儿不一样,除了陪姊妹,其他的都是比较通用的。很多歌儿,只要是喜事,都唱。大家好玩儿,熬夜,交流感情,花鼓子跳得好,我给它总结几句话就是眉来眼去,传情达意。①

"打喜"仪式是新生儿诞生的仪式,其间却没有祝福孩子的歌谣,只是在祭拜神祖时出现了为孩子祈福的祷词,这些语词在仪式的践行中具有并产生了神力的灵验。

> 我搜集的民歌里头97%都是情歌,拐弯抹角地说到底都还是情歌。比如"阳雀来洗澡啊,喜鹊来闹年",看起来没有郎啊姐,说到底还不是描写的男女。"我是喜鹊天上飞,你是地上一枝梅,喜鹊落在梅树上,石头打来永不飞。"②

情歌是生命之歌,它与"打喜"仪式中的生命关怀一脉相承,它是生命的起点,也是生命的源泉。打花鼓子和跳撒叶儿嗬演唱的五句子歌是一样的,只不过曲调有所差别。撒叶儿嗬哀伤,花鼓子舒缓;撒叶儿嗬悲痛和激扬,花鼓子则轻柔和喜气,所有这些都是和它们所在仪式活动的主题紧密相关,形式匹配,秩序感强。

> "打喜"和"跳丧"场合上唱的歌一般都是情歌,"打喜"上也没么子特殊的,一般都是五句子情歌。比如,《怀胎歌》在"打喜"上可以唱,在"撒叶儿嗬"上也能唱,但调子不一样。喜和忧是分开的,比如说《怀胎歌》在丧事上我们唱"怀胎嘛正啊月正哦喂",它哭;在喜事上唱"怀胎啊正啊月正喂,奴家不知音咯,水上的浮

---

① 访谈对象:覃发池,访谈时间:2009年12月6日晚上,访谈地点:湖北省长阳土家族自治县民族文化村。
② 访谈对象:萧国松,访谈时间:2010年7月18日上午,访谈地点:湖北省长阳县渔峡口镇双龙村田少林家。

萍为何生了哦根哦",它喜。①

在乡村文艺资源较为丰富的地区,打花鼓子的人也会跳撒叶儿嗬,跳撒叶儿嗬的人也能打花鼓子,只是由于仪式规范的限制,不能够随意表现罢了,在今天这种限制有所松动,不过其歌舞的精神内涵没有改变。笔者曾经多次在同一时间段连续到同一村落办喜事和办丧事的人家调查打花鼓子和打丧鼓,在这两种截然不同的场合活跃着许多相同的面孔和身影,这些人既是花鼓子传承人,又是撒叶儿嗬传承人。

> 我是花鼓子和撒叶儿嗬的传承人。打花鼓子和打丧鼓的歌都差不多的,歌词可以通用,动作、调子不一样。打丧鼓的嗓门高些,动作粗犷一点;跳花鼓子就是文雅一点,动作轻飘一点,但是步伐不一样、调子也不一样。如果调子搞一样的话,那丧事和喜事就分不开了。农村里有个俗语,就是红白两事是喜事,人到了80岁、90岁,他死属于顺头路,这本来是丧事呢,但这既是丧事也是喜事。人到百岁,总有一天要死,这是名正言顺的。②

此话说得有道理,这正是清江土家人生命观念的直接表露。如果要寻找打花鼓子和跳撒叶儿嗬之间的共同性的话,一个是红喜事,一个是白喜事,都是"喜事"。这个"喜"体现在哪里?就体现在生命,体现在对生命的歌唱、对生命的张扬、对生命的肯定之上。因此,红喜事的"打喜"仪式和白喜事的"打丧鼓"仪式就以演唱和表演与生命相关的情歌、日牯子歌(荤歌)为主体了。但是,两者之间的区别也是明显的。撒叶儿嗬的高声腔和高嗓门成为力量的表达,成为男性彰显生命精神的有效途径。打花鼓子轻慢的步伐和轻柔的唱和,则充分显示了女性的魅力。这些充满女性韵味的情歌、风流歌被演绎成深山寂静夜晚的美丽风景,它昭示了女性对生命的理解和赞颂。

打花鼓子和打丧鼓代表了两种不同的生命阶段,一个是新生命的开始,一个是已有生命的结束,因此,哪怕是歌词相同,哪怕都沾上了"喜",其区别还是相当大的。

---

① 访谈对象:田少林,访谈时间:2010年7月18日上午,访谈地点:湖北省长阳县渔峡口镇双龙村田少林家。
② 访谈对象:覃孔豪,访谈时间:2010年7月18日上午,访谈地点:湖北省长阳县渔峡口镇双龙村覃孔豪家。

　　花鼓子里头也有怀胎歌:怀胎嘛正月正啊,奴家不知音,水上的
那个浮萍没呀没生根啊,这才是啊,那才是啊,水上的浮萍没呀没生
根啊。跳丧又不一样哒。同样的词,唱法不一样。唱的不一样,动作
也不一样。同样的词都可以唱,腔调不一样。白事、红事,它区别蛮
大。白事上的东西,不能在红事中搞,它是不可能的,你不能说
"打喜"的时候来跳撒叶儿嗬,那是沾不得。①

　　同时,在不同仪式和不同场合中,清江土家人有需要特别演绎的曲目
和内容。比如,打丧鼓时演唱的《血盆经》就不能在"打喜"仪式上表
演,这个歌也只有在为母亲打丧鼓时才演唱。

　　白事当中,死爹和死妈有一个歌子有截然的区别。如果我们这儿
死母亲哒,有点儿不同啊,就是增加《血盆经》,这是死母亲哒搞
的。那还要唱哒哭啊,这个叫《血盆经》。这是老辈传下来的,这个
是唱妈的,诉的妈的苦,从怀、生、养,最后到年老的整个过程,把
董永的二十四孝都连起来了。②

　　《血盆经》是悲情四溢的歌,在苍劲的舞蹈配合下,唱到母亲生养子
女的辛酸时往往全场声泪俱下,哭声一片。这是打丧鼓中唯一的悲歌,悲
得深、悲得切、悲得透彻。
　　在展现生命意蕴的过程中,打花鼓子是女性歌舞,打丧鼓则是男性
活动。

　　打花鼓子的人一般都是女的。死人哒,打丧鼓就是四个男的,没
得女的。③

　　打花鼓子两两搭档一般是年龄、辈分相当的人,且不说孩子嘎嘎家与

---

① 访谈对象:覃发池,访谈时间:2009 年 12 月 6 日晚上,访谈地点:湖北省长阳土家族
　自治县民族文化村。
② 访谈对象:覃孔豪,访谈时间:2010 年 7 月 18 日下午,访谈地点:湖北省长阳县渔峡
　口镇双龙村覃孔豪家。
③ 访谈对象:叶定六,访谈时间:2010 年 1 月 19 日下午,访谈地点:湖北省建始县三里
　乡河水坪村叶定六家。

奶奶家之间比较严格的对等搭配关系，就是村里妇女彼此之间对歌对舞也是如此，她们是在新生命的仪式上，在轻歌曼舞中引导秩序、表现秩序、建构秩序。撒叶儿嗬则没有这样的规矩，男子之间的配对不讲究辈分、年龄、地位等因素，站到一起就能跳，合到一起就能唱，他们的放歌狂舞似乎就是要摆脱一切的束缚与羁绊。而且，撒叶儿嗬的舞蹈较之打花鼓子更为复杂，更有力量，更有节奏感，这与丧葬仪式的性质有密切关系。

> 跳撒叶儿嗬不光是四大步，还有幺女儿嗬、凤凰展翅、犀牛望月、牛擦痒，等于说呢，是七八个系统来完成撒叶儿嗬，并不是只跳四大步，撒叶儿嗬就完成哒。打花鼓子没有像跳撒叶儿嗬那些步伐，把脚步走对，手和脚那不能搞同边。①

> 跳丧的舞蹈动作丰富些，它有固定的套路，它的语汇相当丰富，它有歌有舞，歌舞兼备。打花鼓子以歌取胜，唱到哪里就要做个动作，唱到有摸就摸啊，要哪么搞就哪么搞，即兴的东西多些，它就是那几个基本的动律，走过来，走过去，舞蹈价值没有跳丧的高。②

打丧鼓和打花鼓子都有禁忌，这种禁忌主要是性别上的禁忌。打丧鼓是男性的活动，是男人的风俗，是以男人为中心建立的社会关系网络。清江流域土家族有俗语云："男跳发，女跳塌""女子不跳丧，跳哒无下场"③。这就表明传统上女性是不能够直接参与跳丧的，她们只能是看客，只能是协助男子表演的服务者、帮忙者。跳丧的世界就是男人的世界，这种以男性为中心的活动规矩，必定出现与男性身体相关的歌舞艺术和仪式主题。因此，打丧鼓的动作粗犷，亦不适合女人跳。打花鼓子则是女性的歌舞、女性的专利。尽管今天在长阳县双龙村能够见到打花鼓子的男性传承人，但是，这些传承人的身体舞步、姿势道具、神态表情均体现出女性的特征。手上的那一条毛巾，不是用来擦汗的，也不仅仅是道具而已，而是花鼓子女性特征的模态化表现。在建始，依然没有见到男性出现在"打喜"仪式的打花鼓子场上。传统的清江流域土家族妇女守护着家园，较少与外界交流，加上庆贺新生儿出生的"打喜"仪式原本就没有复杂

---

① 访谈对象：覃孔豪，访谈时间：2010 年 7 月 18 日晚上，访谈地点：湖北省长阳县渔峡口镇双龙村覃孔豪家。
② 访谈对象：覃发池，访谈时间：2009 年 12 月 6 日晚上，访谈地点：湖北省长阳土家族自治县民族文化村。
③ 邓贵艾、刘启明、向贤荣主编：《巴东民间谚语》，民族出版社 2007 年版，第 192 页。

的内容,因此,打花鼓子中女性展示出来的动作简单和韵律轻柔的特点是可以理解的。所以,打花鼓子是女性的风俗,打花鼓子的世界是女人的世界。这里拥有并展现着女性最为私密的语言和动作,男性只是看客,只是协助女性张扬性别文化的配合者、助力者。

另外,打花鼓子和打丧鼓又有着明显的关联性,它们在生命的延续中连接着人生的开始与结束,但是,无论是生是死,土家人都在歌唱,都在舞蹈,都在表现生命的价值,也都敬重生命的过程与存在。打丧鼓中的日牯子歌数量不少,这种日牯子歌成为混夜必需的内容,它与打花鼓子中演唱的风流歌同为一种类型,只不过一个是男性唱的,一个是女性唱的。男性唱的歌表现在打丧鼓中,它在隐晦中传达情爱。

> 远望姐儿穿身红,手里提个逗鸡笼,
> 你有鸡笼无鸡子,我有鸡公无鸡笼,
> 无鸡子、无鸡笼,借你鸡笼关鸡公。①

歌中的"鸡子""鸡笼"是清江流域土家族生活中的一种隐语,意指男女的身体构造及其差别,暗示男女之间情爱的结合,从而表达生命繁衍的愿望。

> 好歌唱来好歌还,还你青布与毛蓝。
> 还你青布二尺二,还你毛蓝三尺三,
> 二尺二、三尺三,还你儿子做高官。②

只有两情相悦才能水到渠成,一切性爱生活均以生儿育女为目的。诸如这一类情歌在打花鼓子和打丧鼓的时候演唱,就褪去了许多庸俗化的内容,而更多的是将之作为生育后代、传衍生命的原动力。人死去自然要有后来人,因此,在打丧鼓中,荤歌就传达出生命延续的观念。至于打花鼓子和打丧鼓中演唱的《怀胎歌》更是对新生命来之不易的歌唱,也是对孕育新生命的母亲的无限崇敬。

由此可见,"打喜"与"打丧鼓"是伴随清江流域土家族繁衍生息的仪式,属于清江土家人最核心的文化之一,尽管他们的诞生礼仪和丧葬礼

---

① 田发刚:《鄂西土家族传统情歌》,中央民族大学出版社1999年版,第80页。
② 同上书,第77页。

仪发生了诸多变化，但是，这两种仪式中拥有的民族传统基因还留存着，并且显现出强劲的活力，成为清江土家人身份原色和精神元素的标志性符号。从这一点来说，清江流域是土家族文化最集中、最核心的流传地之一——就不是一句空话了。

第三节　丑歌搞哒丑得很：生命之歌的真谛

在一个没有或者说很少有文字的社会实践里，人们的知识传播主要通过他们的口头、行为、心意等方式来实现，这些知识包括物质资料的生产、人际交往的联系、生活规范的承袭等。但有些知识必须在特定的场景中表述和传递，比如生命的诞生，在清江流域土家族那里就应该在盛大的"打喜"仪式活动中展现他们对生命的认知和理解，也只有在这样的场合里，关于生命的知识和观念才得以表现、得以传播、得以承继。

清江土家人打花鼓子，在自觉与不自觉当中总会演唱许多"丑歌"，舞出与之相匹配的"丑"的行为动作，这些"丑"的艺术表达恰恰成为打花鼓子的精华，也是最受当地人喜爱的内容。比如，流传甚广的《螃蟹歌》唱道：

正月好唱螃蟹（奴的）歌，一个螃蟹几呀只脚？两个大夹夹呀，六个小脚脚。螃蟹奴的哥嘛，你在哪里坐嘛？我在旁边岩壳里坐。你趔开些，莫踩奴小脚。奴的哥啊，你且听我说，要拢来呀，看你又如何。能想别人莫想我。

二月好唱螃蟹（奴的）歌，两个螃蟹几呀只脚？四个大夹夹呀，十二个小脚脚。螃蟹奴的哥嘛，你在哪里坐嘛？我在旁边岩壳里坐。你趔开些，莫踩奴小脚。奴的哥啊，你且听我说，要拢来呀，看你又如何。能想别人莫想我。

三月好唱螃蟹（奴的）歌，三个螃蟹几呀只脚？六个大夹夹呀，十八个小脚脚。螃蟹奴的哥嘛，你在哪里坐嘛？我在旁边岩壳里坐。你趔开些，莫踩奴小脚。奴的哥啊，你且听我说，要拢来呀，看你又如何。能想别人莫想我。

四月好唱螃蟹（奴的）歌，四个螃蟹几呀只脚？八个大夹夹呀，二十四个小脚脚。螃蟹奴的哥嘛，你在哪里坐嘛？我在旁边岩壳里坐。你趔开些，莫踩奴小脚。奴的哥啊，你且听我说，要拢来呀，看你又如何。能想别人莫想我。

　　五月好唱螃蟹（奴的）歌,五个螃蟹几呀只脚?十个大夹夹呀,三十个小脚脚。螃蟹奴的哥嘛,你在哪里坐嘛?我在旁边岩壳里坐。你趟开些,莫踩奴小脚。奴的哥啊,你且听我说,要拢来呀,看你又如何。能想别人莫想我。①

　　2010 年 1 月 19 日,建始 82 岁的叶定六老人再次和 56 岁的儿媳妇在自家堂屋里表演起了《螃蟹歌》。她们边唱跳边嬉笑。原本十分大方、热情、健谈的老人演绎起这首歌所表现的情景和动态时,显得有些羞涩和矜持了。她们一直在说这是"丑歌","丑得很"。

　　"螃蟹奴的哥,你有几只脚,我有四个小脚脚,两个夹夹还有个硬壳壳。螃蟹奴的哥,你在哪里坐?我在悬崖上的洞洞里坐。那我就拿个棒棒打呢,拿个棒棒戳,你夹又夹得紧呢,扯又扯不脱。"刚才我就教她（指儿媳妇）,你就这么说嘛。"哎呀奴的哥,说了这么多",再就是走呢（走步伐做姿势）。那横直就是搞哒好玩吵。"哎呀,那我夹得那么紧呢,你扯又扯不脱啊。"搞哒丑得很。搞得人脑壳上就戴个草帽,手里就捏个扇子,旁边坐的人就横直笑吵。②

　　《螃蟹歌》在清江流域土家族的传唱有多种方式和方法,词曲因地域不同略有变化。它或表现孩子与螃蟹的嬉戏玩耍,或借挑逗螃蟹暗示男女间的情爱。上面这首《螃蟹歌》先以设问开头,自问自答,描述螃蟹的主要特征,转而以借喻、拟人的手法展开对话,你来我去,调情戏弄,亲密无间,幽默风趣。

　　《螃蟹歌》的曲调是步伐式两拍子快节奏。依据歌唱的内容,歌舞者似说似唱,说唱相间。他们情不自禁地运用手中的道具,演示着"梭两梭""戳两戳""扯不脱"等各种情状。情绪激扬时,二人采取穿花的形式,相互交错对插,趁靠近对方身体的机会,做些滑稽的小动作,另一方或机灵躲闪,或无奈中计,或奋起反抗,引得围观的人时而乐不自已,时而掩面而笑,时而为之鼓劲,煞是好玩好看。比如唱"你是个厚脸巴,

---

① 《螃蟹歌》,见荣先祥搜集整理《建始民歌选萃》(内部资料),湖北省建始县民族宗教事务局。
② 访谈对象:叶定六,访谈时间:2010 年 1 月 19 日下午,访谈地点:湖北省建始县三里乡河水坪村四组叶定六家。

我会吹唢呐，哩哩啦啦哩哩啦啦，送你回娘家"，一人做吹唢呐的样子，另一人装成新娘的模样，如同坐在轿子上，荡荡悠悠，得意自在。《螃蟹歌》的歌舞者边唱边跳，把螃蟹的形象和逗玩螃蟹的情趣全部呈现出来了。"夹又夹得紧，扯又扯不脱"，这歌词配上适当贴切的舞蹈动作暗喻男女之性事较为明显，成年歌舞者和观众便心领神会。螃蟹是繁殖力特别强的一种动物，因此，它进入打花鼓子的歌舞中，其生命寓意就不言而喻了。

仅仅唱"丑歌"还不够，在打花鼓子时，唱"丑歌"都要配合相应的"丑"动作，只有这样才能形成后半夜打花鼓子在视觉和听觉上的双重冲击波，才能达到传情达意的目的，才能实现知识教育的功能。

> 往常打花鼓子是那边奶奶找嘎嘎，我们来打些花鼓子，这嘎嘎也就要打得来，她有的还不是打不来。又还有歌，那个歌声音要好，这个年轻人就在堂屋里唱歌，那四个人就在里头搞，搞得怪丑的，有的给她脸上龇成花猫儿。①

打花鼓子进入高潮的时候，歌舞者边唱边闹，躲躲闪闪，你来我往，不可开交，"打喜"现场就变得异常火爆，笑声鼎沸。因此，后半夜成为已婚妇女们歌唱舞蹈的狂欢时刻，这不仅驱赶了漫漫长夜里人们的瞌睡与疲劳，而且承载着清江土家人对生命的热爱与期盼。

打花鼓子的"丑歌"由已婚妇女来唱跳。

> 我最早唱的打花鼓子歌是二十几岁哦，结婚了，不结婚不敢唱丑歌。②

> 原来那些老歌儿啊，带姐带郎的，我们在家做姑娘的时候，那不能唱，那不能跳。我们妈好火色（厉害）的，只要听到一点风儿，晓得我们听哒，唱哒，那篾片就上身呢，那不得了呐。③

---

① 访谈对象：叶定六，访谈时间：2010 年 1 月 19 日下午，访谈地点：湖北省建始县三里乡河水坪村叶定六家。

② 访谈对象：张福妹，访谈时间：2010 年 1 月 20 日下午，访谈地点：湖北省建始县三里乡河水坪村吴树光家。

③ 访谈对象：田克慧，访谈时间：2013 年 7 月 24 日上午，访谈地点：湖北省长阳县渔峡口镇双龙村覃世贤家。

歌虽然"丑"，但是清江流域土家族也认为，打花鼓子最好听的、最好看的、最吸引人的也就是"丑歌"。她们说，只要不怕丑，就搞得好玩。其实，这里的"不怕丑"应该包含了打花鼓子的人能唱"丑"的歌，能跳"丑"的舞。

> 打花鼓子最真的、最好听的就是那个蛮丑的歌。《十八摸》，它是走脑壳上那么摸，摸，一直摸到脚。摸到哪儿，唱到哪儿。那个时候我们当娃娃，像她们这么高的时候，看到旁边唱的，就还是记得到个引引儿（大致内容），记得到些歌啊。这个时代好哦，这下又开始兴哒，还是好呢。二娘子眼睛看不到，她搞得来，三娘子也搞得来，但是记不到哒，都是八十几哒。不怕丑呢，就搞得最好玩儿。①

> 这个丑的应该是在这打花鼓子里面最好的，真实，高潮部分。这就相当于那个小女娃儿一样，是专门那么演哒，好笑嘛，都打起哈哈了，笑。其实演得好笑有两个，一个你唱词很好笑，另外，你的动作很好笑。②

> 只要是结婚的，都跳。在场上是一样的，不分大小，不分辈分高低，同时在一个场上跳，全部还原为真实的人。没有年龄界线、地位界线。要表达的，要说的，哈（都）搞出来的。周围群众不管结婚没结婚，都喜欢看。不说你那唱的荤歌啊，荤故事啊不行，都说很好。③

所以，在清江土家人看来，"丑歌"是好玩的、好笑的，她们说得对，但是，她们心里也明白，这些好玩的、好笑的歌舞内在是直击生命最本质的内容，是直击生命最圣洁的情感。她们不直白地说出来，而是用直观的歌与舞的方式演绎出来。可以说，这些"丑歌"就是清江流域土家族生命观念和生命意识的体现，是他们关于生命来源的哲学思考和形象表达。然而，在道德评判中，清江土家人将这些"丑歌"冠以"荤歌""风流歌""流氓歌"的名讳，但这却丝毫没有贬损这类"丑歌"本该具有的

---

① 访谈对象：叶定六，访谈时间：2010年1月19日下午，访谈地点：湖北省建始县三里乡河水坪村叶定六家。

② 访谈对象：张福妹，访谈时间：2010年1月20日下午，访谈地点：湖北省建始县三里乡河水坪村吴树光家。

③ 访谈对象：覃发池，访谈时间：2009年12月6日晚上，访谈地点：湖北省长阳土家族自治县民族文化村。

生命价值和社会功能。

> 白天里搞生产唱这些流氓歌、风流歌。在坡里搞生产啊，开心啊，就唱这么些子山歌啊。就都打起哈哈笑啊，就有信心搞生产吵，就是搞合作社的时间。现在都是搞承包，搞单干啊，就没得哪个喊丑歌啊，也没得哪个来唱啊。我觉得这个还是蛮热闹的，如果不唱的话就不热闹。那些年代唱这么些子歌是热闹。现在有了电视了，就没得哪个唱哒。①

这些"丑歌"在生产劳作的时候也能唱，唱得欢笑，唱得热闹，唱得起劲，既能减轻劳动的疲乏，更能提振生活的信心。与演唱"丑歌"相伴的还有讲日牯子经（荤故事），它与唱"丑歌"具有同样的文化意义和信仰内涵。

> 过去戳高粱（即剥苞谷，手带尖锐的铁锥子将玉米粒从玉米棒上剥弄下来），一般人家都堆了大半个屋子的高粱，那必须要请人剥。剥苞子（苞谷）的时候，就讲故事，赶五句子，还唱好多荤歌，讲荤故事。②

剥苞谷的季节，人们心情舒畅，情绪高涨。这个场所讲述的故事、演唱的歌谣，一个重要内容就是对主人家收成的恭贺，对来年农作物生长的祈愿。尽管现在我们看不到严肃而烦琐的仪式，但是，老百姓通过讲述主题鲜明、倾向性强的故事表达了隐含在他们内心的真诚期待和美好向往。剥苞谷的场合，村落群众演述最热、最丰富的内容就是唱荤歌，讲荤故事。这些带"荤"的民间文化在深夜起到提神赶瞌睡的实际作用，只是问题的一个方面，荤故事、荤歌谣的演述蕴藏着人们对来年农耕生产顺利、庄稼生长旺盛的祝祷性信仰内容，这是支撑这项民俗不断传延的强大力量。这种民俗现象不仅发生在都镇湾，远在新几内亚超卜连兹岛的农民也有以故事和歌谣促成农业丰收的习俗。马林洛夫斯基说：在超卜连兹岛，农民讲故事往往在11月末湿季来临的时候。这时，上一季的收获工

---

① 访谈对象：张福妹，访谈时间：2010年1月20日下午，访谈地点：湖北省建始县三里乡河水坪村吴树光家。

② 访谈对象：刘泽刚，访谈时间：2004年8月7日上午，访谈地点：湖北省长阳县都镇湾镇十五溪村刘泽刚家。

作刚完，岛民比较空闲，天气不好，他们就在傍晚在家里讲故事。这种讲述故事活动的空间安排，岛民有一种模糊信念，以为讲故事可使新播种的植物收成好一些。①

新生儿诞生关乎人的生产，这与在田地里种植庄稼的物质资料生产有着相似的状况和意义，因此，在庆贺孩子降生的"打喜"仪式上表演"丑"的歌舞与农耕生产中讲日牯子经和唱风流歌一样，除了有解除疲劳、调节气氛的作用以外，其深层目的和意蕴应该是欢庆"生产"、促进"生产"，二者有同工之妙。难怪长阳土家族有歌唱道：苞子剥到半夜过，没跟老板送恭贺，一没恭贺收成好，二没恭贺好收成，唱个歌儿又得罪人。②

> 大家欢喜在一起讲呀，唱呀，那个半夜的荤故事、荤歌让在场的人都哈哈大笑。我们这里原来只要听说扯高粱（摘苞谷），晚上就取乐，不消请，不消接的。现在单干，各搞各的，没有人帮忙剥苞谷了。③

> 当剥苞子疲倦了，就唱一些荤歌解闷提神。在这种场合，有的解歌，有的对歌，也有的谈情说爱，下半夜恋歌不断。④

深夜里的荤歌张扬男欢女爱，也催促人的生产，以人口的繁育作用和暗示农作物的生长和丰收，这是唱荤歌的信仰和意义所在。像这一类在劳动、仪式或节日场合演唱的"丑歌"、荤歌在中国许多民族和地区具有共同性，陕北称之为"酸曲儿"，四川大巴山区称"茅山歌""风流歌"，西北"花儿"中有"骚花儿"等，这些"酸曲儿""茅山歌""骚花儿"在民间社会有着肥沃的生长土壤和旺盛的生命力。在民族和地域文化传统影响下，打花鼓子以歌舞的形式传递着清江土家人的生命观念和生活中的情爱。

---

① 林继富：《民间叙事传统与故事传承》，中国社会科学出版社 2007 年版，第 111—112 页。

② 《剥苞谷》，见长阳土家族自治县文化局编《中国歌谣集成湖北卷·长阳土家族自治县歌谣分册》，长阳土家族自治县印刷厂 1988 年版，第 187 页。

③ 访谈对象：李国兴，访谈时间：2004 年 2 月 13 日下午，访谈地点：湖北省长阳县都镇湾镇十五溪村李国兴家。

④ 龚发达：《土家风情》，湖北人民出版社 2003 年版，第 240 页。

> 打花鼓子里面的歌的内容应该比较外露一点，就是唱男女之间情爱的多一些。往常的那些爱情都是由唱歌表达的。①

然而，每一种人生过渡仪式又处在生命的不同阶段，对于人的成长、人的生活乃至生命主体的参与程度而言，这些都会影响仪式的主题倾向和展演逻辑。譬如，好看、好笑的花鼓子背后总是有这样一种力量在支撑。这种力量就是生命的力量。在今天，建始和长阳打花鼓子时都表演《螃蟹歌》，土家人都说它很丑，这是将这一类"丑歌"置放在正常的社会秩序当中来看待。但如果把它放到一种狂欢的场景中去考察的话，就不"丑"了，就符合当时当地的文化逻辑和情感表达。打花鼓子往往在后半夜，在夜深人静的时候进入了另外一种状态，其歌舞的演绎和诠释包含了人性最本真的东西，包含了生命的价值与生命的传递。

清江流域土家族所谓的"丑歌""丑"动作是什么呢？显然是与性爱有关的歌曲和舞蹈。这些展演在成年女性之间的歌曲和舞蹈，在打花鼓子的情景中，在成年人的世界里合情合理，具有极强的目的性、生活性和娱乐性。这种"丑"关系到清江土家人的生命意识，关系到清江土家人的生命传承。

打花鼓子中的"丑歌""风流歌""流氓歌"受到清江土家人的欢迎和青睐，与之相伴的各种滑稽动作亦引人入胜。当地人说，打花鼓子的时候，越是风流，越是热闹，越是喜庆。这些"风流歌"她们平时不愿意唱，"唱哒丑得很"，"那你不能听"，但一旦到了打花鼓子的场合，她们的演唱又是那么顺其自然，她们的舞蹈又是那么精彩纷呈。本来"不能听这些歌"的人在这个时候仿佛也获得了某种"特许证"，被吸引过来，不自觉地融入这个场合，去看，去听，去记，去学。也就是说，"丑"的歌曲和"丑"的动作在日常生活中被视作是"丑"的，这是一种正常生活秩序的规范，是一种处于结构状态下的秩序，然而，到了反结构状态，一切的秩序处于混沌调整之中，人们把非常态的事物常态化了，于是，各类"丑歌"就不丑了，各类"丑歌"就成为生命本真的表达了，即"丑歌"成了清江土家人生命价值、生命观念、生命精神的体现了。因此，从清江流域土家族的"生命"立场来审视打花鼓子的"丑歌"，就不是词语原本意思上的"风流歌"，就不是"黄色"的和"落后"的歌曲了，

---

① 访谈对象：崔显桃，访谈时间：2010年1月21日下午，访谈地点：湖北省建始县三里乡老村村崔显桃家。

而是清江土家人重视群体生命的延续与繁衍的表现了。

小　结

　　增添了新的生命，无疑是家族亲戚和众乡邻生活中的大喜事。清江土家人通过"打喜"仪式将这种生命情结释放出来，既含有为新生命祝福的意义，也含有为产妇祛邪的目的。尽管我们今天很难感受和体会到仪式的神秘色彩，但是，包裹在生命表征底下的巫术行为仍旧若隐若现。

　　清江流域土家族"打喜"仪式体现出积极的生命态度和达观的生活情怀。孩子出生了，以"打喜"活动迎接新生命的到来。清江土家人对生命看得很重，这不仅与他们坚韧、向上的精神品质相关联，而且更多的是与他们的生存境遇有关系。清江流域土家族是一个大山的民族，她需要人口的繁盛。有人口，就有力量，人多力量大，人丁兴旺才能发展和壮大。

　　"打喜"仪式是生命的仪式，它与其他生命礼仪一同构成了一个关联紧密的人生仪式谱系。"打喜"这一生命开端仪式具有特殊的生命关怀意识。在人的出生、结婚、死亡这三种仪式中，出生的时候女人唱歌，打花鼓子；出嫁的时候女人哭嫁，姐妹陪着哭泣；死亡的时候男人跳丧，跳撒叶儿嗬，三种仪式因生命而联系起来。但是，三种仪式的内容和过程在表达生命观念的时候却不一样，"打喜"简单一些，结婚复杂一点，死亡的仪式更为复杂。三种仪式是人生成长的自然推进，是人生一步一步往前走的过程，人生的经历和人的关系的建构越来越丰富，因此，三种仪式伴随人生命的延续而逐渐复杂起来。因生命衍生出无数礼仪，因生命连接着三种仪式，生命观念和生命精神贯穿于三种生命礼仪之中，由此生成的仪式符号成为生命象征的特殊表达。

　　尽管在历史发展进程中，清江流域土家族有关人的观念随外在环境的变化而不断再生，不断改变，但是，其最基本的生命观念本身却因"打喜"仪式的继续被践行而得以保留。虽然今天清江土家人无法清楚而系统地陈述他们关于生命的观念，只能零散地呈现在不同的日常生活场景和非日常的仪式活动中，但是，我们却依然能够透过仪式的举行而感知和经验到他们的"人观"。这些观念也使清江土家人能在新的社会情境中肯定及认定自己是土家人，从而进一步明确土家族生命观念与民族认同之间的关系。

第六章 "打喜"仪式的历史记忆

"打喜"是清江土家人生活的一部分,生活的一种方式,生活的一种情态,生活的一种表达。它源于清江流域土家族生存的现实需要和历史传统的长期积淀,并在时间的作用下,不断被创造、被传承、被发展。

对于清江土家人而言,"打喜"仪式不仅成为生命记忆的内容,而且记录着生命过程,以及与之相伴的社会生活史。"历史记忆这个词不仅包括它记忆的对象是历史事件,同时记忆本身也是一个历史,是一个不断传承、延续的过程,这个过程本身也构成历史。"①

第一节 前传后教:仪式的生活土壤

"打喜"作为清江流域土家族的生命传统之一,在地方文献上少有记录,究其原因,或许与它主要以"体化实践"来展演和延传,是清江土家人习以为常的生活密切相关。参加"打喜"活动的人都是接受或传达仪式信息的主体,都是记忆历史和创造历史的主体。因此,现今要探寻"打喜"仪式的源头只能更多地依赖清江土家人的口述和当地的传说。

> "打喜"在我们这里有好长(多长)的时间,我不晓得吵,它是我们这里的规矩,那是一代一代的人传下来的,那是前传后教的。前人说的事,教到我们手里,就是前传后教。我们又往下传吵。等于前人会搞,教哒我们哒,我们又往下传,一辈传一辈。②

---

① 赵世瑜:《传说·历史·历史记忆——从 20 世纪的新史学到后现代史学》,载《中国社会科学》2003 年第 2 期。

② 访谈对象:叶定六,访谈时间:2010 年 1 月 19 日下午,访谈地点:湖北省建始县三里乡河水坪村叶定六家。

谈及"打喜"仪式的起源，清江土家人通常都会说这是老规矩，前人怎么做，我们就怎么做，它是前传后教的结果。由此可知，"打喜"是一代代土家人生活的生发、生活的产物。至于打花鼓子唱的歌，有传说说是大家闺秀创作，由背力的人传扬开来的。

> 这些老古式歌，它原来还不是像大户人家的小姐，心才好，她是读了书的人，她就这么编下来的。往常的大户人家小姐她是跩啊（待在）楼上，她就写哒这么甩下来哒，被那些背力的人捡起哒。背力的人这么过身（路过）啊，他就捡起哒，他就慢点唱，慢点唱，就背力的人唱出来的。这也是些古人讲的，那些小姐关到绣花楼上，她关闷劲的（郁闷了），她就作的这么些句子出来的。他们唱的是些情姐、情妹。都是有钱人家的小姐作出来的，情哥啊，情姐啊，情妹啊。①

类似的解释在清江土家人那里十分普遍。他们认为，自己唱出来的歌不是一般人能创作出来的，应该是读了书的人、有学问的人、有闲情的人的创作，所以就有了类似坐绣楼的小姐闷得慌、作些歌的说法，这显然是附会的结果。但它也从一个侧面表达了清江土家人对自己演唱的歌的喜爱、褒扬和肯定，并且道出了一个真理——歌是人民群众的杰作。清江流域土家族能歌善舞，有着较为稳健与开放的文化态度。

> 我们这个地方，风情还是比较开明的。②

然而，要考证"打喜"仪式产生的具体年代和缘由已经是不可能了，不过，它所赖以生长的土壤却是实实在在的。

新生儿诞生，来到一个家庭，步入一个社会，这就需要用仪式来确立他在家庭和社会中的位置，让他认识这个世界，也让这个世界接受他。"打喜"就是清江土家人的诞生礼仪，它所包含的打花鼓子是保留至今的土家族核心文化传统，这种传统的存续与发展同清江流域独特的文化生态紧密关联。

---

① 访谈对象：张福妹，访谈时间：2010年1月20日下午，访谈地点：湖北省建始县三里乡河水坪村吴树光家。

② 访谈对象：杨会，访谈时间：2010年1月20日下午，访谈地点：湖北省建始县三里乡河水坪村吴树光家。

　　尽管清江土家人对生命的正常逝去看得十分超脱，但之于个体生命的降生、家族的壮大和民族的延续，他们的渴望是异常强烈的，并且将其纳入孝道观念中。"不孝有三，无后为大"是清江土家人尊崇的伦理准则，人丁兴旺是清江土家人的婚姻诉求和社会责任。穿行在清江流域土家族人家，笔者常常关注到每家每户的神龛香火，看到"多子多福""福星高照"的门联。土家族谚语有云："门前车马非为贵，家有儿孙不算贫""儿孙满堂，喜气洋洋"。

　　关于打花鼓子产生和传承的原因，清江土家人这样解释道：

　　　　第一，它是这个往年子还是重男轻女。当时一搞说姑娘在别个屋里做了大人，当老的也欢喜，我的姑娘在你屋里还是生啊，有的怕她不生啊，没得生育。再一个与当时的社会生活水平有关，他没得铺睡，如果是冬天里的话又冷，一堆堆火都烧着，这他就来打个花鼓子，搞得热乎，这就混过去哒，打发这个时间。①

　　虽然这种解说没有直接提到打花鼓子生成的伦理上的理由，但它道明了女儿出嫁生育后代之于自身、之于娘家的意义。"打喜"仪式上打花鼓子就是正式地、隆重地向亲戚和乡邻宣告，为女儿争得地位，为娘家赢得脸面。没有铺盖睡觉，大家一起"混夜"不能不说是打花鼓子存在的外在因素。

　　生活在大山里的清江土家人，往往因为路途遥远，"打喜"的正日子嘎嘎回不去，从远方来为孩子庆祝的客人也赶不回去，他们就要在主人家过夜，而主人家条件有限，不能提供充足的床铺，这样睡眠休息就成了问题。诚如一首土家族歌谣唱道：

　　　　客人来得快，没得铺盖盖呀，
　　　　垫的一个苞谷叶啊，盖的是棕口袋啊，
　　　　垫的是苞谷叶啊，盖的是棕口袋。②

　　为了度过漫漫长夜，冲淡疲劳，赶走瞌睡，人们就又唱又跳，彼此唱

---

① 访谈对象：颜家艳，访谈时间：2010年1月19日下午，访谈地点：湖北省建始县三里乡河水坪村叶定六家。

② 田开武演唱，演唱时间：2010年7月19日上午，演唱地点：湖北省长阳县渔峡口镇双龙村覃孔豪家。

和,相互打趣,调节情绪,也提振精神,如此一来,打花鼓子就成为"打喜"仪式上一项重要的活动了。

> 来那么多客,农村哪有这么多铺睡啊,就哈(都)有个混夜。来的那么远,回去又不行,在这儿玩一夜,又怎搞咧?那没办法,只有搞活动。它不像现在可以打牌。①
>
> 它就是说没那么多铺睡,这边的奶奶就找个草帽啊,找个扇子就开始打花鼓子。这些东西都是自家的,拿个手帕子都行。②

调查显示,打花鼓子的确是打发时间的好办法,因为清江土家人都喜欢唱歌跳舞,既热闹,又欢庆;既较劲,又喜悦,很能激荡现场气氛。所以,生活困难、没有铺盖睡觉成为打花鼓子产生的直接动因。不过,随着清江土家人生活水平的提高,交通、住房等条件的改善,通宵打花鼓子的情形确实也减少了不少。

> 我头天去,第二天吃了早饭了就回来哒。现在这么(这个时候)不兴打花鼓子。现在有车,她当天去当天就能回来,其实与这个有蛮大的关系。那晚上没得地方睡,可以混一夜。有的人家里有地方过夜,屋场大,安逸,就都没打花鼓子,夜都没宵。③

清江流域土家族重视人伦亲情,遇到红白喜事,亲戚、朋友、乡邻都会前来,他们以各自不同的方式表达着与主人家的感情。在新生命的祝祷仪式上,人们更是为这个新成员的加入而欢歌曼舞。嘎嘎客跟着嘎嘎来"做嘎嘎",奶奶家的亲友邻里也来恭贺,上情帮忙,陪嘎嘎,嘎嘎没回去,所有做事的、帮忙的、陪嘎嘎的都不能离开,陪嘎嘎就"陪"出了"打喜","陪"出了打花鼓子。换句话说,陪嘎嘎成为"打喜"和打花鼓子生成的关系基础。

特殊的习俗规矩成为"打喜"仪式歌舞传统生成和接续的社会条件。

---

① 访谈对象:戴曾群,访谈时间:2009 年 12 月 6 日晚上,访谈地点:湖北省长阳土家族自治县民族文化村。

② 访谈对象:龙有菊,访谈时间:2010 年 1 月 19 日上午,访谈地点:湖北省建始县三里乡孙家坝村龙有菊家。

③ 访谈对象:解书春,访谈时间:2010 年 2 月 20 日上午,访谈地点:湖北省建始县原农委宿舍张家书家。

"打喜"中亦歌亦舞风习的形成进一步强化了清江土家人的歌舞传统,每每喜庆之时,就需要人们去唱跳,就要求人们去歌舞,在这个场合,不唱不跳、不歌不舞就不符合规矩,就会伤了和气。

> 有时候当嘎嘎、当舅妈的,这种场合下,硬是逼得没得法,她不搞就收不了场,所以"打喜"舅妈吃亏(各方面均需要舅妈表现)。比如出镶桌陪嘎嘎,开台的时候就是姑娘的婆家开台哒,嘎嘎屋里就要唱,被逼到说一大堆的好话,一个唱哒,二个又来,那边唱了一大堆哒,你还不唱就伤和气哒吵。我就是出门到我妹妹家里去,又跳不好又唱不好,就教我跳吵,就从那一回就会哒,那是逼出来的。像要是这个歌记不到词哒,可以即兴地唱。①

这种在生活中孕育的传统是清江流域土家族独特的生活文化,因此,打花鼓子与当地的歌唱传统和生活方式密不可分。

建始县三里乡流传着这样一则传说:董仲先师三尺高,挑担歌书七尺长,挑到洞庭湖中过,湿了歌书几千行,西米山上晒歌本,狂风吹得满山岗,一本吹到天上去,取名叫做麒麟歌,一本吹到湖海去,渔民捡到唱渔歌,一本吹到院坊去,女儿当作私情歌,一本吹到法坛去,端公当作祭神歌,一本吹到田野去,种田人拾到唱山歌。美丽的传说说明了歌的来源,描绘了歌的世界,也揭示了清江流域土家族的歌唱传统是基于他们的生存环境和生活状态。清江土家人一生都在唱歌,一生都在舞蹈,不仅为他人,而且也为自己。

花鼓子伴着清江土家人的生活,透着清江土家人的情感。从孩提时候起,他们就浸润在花鼓子的气氛中。到了谈婚论嫁的年龄,他们就挤在花鼓子的人群里依着相对固定的唱调和步式向对方表达心中的爱意。这种来自生活的传统隽永而动人心魄,这种生活中产生的传统和在传统中实践的生活,养成了厚重而具有生机的歌舞艺术,在这一歌舞艺术的传统中诞生了打花鼓子的演绎形式,培育了一大批打花鼓子的传承人。

> 我是结婚以后,在生产队不管什么上坡啊,下地啊,欢喜说、玩,取笑啊,喊山歌啊。哪家有红白喜事,横直喊我当都官啊,这当

---

① 访谈对象:田开武,访谈时间:2010年7月19日上午,访谈地点:湖北省长阳县渔峡口镇双龙村覃孔豪家。

都官就是管客。到那个时候了啊,都混夜啊,这么多人又没得歇处,就打花鼓子。就这么吵起来哒,打花鼓子。在做姑娘的时候也会唱歌。像十姐妹花,我根本就是做姑娘的时候听她们唱哒就记心里哒。横直她们都在唱歌,你就可以捞出来唱哒。做姑娘绝对不敢这么唱啊。①

打花鼓子要有一帮志同道合的人,大家都喜欢唱,喜欢跳,能歌能舞,能唱能和,这才热闹得起来,这才配合得下去。俗话说得好:"会打三棒鼓,还要六个人。"

这个唱歌还要这么大一摊人坐在这儿。打个比方说,我唱得到,还要旁边也要人唱得到,我要唱哒你要接,光只我一个人唱就没得意思,当你要接的你要接上来,要有那帮伙计。首先她就撩呢,像五句子歌,她就撩呢,我在唱呢,我也在撩哦。"我撩你上轿不上轿哦。我一不是撩你来饮酒,二不是撩你来下象棋,我特别撩你唱歌的。"这就这几句唱起来,她有的她就接上来哒呢。"你在唱啊,我在接,我不知接得接不得。"她也还不是就跟你俩撩,那蛮好玩。那五句子歌好玩。要有人呼应,它才有趣。②

打花鼓子时的彼此撩逗,互相学习,又开展竞争,令花鼓子既充满生气,又具有挑战,让人欲罢不能、欲止还休,这种氛围、这种情境、这种气势,极大地促进了花鼓子的传播与传承。

清江流域流传着丰富的民歌小调,这些民歌小调成为打花鼓子的重要素材。一般来说,几乎所有民间文艺的素材都是可以通用的,打花鼓子就自觉不自觉地接受了其他传统文化资源的养料而不断趋于成熟。

这种文化里头小调比较多,歌声比较多。整个我们这一方块的,他就把白事当红事办哒,从一个乐观的心态来办。花鼓子的产生和小调啊,有节奏的啊,相得益彰。互相支撑,互相发展,才形成这么

---

① 访谈对象:崔显桃,访谈时间:2010年1月21日下午,访谈地点:湖北省建始县三里乡老村村崔显桃家。

② 同上。

普遍。①

> 我们这儿的民歌百分之八十都是小调,小调基本上都可以打花鼓子,像那个《螃蟹歌》平常也可以当儿歌。《螃蟹歌》在跳丧的时候也搞。但它是两个调,一个是花鼓子的调,一个打撒叶儿嗬的调。也唱《黄四姐》啊,内容是一样,调子不一样。②

清江流域土家族的生存环境是"打喜"仪式生成的外部条件,歌唱传统是打花鼓子形成的文化基因。然而,真正促成"打喜"和打花鼓子发生的必不可少的因素,也是最深层次的动因,则是清江土家人对生命的渴求与重视。孩子出生了,添人进口了,是土家族村落最喜悦、也最重大的事情。在天灾人祸的威胁下,人口减少成为必然,人口增加就是希望。

武陵山区的土家人依山傍水,既有较充足的生活资源,又容易遭遇自然灾害。山间坡多坪少,土家人居住得较为零散,同时被高山阔水阻隔,交往困难。清江一带特殊的地形、地貌和气候条件等共同作用,常常导致难以控制的自然灾害,而且相当频繁。我们不妨来看一看 1840—1949 年一百多年间建始县的灾害情况(见表 6-1)。

表 6-1　　　　　　　1840—1949 年建始县灾害情况

年份	灾害类型
道光二十年(1840 年)五月	暴雨不息
道光二十一年春夏(1841 年)	淫雨伤稼,县民大饥
道光二十六年(1846 年)	暴雨,淹没庄稼无数
道光二十九年夏(1849 年)	淫雨连绵,县民大饥
咸丰元年(1851 年)六月	大雨倾盆,昼夜不绝
咸丰五年(1855 年)	大旱,年岁大歉
咸丰六年(1856 年)四月至九月	大旱,饥荒前所未有
咸丰十年(1860 年)五月	大雨如注,连日不绝
同治元年(1862)五月至八月	大雨、冰雹
同治九年(1870 年)六月	暴雨大作,山洪暴发

---

① 访谈对象:杨会,访谈时间:2010 年 1 月 19 日下午,访谈地点:湖北省建始县三里乡河水坪村叶定六家。

② 访谈对象:崔显桃,访谈时间:2010 年 1 月 21 日下午,访谈地点:湖北省建始县三里乡老村村崔显桃家。

续表

年份	灾害类型
光绪四年夏（1878 年）	洪水暴发
光绪八年秋（1882 年）	淫雨连绵，收获不及五成
光绪九年春（1883 年）	全县饥荒
光绪十四年（1888 年）七月至八月	降雨不止，民大饥
光绪十六—十七年（1890—1891 年）	全县大饥荒，死人无数
光绪二十二—二十三年（1896—1897 年）	连绵阴雨 250 多天，庄稼颗粒无收
光绪二十三年（1897 年）	清江流域的施南、宜昌等地大旱
光绪三十三年（1907 年）	猪丹毒蔓延
民国元年（1912 年）	洪灾
民国二年（1913 年）	火灾
民国五年（1916 年）	"靖国军"烧毁山林
民国七年（1918 年）	"靖国军"烧毁民房，杀害乡民
民国八年夏（1919 年）	旱灾，谷子收五成
民国十三年（1924 年）	旱灾，"甲子荒年"
民国十四年（1925 年）	洪灾、旱灾
民国十六年（1927 年）	旱灾
民国十九年（1930 年）	大风、大雪、大凌，民大饥
民国二十年（1931 年）七月至八月	大雨连绵不止，秋收绝望
民国二十二年（1933 年）七月至八月	大雨不断，山洪暴发，秋收绝望
民国二十四年（1935 年）四月至六月	大旱，禾苗枯槁
民国二十八年秋（1939 年）	淫雨为害
民国三十年（1941 年）	大旱，庄稼枯槁
民国三十一年（1942 年）	小麦黑穗病严重，春旱、夏涝、蝗灾
民国三十二年（1943 年）一月至三月	阴雨连绵
民国三十六年（1947 年）	暴雨不断，山洪暴发，庄稼绝收
民国三十八年（1949 年）二月至九月	火灾、洪灾

　　资料来源：傅一中编纂：《建始县晚清至民国志略》，建始县档案馆 2002 年版，第 87—91 页。

　　表 6-1 清晰地显示，清江流域的自然灾害主要是水灾、旱灾和虫灾，这些灾害是特定的自然气候环境造成的，所以，它不是存在于某一个时期，而是周期性地发生在清江土家人的生活中，从远古到今天从未中断。

面对这些灾害，在那个年代，清江土家人束手无策，无能为力，但又不得不适应、缓解，甚至抵抗自然灾害带来的生存压力和生活困境。于是，很多祈祷生命安全和生活幸福的活动出现了，每有新生命降临就更成为家族、村落，乃至民族的大事、喜事了。

除此之外，因领地发生战争，使清江土家人本就贫困的生活变得更加艰难。《建始县志》记载："建始旧编坊郭、太安、长受、景阳、新陇、永福、革塘凡七里。明季流氛荐祸，容美土司乘机肆虐。革塘等里在清江河以南，皆被侵扰，县中绝人烟者十数年。康熙二十年后寇乱削平，百姓复业者仅八十户。编坊郭里，余里裁汰，然新陇革塘遗老犹有能指其地者。雍正七年，川湖两省文武官弁奉旨会勘定界，建邑始复旧壤。"① 像建始这样因边界而导致的争斗在清江各地的土家人那里比较普遍。这种战争除了民族内部各个集团的利益争夺以外，还有族际矛盾冲突。先前的巴人之所以要在巴楚边界设置捍关，就是为防止战争而采取的积极防御措施。战争带给清江土家人苦难，战争使大量土家人流离失所，战争使不少土家人失去生命。所以，饱受战乱之苦的清江土家人期冀生命的兴旺与平安、生活的安定与美满，生子"打喜"仪式就体现了这种理想与追求。

> 我们土家族叫花鼓子啊，晚上跳的，一般对跳的，一男一女，或者四个人、八个人，成双成对的，它其实是我们男女之间对唱的一种情歌，在接嘎嘎的时候用于喜庆的。②

在早期，清江流域土家族人口较少，主要是几个大姓氏传衍下来的家族式存续，以"五姓之巴"和"七姓之巴"最为典型。《后汉书·南蛮西南夷列传》记录的"五姓之巴"与清江流域土家族始祖廪君有紧密关系，征引如下：

> 巴郡南郡蛮，本有五姓：巴氏、樊氏、瞫氏、相氏、郑氏。皆出于武落钟离山。其山有赤黑二穴，巴氏之子生于赤穴，四姓之子皆生黑穴。未有君长，俱事鬼神，乃共掷剑于石穴，约能中者，奉以为君。巴氏之子务相乃独中之，众皆叹。又令各乘土船，约能浮者，当

① （清）袁景晖纂：《建始县志》，道光二十一年（1841年），建始县档案馆2000年重印，第107—108页。
② 访谈对象：田海峰，访谈时间：2010年7月20日上午，访谈地点：湖北省长阳县渔峡口镇双龙村覃亮家。

以为君。余姓悉沉,唯务相独浮。因共立之,是为廪君。乃乘土船,从夷水至盐阳。盐水有神女,谓廪君曰:"此地广大,鱼盐所出,愿留共君。"廪君不许。盐神暮辄来取宿,旦即化为虫,与诸虫群飞,掩蔽日光,天地晦冥,积十余日。廪君(伺)其便,因射杀之,天乃开明。廪君于是君乎夷城,四姓皆臣之。廪君死,魂魄世(化)为白虎。巴氏以虎饮人血,遂以人祠焉。[①]

文中记述了"巴氏、樊氏、曋氏、相氏、郑氏""五姓之巴"的土家族先祖最早聚族而居的事实。"曋氏、相氏"尔后发展为清江流域土家族,乃至整个土家族的两大主要姓氏——覃姓和向姓。

这些史料尽管带有神话色彩,但是,它清楚地告诉我们清江流域土家族先民是聚族而居的,由此形成了不同的文化传统,也开启了土家族家族式的联姻关系。因此,家族的延续成为重中之重的问题,其实质是人口的孕育和养护,这就使家族对人口增长的渴求比较为松散的社会组织来得更强烈。

到了后来,家族式的发展模式越来越壮大,出现了土司制度,土司往往由大族姓的人来担任。清江流域土家族至今以向姓、覃姓为最大的姓氏,比如长阳县渔峡口镇覃氏人口就占到总人口的80%左右。这样一来,家族之间的往来构成了传统流动的壁垒,一个村落或许就是一个家族,他们彼此结成的关系就是宗亲关系或姻亲关系。生孩子的事情自然不仅是个人的行为,而且是家族的事情、村落的公共事件了。另外,外来人口涌入造成的压力也迫使清江土家人通过增加人口捍卫自己的领地与民族的声望。因此,"打喜"仪式的特殊之处就在于是对家族力量的庆贺与助威。

人口迁徙成为影响清江流域土家族社会结构和文化变迁的重要因素。中央政府为了加强对土家族地区的管制,从汉代的羁縻郡县制度到清朝的改土归流政策,一方面仍然实行以家族为基础的土司管理,另一方面在大山腹地设置屯置所,使许多屯垦兵民定居下来,且有大量汉族人口不断迁入。这些形式多样的屯田成为政府向清江流域移民的有效途径。

据《万历湖广总志》和《嘉庆恩施县志》统计,洪武十四年(1381年)六月,施州卫辖左、中、右三千户所,官兵四千六百余人;洪武二

---

① (南朝·宋)范晔撰,(唐)李贤等注:《后汉书·南蛮西南夷列传第七十六》,中华书局 1965 年版,第 2840 页。

十三年（1390年），施州卫设大田军民千户所于大水田，有官兵三千一百二十七人。这七千八百多名官兵乃是明朝自外地派进鄂西山地，具有专门的军籍，子孙世代继承，军即是军，官即是官，永远不能离去的身着军装的移民。其实，哪里止这七千八百余名官兵，以他们为主干组建起来的家庭，即官兵们带进鄂西的家口，一般按每户老小五口计，即是四万人，也就是说，更多的是没有穿军服的永久性移民。这些官兵及其随从家属大多来自安徽、江苏，只有一小部分为四川酉阳的土蛮。① 除了官兵进入鄂西南的土家族地区外，明太祖朱元璋还从麻城、孝感、荆州等地把大批汉民迁来，和当时在这里屯田的汉族官兵一道定居鄂西南。② 更有甚者，从外地来到鄂西南山区，做出了驱赶当地"蛮人"的事情。家谱石碑中记载的"赶蛮夺业"的情况时有发生。

元末，湖北随州人明玉珍于1362年在重庆建立大夏政权，"保境安民，开科取士，兴学校，制礼乐，境内不见兵革凡十余年"。于是，处于战乱之中的湖北难民"凭借乡谊，襁负从者如归市，以故蜀人至今多湖北籍"③。明朝洪武初年，为了让四川局势稳定，大批官兵留守蜀地，这样，不少移民被滞留在鄂西山区和清江流域。咸丰《云阳县志》记载："邑分南北两岸，南岸民皆明洪武时由湖广麻城、孝感奉敕徙来者，北岸民则皆康熙、雍正间外来寄籍者，亦惟湖南北人较多。"④

外来人口的进入势必造成生活资源的紧张，斗争冲突在所难免，"赶蛮夺业""赶苗拓业"即是明证，这在很大程度上刺激了清江土家人的生育愿望。据《彭水县志》记载，在"赶苗拓业"中，大量的当地"苗民"被杀。明代的"赶苗"导致彭水人口锐减，就连人口集中的彭水鹿角镇、苦竹镇都没有居民。明代从江西、湖北等地迁来大量移民，就是"湖广填四川"。⑤

因为躲避战乱大批难民从外地来到深山老林，如元末蒙古军战败，就有蒙古人来到鹤峰定居下来，传说这支蒙古族的祖先是元朝末年驻江西省丰城县镇南王，在不断地逃亡迁徙中来到鹤峰。⑥

---

① 范植清：《明代施州卫的设立与汉族、土家族的融合》，载《华中师范大学学报》1991年第5期。

② 《恩施市民族志》编辑委员会编：《恩施市民族志》，民族出版社1991年版，第12页。

③ 《黄陂周氏族谱》卷十"跋"，民国十二年修，见朱世镛等纂修《云阳县志》卷二十三，民国二十四年铅印本。

④ 江锡麟等纂修：《云阳县志》卷二，咸丰四年刻本。

⑤ 《彭水县志》编纂委员会编：《彭水县志》，四川人民出版社1998年版，第732页。

⑥ 《恩施市民族志》编辑委员会编：《恩施市民族志》，民族出版社1991年版，第11页。

明朝末年,由于农民起义波及建始,建始的人口流失严重。"自明季寇乱,县邑无居人数十年,迨康熙初年始就荡平",清初,"居人逃亡复业者十只二三"①。明末,长阳有烟民户口5万余,崇祯十六年(1643年)后迭遭兵火犹有万余,继以土司连年掳掠而"辗转于沟壑者十去三四,难于锋镝者十去二三,逃散于四方者十仅存一矣,康熙三年(1664年),邑令樊侯招抚残黎渐次归籍,至十二年(1673年)计复1900有奇户口,乾隆十一年(1746年)编审共4480户有奇"②。

一方面,外地人的涌入带来了先进的文明,有力地推动了社会经济发展;另一方面,着实给生活在清江流域的土家人带来了生存的压力和生活的威胁。为了保存自己,祈求本土本族人口增长就是一个极好的办法,而且也是能够实现的,这就表现在求子习俗的繁多和庆祝生子的喜庆上。因此,"打喜"就成为全族的重要事件了。

第二节 时兴与否:传承的变迁图景

"打喜"仪式何时在清江流域土家族的生活中产生,没有详尽的文献记载。不过,在清代以后的地方志中能够找到一些零星的记录。

> 产子,亲友相遗以鸡、鹅、米、蛋、糕、糖之类,谓之"送粥米"。生子三日,谓之"吃三朝饭"。满月为汤饼会,谓之"整满月酒"。周岁晬盘,谓之"抓周"。多治花样衣镯、福寿银钱以贺外,大父大母则更从丰。无大父母,则舅氏亦然。③

文中出现的"送粥米""吃三朝饭""整满月酒"和"抓周"均是清江流域土家族诞生礼仪的构成部分,目前它们依然以不同形式活跃在清江土家人的生活中和口头上,虽然这里还未有"打喜"的名称,但它们都与"打喜"有着十分密切的关系,特别是"送粥米""吃三朝饭"和"整满月酒"。

---

① (清)王梦协等修纂:《施南府志》卷十"食货",道光二十二年刻本。
② (清)聂光銮等修纂:《宜昌府志》卷五,清同治五年刻本。
③ 丁世良、赵放主编:《中国地方志民俗资料汇编》(中南卷),北京图书馆出版社1991年版,第423页。

孩子出生后，必备礼物前往外公（婆）家"报喜"，亲人得报必回赠母鸡、蛋、糖、猪腿等物供产妇"坐月"发奶；小孩出生三天，整酒庆贺，称为"洗三"。外婆来贺，则"整家家酒"相陪。小孩出生一个月，称"满月"。①

婴儿出生……并速去岳父母家报喜，改口喊"家公、家家（方言音 ga）"，呈对子面或喜字饼或红鸡蛋。第三天"洗三"打发"送子娘娘"。吃到红鸡蛋者皆有馈赠。家家（外祖母）必送伢背笼、吹蹄、帽、涎兜等。亦有备办不及，第三天简单"洗三"后，定吉日"过粥米客"者。②

"洗三"（"吃三朝饭"）、"打喜"（"送粥米"）和"整满月酒"原是清江流域土家族为新生儿举行的彼此独立又相互衔接的三项仪式活动，旨在于孩子出生后的一个月内从物质和精神两个层面强化对新生儿及其母亲的护理和抚慰，保障生命安康。不过，伴随社会的发展、时代的进步，这三项仪式活动在时间上逐渐靠拢，在内容上趋向合并，在意义上接近一致。很多情况下，它们就是一回事。

"洗三"就是接嘎嘎。接嘎嘎与陪嘎嘎是一样的。接嘎嘎满月后最好。"洗三"的日期各不相同，有的是出生后第三天请嘎嘎来，有的把时间攥着，没得一定的日期，有的在满月以后，都叫"洗三"。"洗三"就是接嘎嘎，"洗三"是整祝米酒中的一项活动，而且是最重要的一个。③

《建始县晚清至民国志略》则明确地记录了"打喜"以及打花鼓子的习俗。

花鼓子是一种流行较广的喜庆舞蹈。各地名称不同，有的叫"喜花鼓"，有的叫"打花鼓子"，有的叫"混夜"。一般在给小孩做

---

① 湖北省长阳土家族自治县地方志编纂委员会编纂：《长阳县志》，中国城市出版社 1992 年版，第 662 页。
② 湖北省五峰土家族自治县地方志编纂委员会编纂：《五峰县志》，中国城市出版社 1994 年版，第 589 页。
③ 访谈对象：覃好宽，访谈时间：2011 年 2 月 23 日上午，访谈地点：湖北省长阳县渔峡口镇双龙村覃好宽家。

"满月"或"打喜"时，送"粥米"之亲友以娱乐来混夜，舞蹈人在脸上抹锅灰，男的戴破草帽，手执烂扫帚、破芭扇之类，边舞边唱边笑，主人以鞭炮助兴，异常活跃。①

从这段记录来看，"打喜"在民间就有"送粥米""整满月酒""打花鼓子"等不同的称呼和解释。这些称呼和解释显然基于不同的立场和视角，这种状况与现今建始一带的"打喜"仪式和打花鼓子的情形基本一致。不妨看看1993年出版的《建始县志》的记载:

> 土家人生了孩子，其父立即去岳父家报喜，与岳父家约期"做嘎嘎"（借"嘎"音，对外祖父母的方言称谓）。到了"做嘎嘎"的约期，孩子的外祖父母、姨娘、舅舅、婶、姑、表以及亲邻好友，前来庆贺，并送来米酒、猪蹄、红蛋（染红外壳的鸡蛋）、大米、布料等重礼，谓之"送祝米"。东家称为"打喜"，一般很热闹。白天整"祝米酒"、"陪嘎嘎"和款待亲邻好友；夜里"打喜花鼓"（或称"打花鼓子"），由小孩的姑、姨、舅娘和东家的嫂子等人，在脸上抹一些锅底灰，即兴起舞，通宵达旦，走时一定要带几个红鸡蛋。②

"打喜"是清江流域土家族最重要的人生仪式，尽管文献记录不尽详细，但是，这个与生活紧密相关的仪式深深地印刻在了土家人的记忆里。作为一种传统的庆贺仪式，"打喜"不是单纯的、单一的，而是具有综合性的生活行为和社会活动。"仪式也常常是综合性的文化行为，它并不只是一个表演过程，而是通过特殊的'仪式语言'，譬如舞蹈、音乐、游戏、竞争性行为、游行、戏剧化的感情表达（哭、笑、怒）等等，和它们之间的程式化搭配，来直接传达文化的含义。"③ "打喜"仪式的承传及意义的表达有着久远的历史，并且记录着土家人的生活与情感诉求。"我说的历史悠久的话呢，是从民间艺人的传承谱系里面推算出来的。目前我们自己了解的民间传承人，实事求是地推出来，花鼓子就有两百多年历史

---

① 傅一中编纂:《建始县晚清至民国志略》，建始县档案馆2002年版，第261页。
② 湖北省建始县地方志编纂委员会编纂:《建始县志》，湖北辞书出版社1993年版，第708页。
③ 王霄冰:《文字、仪式与文化记忆》，载《江西社会科学》2007年第2期。

哒。"① 历经岁月的积淀和社会的变迁,"打喜"及打花鼓子亦发生了一些改变。自20世纪以来,"打喜"仪式大致经历了五次重大变化。

1949年以前,"打喜"以及打花鼓子的活动在清江流域非常盛行。

> 参与过打花鼓子的是王友权的妈,她硬是参与打过的,现在80多岁哒呢,她都还记得。她说当时是成分不好,也就不敢格外张扬,也就是大姑娘生哒以后去搞下(打花鼓子),她蛮会。杨春桃的妈也会打,也是80多岁哒。②

这些高龄的老人是打花鼓子场上的"明星"。清江一线流行打花鼓子的地方都会有这样一群人,她们的技艺为当地人所津津乐道,一提起打花鼓子,人们就会想到她们,说到她们,赞扬她们在打花鼓子中的精彩表现和特殊作用。虽然现在她们老了,唱不了,也跳不动了,但是,她们当年的英姿与威风依然深藏于人们的记忆中。

擅长打花鼓子的叶定六老人身体硬朗,精神矍铄。只要聊起打花鼓子,她总是幸福满满,滔滔不绝,有说不完的话、忆不完的事。

> 那打花鼓子现在不怎么时兴了,这还是解放前搞的"做嘎嘎","破四旧"③哒,就不搞哒。打花鼓子是两个人对搞吵,互相日嚰(玩笑式的说骂)吵,她说她一句,她就回她一句吵。"摸姐的奶子哦,姐的奶子像桃子",她就回她一句:"你的还不是的",混时间吵。"摸姐的肚儿哦,姐的肚儿像筲箕",她又还她:"你的还不是的。""摸你的胯哟,你的胯胯是个肥大胯。""那你的还不是的。""做嘎嘎"把礼性讲完哒,这就是黑哒(天黑了)来打花鼓子。黑哒,要玩两天。往年子"做嘎嘎"兴歇两夜,第三天才回去,往常送亲也是两夜。④

---

① 访谈对象:戴曾群,访谈时间:2013年7月17日上午,访谈地点:湖北省长阳土家族自治县非物质文化遗产保护中心办公室。
② 访谈对象:颜家艳,访谈时间:2010年1月19日上午,访谈地点:湖北省建始县三里乡河水坪村颜家艳家。
③ "破四旧":指的是破除旧思想、旧文化、旧风俗、旧习惯。
④ 访谈对象:叶定六,访谈时间:2010年1月19日下午,访谈地点:湖北省建始县三里乡河水坪村叶定六家。

　　老人一边回忆着过往年代的趣事，一边和儿媳妇在堂屋里表演开来。儿媳妇见有陌生人在，有些不好意思，老人却很自在，很兴奋，主动拉拽着儿媳妇又唱又跳，又打又闹，仿佛置身于年轻时打花鼓子的情景中。

　　　　我记得那还是我一二十岁的时候，他妈屋里得了侄儿子哒，这么打啊，玩啊，看啊。但是在妈屋里我就不打，搞哒丑吵。各人族亲屋里、妈屋里我不打，你在妈屋里打就是你妈屋里丑吵，说也说得丑，崴也崴得丑，这个社会的人找不到（现在这个社会的人不知道）。①

　　老人的谈话中多次提到打花鼓子"丑"。"说也说得丑"，就是指唱的歌都是风流歌，是带"荤"的五句子歌;"崴也崴得丑"，即是指舞蹈随歌表现出来的动作神态。老人对于打花鼓子的描述尤为形象、准确和透彻，"丑"是打花鼓子的精髓。"这个社会的人找不到"，意味着时代在发展，但打花鼓子的内容和本质没有改变，原先的"丑歌"还在，原先的"丑舞"还在，只不过这些"丑歌""丑舞"或多或少朝着"雅"的方向变化了，抑或在形式上有所变化，融入了时代性的元素。不过，尽管"时尚"的歌舞无比绚烂，无比夺目，但打花鼓子之所以引人入胜，其最吸引人、最振奋人、最激发人的地方还是隐藏在歌和舞中的"丑"。

　　　　吃完酒离席哒，没得么子事啊，这就玩一会儿，得了孙儿欢喜。往常吃酒横直是黑哒，下午才去，过夜"做嘎嘎"，有客过夜就支架的铺，洗清白哒，没了事呢，就打花鼓子玩，玩一宿哒就睡，接到要玩三天。像今天去的，明天玩一天哒，后天早上才得走。打花鼓子这些青年人都不晓得，我们这些媳妇看都没看到。应枝得了外孙哒，我们去打了的，我们还是老嘎嘎哟，起码是六七十哒。打花鼓子都是老年人打，结了婚的才可以。

　　　　打花鼓子打得热闹，那还没解放吵，还是旧社会吵。那得了孙儿哒"打喜"好玩呢，"打喜"欢喜吵，现在没得哪个搞得来吵，年轻人不得搞。②

---

① 访谈对象：叶定六，访谈时间：2010 年 1 月 19 日下午，访谈地点：湖北省建始县三里乡河水坪村叶定六家。

② 同上。

　　叶定六老人对 1949 年以前建始"打喜"打花鼓子的情况做了极好的叙述和描绘，也给出了她自己的解释。打花鼓子是好玩的，是以玩的形式庆贺生子，以玩的方式打发时间。而且打花鼓子是有忌讳的。用老人的话说，她不在自己的娘家打花鼓子，不在族亲的家里打花鼓子，因为它"丑"。老人频繁提及打花鼓子"丑得很"，这正是那个时代打花鼓子盛传的重要原因和体现的文化真谛。老人是打花鼓子的高手，相对于现今的生活状况，她的话语和神情中明显透露出对过往岁月的无限留恋和无比向往，尽管打花鼓子"丑"。

　　中华人民共和国成立初期，清江流域的土家族人与全国人民一样沉浸在翻身得解放、当家做主人的喜悦中。这个时候，"打喜"仪式没有中断，包括打花鼓子在内的民间文艺活动仍然流行。

　　　　那时又欢喜唱，欢喜讲，一到晚上黑了呢，你不玩我这里，我就玩你这里。要讲呢，讲到半夜了，都在睡瞌睡。那个时间呢，不像现在，那时这个人呢有人情，有感情。你说现在是什么？你不到我屋的啊，我不到你屋的啊。你像我们先前这个片片山（这一片山），一户人家撒高粱，到了屋里，男的女的都围起来啦，都来剥苞子。那个东家老板呢，请人在屋里擀面啦，那就唱呀，一排一排呀，唱呀，喊啦。①

　　念念不忘浓浓人情味的刘华阶老人唱歌、跳舞、讲故事样样精通，更是乐在其中，难以释怀。

　　　　再那个时候呢，出门一声喊啦，进门一声嗡啊，要么走路哩，一边喊歌，喊五句子。以前腊月三十呢热闹得很，初一大家拜年。拜年呢，大家就在一起讲故事，一起玩。一过初六就商量，大家凑几个钱，搞活经济，在一起玩。到你这里来呢，你搞几桌，他也搞好多，宵夜啊。我们以前喜欢搞这些，喜欢唱啦，玩啦，我原来玩狮子哩，那欢喜啊。②

---

① 访谈对象：刘华阶，访谈时间：2004 年 8 月 4 日上午，访谈地点：湖北省长阳县都镇湾镇武落钟离山刘华阶家。
② 同上。

歌唱得好、舞跳得棒的田克慧、田克周姐妹,对于往昔的生活也是充满激情与怀念。歌与舞早已内化为她们生命的一部分,至今光彩四射、熠熠生辉,还有她们作为歌师傅的丈夫"艺术青春"永不老。与她们交谈,笔者分明能感受到她们内心的激动、自信与豪迈。

> 那歌蛮多,什么五句子、对声子、赶声子、川号子、盘歌、解歌,多得很。如果我死了,我就带到土里去了。①

年届六十的田克周忆起儿时的所见所闻神采飞扬,手舞足蹈。

> 约定几月几日打薅草锣鼓,摆起来薅草,哪一节薅到后头了,这个锣鼓就站在这儿打,直到把这个地方打起了为止。打锣鼓的喊,薅草的人接,再呢,把山歌喊了,再打一板。要是这儿太落后很了,就不喊歌了,就横直在这儿打。②

火热的民间文艺生活在清江沿岸的土家人那里留下了深刻的印记。在追求新生活的日子里,这些历史的亲历者、文化的传承人不仅用传统的文艺样式娱乐身心,而且使之为现实生活服务,从而网织起了清江土家人绵密的文化活动空间。

然而,1966 年以后,清江流域土家族地区同全国各地的形势一样,抓革命,促生产,人们下田劳动、吃饭休息……所有的活动都在大集体中完成。吃的、穿的、用的,集中分配,凭票供应。一切传统仪式被简化、被取消。以"打喜"为代表的人生礼仪也被禁止了,至于打花鼓子以及打花鼓子中唱跳的"风流歌舞"更是无人敢"问津"。

> 我生了九胎,只成活了六个,四个姑娘、两个儿子。这是都解放了,那就不兴哒,都解放哒才生,那个时候"破四旧"吵,你还在搞那些就犯法吵,又加上成分不好。有几年不兴整酒,招男嫁女,支

---

① 访谈对象:田克周,访谈时间:2011 年 2 月 23 日晚上,访谈地点:湖北省长阳县渔峡口镇双龙村田克周家。
② 访谈对象:田克周,访谈时间:2011 年 2 月 23 日晚上,访谈地点:湖北省长阳县渔峡口镇双龙村田克周家。

客都不能出声的。①

直到 1976 年以后,中国的社会形势日渐好转。在农村,土地承包责任制推行开来,清江土家人拥有了自己的田地,他们可以按照自己的方式生活,按照自己的习惯耕作,生活面貌有了较大改观。这个时候,人际交往也日益加强,传统文艺又回到了人们的生活之中。前一个时期里,"出门要请假,进门要销假"的限制使老百姓之间少有走动。现在大不一样了,农民能够自己支配自己的时间,自己安排自己的生活,凡遇有红白喜事,亲戚朋友聚拢来,相互帮忙。节日里,玩龙灯、划彩莲船、打花鼓子,还有各种民间游戏,所有这些再次成为人们钟情的生活乐趣。

建始县三里乡打花鼓子传承人张福妹说:

> 25 年以前我经常打花鼓子。那一般的来喊打花鼓子都是没卯脱(没有错过)的。我们族间一般有红白喜事都是喊我去,打花鼓子,坐十姊妹,每回都有我。现在就是我们蛮操心咯,这 25 年以后的事蛮操心,现在我后人都完成任务(意即结婚成家,生儿育女)哒。②

20 世纪七八十年代,土家族生活的地方与中国其他地区一同经历了巨大的社会变迁,这为"打喜"仪式文化记忆的形成及延续提供了丰厚的土壤。在清江流域不同地区的土家人的生活中诞生了反映和体现时代特色的"打喜"仪式的多种状貌,不仅成为那个时期人们的共同记忆,更成为影响后世的历史记忆。

进入 20 世纪 90 年代,农村青壮年劳动力外出打工潮兴起,再一次对清江流域土家族乡村的社会生活产生了强烈冲击,这种冲击表现在现代文化元素和新文化心理的影响,尤其随着人口频繁的流动和迁移,"打喜"仪式和打花鼓子的人员构成发生了变化,加上现代媒体的进入和多样化的娱乐活动,往常通宵打花鼓子的文艺生存就变得异常艰难。

> 老年人他还是一辈传一辈这么传下来的。往后去,我们那些后人都唱不到,像我们那些媳妇儿啊姑娘都唱不到,没得哪个唱哒。现在

---

① 访谈对象:叶定六,访谈时间:2010 年 1 月 19 日下午,访谈地点:湖北省建始县三里乡河水坪村叶定六家。

② 访谈对象:张福妹,访谈时间:2010 年 1 月 20 日下午,访谈地点:湖北省建始县三里乡河水坪村吴树光家。

"打喜"啊，说红白喜事啊，都有电视，就没得谁个来咿呀咿呀地唱了。①

　　过去"打喜"跳的人越多越好。这一班跳吃力了，歇到，那一班再跳，又来哒。你不打花鼓子，那就冷场哒咧。那就要人多，热热闹闹。打些花鼓子，外头放些鞭，搞得热热闹闹。那个时候，夜晚没得任何活动。那就现在咧，看电视啊，电视节目比较多，再加上现在打牌成风，所以说现在一搞咧，和以前不一样。②

传统仪式衰微，年轻人远离传统生活，"打喜"仪式存活的土壤变得越来越贫瘠了。

　　15年前，你像我们送梁树、送匾送了好多。我姑娘屋里送梁树给别个（别人），我们这个生产队，您上来的那起屋的那家，他原先起的瓦屋也是我们送的梁树。都是找的礼生（讲礼性的人），他们那边找礼生，我们这边也找的礼生，都讲礼性。现在这些人也是讲不来这些礼性，也不兴哒。生活节奏加快哒，现在打工啊，年轻人都出去哒，就一些老年人在家，那种传承发展的土壤贫瘠了。③

21世纪以后，国家、政府和社会都意识到文化是民族个性的表征，亦是强大的力量和宝贵的资源，这就出现了一种传统回归的倾向和潮流。人们开始自觉地将优秀的民族传统找寻回来，在多重因素的引导、作用和鼓励下，使其传承和发扬。那么，原本就有群众基础的打花鼓子便以多种形式展现在民众的生活中，清江土家人的"打喜"仪式再一次兴盛起来，打花鼓子的歌舞再一次律动起来。然而，在"打喜"场上打花鼓子的人多数是中老年人，年轻人能唱能跳的越来越少，这已经成为当今打花鼓子的现实状况了。

　　"打喜"仪式中除了打花鼓子能勾起人们美好的记忆以外，还有就是送的礼物和吃的食品。尽管那个时候条件艰苦，但生活过得有滋有味，让

---

① 访谈对象：张福妹，访谈时间：2010年1月20日下午，访谈地点：湖北省建始县三里乡河水坪村吴树光家。
② 访谈对象：覃发池，访谈时间：2009年12月6日晚上，访谈地点：湖北省长阳土家族自治县民族文化村。
③ 访谈对象：龙有菊，访谈时间：2010年1月19日上午，访谈地点：湖北省建始县三里乡孙家坝村龙有菊家。

人留有念想和希望，用当地人的话说就是"穷快活"。

那以前"做嘎嘎"就煮醪糟，好多就装个抬盒。这个抬盒就装一格帽子，往常没得吵，就做的那种花帽子，黑的上面扎的花儿，做六个帽子就装一格。又给娃娃缝几套衣服装到里头，再装一格汤圆面，再装一格面条。汤圆面里头就放鸡蛋，这就煮两钵醪糟，放到一个坛子里头，这背起，就是坐坛。这个坛子送去哒不拿回来，就给姑娘哒。还有猪蹄子咯，还有鸡子，鸡子各人喂的（自己养的），一捉五六个。生哒来报喜的时候就是一个蹄子，"做嘎嘎"就是两个蹄子，旁边的叔叔伯伯也要拿蹄子，一共就是八个蹄子，这就都挑挑子，一个人挑个挑子。挑子就是这么大个箩筐，挑子里头就是米，还有坛子，坛子里头又装汤圆面。"做嘎嘎"有上十个挑子耶，挑起蛮热闹的，有抬盒、挑子、坐坛，嘎嘎的就不上账，叔叔伯伯的就上账。

抬盒，您们没看到过，就像木头一样，四格，一个杆子抬起的。嘎嘎喊的人去，一个人一个挑子。嘎嘎好过的（经济条件好的）一挑四五个挑子。我生了军子哒，嘎嘎屋里还挑了米挑子来的，那个时候没解放吵，解放哒后头生的就不兴哒，就阴到背（偷偷背）。那个时候送钱一块钱，旁边这些人送钱，嘎嘎屋里不送钱，只送粮食，一般不送钱吵，没得钱。①

嘎嘎家的礼物丰盛，队伍庞大，奶奶家的招待热情，规格讲究。

黑哒坐了席哒，还要宵夜吵。宵夜桌子支起哒，有六个盘子，有猪耳朵啊么子的，再把汤圆放在醪糟里宵夜，横直坐八个人，不坐圆桌，一方坐两个，也不男男女女一起坐，重男轻女吵。坐八个人放十个碗，不搞盘子，一碗萝卜，皮面，四五个骨头，一碗豆腐皮子切白菜根根儿，一碗魔芋豆腐，两碗酥子背的扣，一碗糯米蒸的精肉扣，一碗豆芽儿，一碗豆腐。起先出来的是萝卜，最后出豆腐，横直十大碗吵，又不用盘子，那吃的汤都没得。我们这儿现在都还有这么个

_____

① 访谈对象：叶定六，访谈时间：2010年1月19日下午，访谈地点：湖北省建始县三里乡河水坪村叶定六家。

话,"你搞么子去哦?""吃十大碗去!"①

这些记忆中的"打喜"活动对于年过半百的清江土家人来说是那么熟悉、那么亲切、那么清晰,他们字字句句的口述体现了他们对过往时代"打喜"和打花鼓子的身体力行和自我诠释。这些曾经作为自己生活一部分的仪式和文化,是土家人生活的实践,也是他们生活的记录。

清江流域土家族"打喜"仪式的历史记忆并非只存在于土家人的头脑里,它存在于表演、仪式、故事和生育等行为中,存在于生活的关系中,因此,清江土家人的"打喜"记忆就是一种社会行动。到了今天,这些曾经的生活和经验成为他们讲述的对象,成为他们不断建构过去的温暖记忆。清江土家人所有的讲述和回忆再现了近一个多世纪以来清江流域土家族地区曾经繁盛、也曾低谷过的"打喜"景象,再现了这一百多年来当地民间文艺活跃与式微的起起伏伏。虽然如今这些民间文艺传承人随着岁月的流逝渐已老去,甚至被人所遗忘,但是作为一种生活方式,他们默默传衍的"打喜"仪式将在一代又一代清江土家人那里延续和新生。

老人们的"每次回忆,无论它如何个人化,即使是有关尚未表达的思想和感情的回忆,都是和其他许多人拥有的一整套概念相关共生:人物、地点、日期、词汇、语言形式,即我们作为或曾作为成员的那些社会的全部物质和规范的生活"②。也就是说,人们的记忆映现了他们所生活地区、所生活年代的文化状态和社会现实,为我们建构一个世纪以来清江流域土家族的文化世界和乡村生活提供了充分的素材和真实的图景。

小　结

"打喜"仪式以其特有的方式展演在清江流域土家族的生活世界中,经过岁月的历练与丰富,仪式活动不断被传承,被创造,自始至终散发着生命的气息和生活的魅力。

"打喜"仪式随着清江土家人的历史在发展,随着清江土家人的生命在流动。之于"打喜"来讲,活跃着的"打喜"仪式是生活的原色,尽管作

---

① 访谈对象:叶定六,访谈时间:2010年1月19日下午,访谈地点:湖北省建始县三里乡河水坪村叶定六家。

② [美]保罗·康纳顿:《社会如何记忆》,纳日碧力戈译,上海人民出版社2000年版,第36页。

为非日常生活事件的"打喜"很难用文字全然描述其精彩,很难找到准确的语词来传达其情韵,但这并不妨碍"打喜"仪式的生存与发展。"打喜"仪式沉淀在清江土家人的心灵世界中,他们用心在书写,用情在演绎。

"打喜"仪式的生活图景由一套内部文化语法和外在文化行动构成,其根基源于生育信仰。清江土家人的生育行为是一种特殊的文化体系,在他们看来"种族需要绵延并不是靠单纯的生理行为及生理作用而满足的,而是一套传统的规则和一套相关的物质文化设备活动的结果"①。"打喜"仪式在民众日常生活之外,它拥有一套规则维系的社会行为,并以此为出发点建构各种社会关系。

清江流域土家族的"打喜"仪式以文献记录、行为实践和口头讲述、演唱等方式被反复记忆。尽管文献的记忆具有凝固的作用,但却再现了不同时期"打喜"仪式的"此情此景";行为的记忆体现为生活的实践与身体的艺术,具有鲜活的动态特征;口头的记忆表现在一代代土家人的言语表述中,倾注着他们的情感与爱恋。无论哪一种记忆方式都在构筑着"打喜"仪式的历史图景,也在不断建构当代土家人的生活,它更是以一种温存的方式指向未来。从这个角度上说,清江土家人对"打喜"仪式的记忆和表述,不仅仅是远离当下的过去,也不是与未来无关的历史陈迹,而是通过"打喜"仪式的建构性记忆,实现了过去、现在和未来的有机结合和有效连接。

"打喜"仪式张扬的清江流域土家族女性智慧和力量凝练成"人观"的特殊价值和意义,在历史图景中,"打喜"仪式过程无时不以女性的立场展现生活。"打喜"作为女性仪式性活动的基础便是产妇月子里的生活。"打喜"仪式和打花鼓子以女性为主,与"月母子"有密切关系。

清江土家人的"打喜"传统有独立生长的文化经验和文化历程,在长期的文化积累中形成了鲜明的个性。在这里,"空间的构造,以及体验空间,形成空间概念的方式,极大地塑造了个人生活和社会关系"②。清江流域土家族的思想和行动具有同质性,生态小生境导致了文化传统的相对独立性,在这个文化空间里充满了各种情景的活动,并且以各种不同的方式表达生活的观念。"打喜"仪式从生命的角度再现了清江土家人感知世界的方式以及想象和思考世界的方式。

---

① [英]布鲁尼斯诺·马凌诺斯基:《文化论》,费孝通译,商务印书馆 1940 年版,第 26—27 页。

② [英]丹尼·卡瓦拉罗:《文化理论关键词》,张卫东、张生、赵顺宏译,江苏人民出版社 2006 年版,第 180 页。

结语 "打喜"仪式：人观 身份与意义

本书在描述清江流域土家族"打喜"仪式的基础上，以"人观"及生命观为基本立足点，就清江土家人"打喜"仪式确认身份的意义、生命观念的表达、社会关系的建构等问题进行调研和分析，对"打喜"仪式中蕴含的文化象征和意义价值从不同视角和不同层面实施考察和探讨，对"打喜"仪式作为人生仪式的重要性和体现清江土家人特殊的生活态度和生命精神展开讨论和研究。

清江流域土家族"打喜"仪式具有独特的文化价值和科学价值，这种价值来源于作为清江流域内部土家人共享和交流的仪式及其艺术行为，来源于"地方性知识"及"地方性知识"的实践者和传承者，尽管这些知识植根于特定的地方性情境之中，但是，这种知识具有的特殊性也成就了人类文化的多样性。因此，"一个世界、一种真理和一种科学的传统认识论理想"不符合人类生存的基本法则，"打喜"仪式传播的地方性及其相对固定范围里的知识恰恰肯定了"多个人类世界、多种真理、多种科学和文化上不同的多种认知者的存在及其意义"[①]，恰恰肯定了地方知识传承的生命基础和环境因素之于习俗惯制的特殊功能。

第一节 "爱"的时空建构

在清江土家人那里，对个人、自我和情感的表达主要通过人生仪式来展示。"打喜"作为一种生命的礼仪，在实践过程中，尽管每一次"打喜"各有差异，参与"打喜"的人在感受上也各有不同，对"人"的观念产生各自的体验，但是，"打喜"的仪式活动始终围绕生命元素展开，

---

① [美] 桑德拉·哈丁：《科学的文化多元性——后殖民主义、女性主义和认识论》，夏侯炳、谭兆民译，江西教育出版社 2002 年版，第 231 页。

处处体现了对生命延续、生命价值和生命保护的关注和重视。

对于清江流域土家族夫妇而言，生育是他们必经的人生历程。新媳妇进门，公婆的最大希望就是尽快生子添孙，只有生了孩子，娘家也才真正完成了育女、嫁女的责任。

清江流域土家族妇女婚后怀了孕，一家人都很欢喜。在他们看来，这个时候，孕妇腹中孕育的新生命就已经是一个人——生物人的存在了，将为人父母的夫妇双方亦是异于常态的生命个体，特别是孕妇。家里人都要格外用心地照顾孕妇，她想要吃的东西尽量弄来吃。娘家人也会带上鸡、鸡蛋和猪蹄子等前去探望。经血不洁的观念在孕妇身上得到充分体现，人们通过诸多的讲究和禁忌限制她的言谈举止，以确保孕妇和胎儿的安全。比如，孕妇不能坐石磨、石碓一类的生产器具，以免早产或挨月（超过预产期）；不能用手接盐、茶叶等物，如果接了，说是孩子出生的时候会先出来一只手，造成难产。孕妇不得坐门槛，尤其是堂屋大门，怕得罪门神，玷污神祖，别人家的门槛更坐不得。孕妇不能参加婚礼和丧礼，打豆腐、熬糖、煮酒等带有一定技术含量的生产活动也不能让孕妇看见，甚至连人家菜园里结的瓜果都不准看、不准摘，不然来年就不结果子了。

清江流域土家族地区流传着"家里有一个怀身妇人，等于停了一具活丧"的俚语。家中有孕妇，家人便不做在他们看来有损于胎儿正常发育的事情。比如，不在房前屋后动土，不在家中搬动大件家具或做敲打之事，以免震动胎儿，防止孕妇堕胎。门槛上不能砍东西，墙壁上不能钉钉子，不能动罗盘，否则，认为孩子生下来身上会有疤痕或窝点，如豁嘴、长痦。家中不能筑墙洞，否则孩子屙不出尿来；不能换磨心（石磨中间的轴），否则孩子屙不出来屎。若遇到孕妇出现肚子疼、呕吐剧烈等不适状况，则请土老师（巫师）行法事，即将一碗清水化为"神水"，放置在神龛上，用此隔掉邪煞，实则是告知祖先："香火"、祖业有人继承了，并祈求祖先保佑母子平安。① 土家人还在堂屋门上挂上筛子、艾蒿，俗称"金钟神罩"，以护住孕妇居住的房屋。

对于已经存在又具有不可预知性的新的生命个体，清江土家人既充满期待，又心存惶惑，于是千方百计地通过孕期对孕妇及其家庭言语行为上的限制，来护佑正在发育形成中的弱小生命，以保全他在生理上的正常与健全。

孩子平安诞生后，他与母亲在身体上实现了分离，成为两个独立的生

---

① 杨昌鑫：《土家族风俗志》，中央民族学院出版社1989年版，第65—66页。

命个体,但他们又是密不可分的。产妇在坐月子期间的种种禁忌一方面护养了尚处于虚弱状态的母亲,另一方面也是为了哺育幼小的新生命。在家中,产妇和新生儿所在的房间不能随意让人进入,特别是"四眼人"、身上不干净(来了月经)的人、配挂钥匙的人等,如果受到惊扰,孩子就会没奶吃。为了避免意外发生,清江土家人便以在房间里点灯照亮的方法来警示和规避。他们相信,这样一来,产妇和新生儿的生命力就更旺盛一些,过去在家中生产也采取这种办法。第一个来产妇家的人,或者第一个与产妇家的人搭话的人谓之"踩生人"或"逢生人"。一般这个人不知道这一家刚刚生养了孩子。主人家要在踩生人不知情的情况下,将准备好的一根红线搭在他肩上,并煮红糖醪糟鸡蛋招待他。在清江土家人看来,孩子长大以后的性格、脾气、喜好、能力、命运等都会与踩生人一样,有"猪依抱来人,狗依捉来人,人依踩生人"的说法。所以,如果踩生人是当官的、富有的、才华横溢的,产妇家就特别高兴。此后,还要择良辰吉日以酒食专门道谢。按常规,以男踩女生、女踩男生为好。俗话说:"男踩女,家中举""女踩男,福生全"。由于踩生人是第一个抚看孩子的客人,因此要向孩子多送祝福,说"长命富贵,易养成人""人中之龙,人中之凤"一类的吉庆话。

为了顺利抚育柔弱的新生命,清江流域土家族还有查八字拜继的习俗。譬如,命中多险、命特别高贵,或者命相与某位亲人相冲,恐不易养成人的孩子,父母就做主将他拜继给命相相合或命卑贱的人,比如叫花子,也有拜继给动植物、水、岩石、桥等的,以为这样能逢凶化吉,助子成长。

"打喜"仪式处于生命个体,包括新生儿和他的父母、祖父母、外祖父母及其家庭特殊的时间阶段,它包含了清江土家人身份转换的鲜明性,包含了清江土家人抽象的"人"的概念在日常与非日常生活中具体化的行为,包含了围绕"人"的属性的关联性习惯的重要性。以生命观为根本的"人观"在"打喜"仪式中无处不在。"打喜"活动中,嘎嘎家捎来的衣和食,亲戚乡邻送来的钱和物,从物质上保证了新生儿和母亲度过特别的生命过程,并给予精神上的关怀;庄重而不失戏谑的祭奠祖先,祭祀送子娘娘、催生娘娘和痘母娘娘的行动,从信仰层面上祈祷与新生儿紧密相关的神灵、祖灵保佑和护助他通过生命的关口;六合班吹奏喜庆的乐曲引导旋出的弧线八字、万字、九连环、太极图、富贵花,无不寄寓着对新生儿和他的家族兴旺发达的祝愿,且重在"发人";"不打风流不热闹"的打花鼓子情歌欢唱,有关性的语言、情态、动作,明显表露出清江土家人对生命本真的认知与诠释,以及他们对新生命的祝福与新生活的向往;燃放鞭炮不仅增添了红喜事的欢悦气氛,而且从心理层面净化了新生儿生存的社会环境,为新生儿和母亲驱邪避祸。格尔兹认为文化既然是"意义的网络"或"概念系统",而且这种意义模式是在象征中体现或在各种象征形式中表达的,所以意义模式也是一个象征体系。① 由此可见,种种的物质呈现和信仰行动构成的"打喜"仪式的文化行为和仪式方式,以手段最强化、意义最大化实现着生理层面、物质层面和信仰层面的身体保护、心理保护和精神保护,为新生儿和母亲的健康与快乐创造了纯粹而和谐的生活空间,提供了合法化与合理性的理由。

清江流域土家族以"打喜"为中心的诞生礼仪更多地包含了"养育""照料"和"关系"等"爱"的关键词。可以说,这种仪式既是一种身体保健的需要,更是一种爱和亲情抒发的需要,是一种心理、精神或文化关系层级展示的需要,是人际交往和社会关系建构的需要。

"打喜"仪式是在产妇"月子"里举行,传统意义上的"坐月子"能够有效防治产后抑郁症。在"月子"期间,产妇大都能得到亲属的照顾和陪伴,社会和家庭给她们提供最大限度的感情和物质支持,这种文化情感支持在一定程度上增强了妇女应对分娩、婴儿哺育等产褥期应激的能力,从而维护了她们的身心健康。② 因此,无论城市化水平如何高,现代文明程度如何高,清江流域土家族妇女"坐月子"传统具备单纯的医疗行为所不具有的文化功能。在这里,所有人为产妇营造了一个爱的关系空间,创造了塑造和巩固土家族家庭伦理关系和礼制观念的契机,也是在爱的温暖中为新生儿举行实现人生第一次过渡行为的仪式事件。

"打喜"之爱表现在多个层面:父母对子女的爱、祖辈对孙辈的爱、长辈对晚辈的爱、亲友之间的爱、乡邻之间的爱等,各个层面的爱的传递又展演于多重关系结构中,彼此交织,互相作用,它不是单向的,而是双向互动的,尽管这个时候,新生儿还无法完全作为行为主体表达情感诉求和建构关系体系,但他的存在就是一种爱的体现,就是一种爱的交流。正是因为他的诞生,不同家庭成员、不同村落成员相互之间的情感表露才有了机会和动力,这也是每个人生命中需要的力量。所以,从爱的立场出发,所有参与"打喜"的人都由衷地为新生命祝福,并通过自己的言语

---

① 〔美〕克利福德·格尔兹:《文化的解释》,纳日碧力戈等译,上海人民出版社1999年版,第23页。

② 杨建州、文师吾:《中国传统文化与产后抑郁症》,载《医学与社会》2007年第2期。

和行为，调节既有的感情联系，又传达新的情感愿望，所有这些都是在"爱"中完成和实现的。

　　因此，亲戚朋友共同操持和共同分享的"打喜"仪式构筑的是一个爱的关系时空，每一个人都在这个过程中，在这个空间内释放、找寻、传递和接收爱的信息，播撒爱的种子，创建爱的生活。

第二节　"人"的关系结构

　　清江流域土家族的"打喜"仪式是新生儿从生物个体递进为社会个体的关键礼仪，也是他的母亲重新被社会所接纳的重要活动，还是他所属的家庭步入正常生活轨道的仪式过程。

　　自新的生命在母腹中孕育，清江土家人对孕妇和其家庭在饮食、行为、言语上的禁忌就将他们与正常的社会生活隔绝开来，进入边缘阶段。这些禁忌目的在于分离特殊的生命状态，而分离在很大程度上又是为了保护生命的存在，此时着重于生物学层面上的生命。到了分娩的时刻，也就是生物生命的一个临界点。新生儿从母体中娩出，对于他而言，是新生命的创造；对于母亲来说，则是生命的重生。俗语道："孩子的出生日就是母亲的受难日。"从孕妇到产妇的生理变化是生命合一到生命分离的过程，是一个生命创造的过程，也表明母亲顺利渡过了生死关口。母亲的重生不但意味着自身个体的新生，更深远的是其家庭、家族，乃至整个民族社会的一种新生。为了切实护佑好新生的母子，新生儿及其母亲的家庭、家族和所在村落频繁借助各种积极性的措施和消极性的限制逐步完成母子二人作为生物个体在身体上的护理和作为社会个体在身份上的生成，如报喜、"洗三"、命名、"打喜"等。

　　清江流域土家族诞生礼仪的核心——"打喜"仪式是新生儿和他的母亲及其族亲社会角色身份确定的主要活动，它处于边缘阶段的临界点。在"打喜"中，新生儿家庭的领导权全然让渡于支客师，所有的事务均由他来主持处理，分派帮忙的人各司其职，新生儿的爷爷、奶奶、爸爸等人只招呼一下客人，嘎嘎一行是尊贵的座上宾。这个时候，相对于日常生活来说，家庭的结构是缺失的，主人的权力是缺失的，支客师和帮忙的人支撑起了整个仪式活动。不过，从"打喜"本身来看，它的内部又是有秩序的，这是特殊阶段仪式的结构秩序。

　　"打喜"仪式包含两个层次的活动，即人际交流与人神交流。人际交流主要体现在个体与群体（家、村落和民族）在文化心理和时空观念上的相互作用，这种作用是秩序性的。人与人之间的关系也表现出平等和阶序性两个方面。从人情层面上讲，参加"打喜"的人都是客人，无论礼物多少，无论关系亲疏，都是情，都是爱。但是，在"打喜"的礼物流动中则存在着一种阶序性关系，这种关系划定了不同的权利和义务关系。譬如，送猪蹄子的人就是非同一般的有特定身份的人。这种阶序性关系通过仪式活动和人际交流建构起来，反过来体现在"打喜"的生命礼仪之中，成为诞生礼仪中社会关系的基本存在方式。

然而，"打喜"仪式又常常发生"时间性"与"无时间性""空间性"与"无空间性"的交替转换。打花鼓子的参与者在轻歌曼舞中处于"无时间性"，在嬉闹打趣中处于"无身份性"，这种状态不受年龄和社会地位的结构限定，不受时间特殊性的限定。她们卸去了身上的所有负担，还原生活本色，演唱"丑歌"，跳出"丑舞"，在混沌状态下表达对生命的认识和理解。

"打喜"仪式中神与人的关系是什么？通过特殊时空中的祭神敬祖活动，清江土家人的信仰和心灵世界的期许得到表现；神与人的存在互为充分条件，神是土家人的创造者、守护者和救赎者，其对象是人，人的生老病死，神都参与其中。因此，作为生命的开端仪式，"打喜"中的人神关系获得了极大的彰显。从调查来看，"打喜"仪式的人神交流突出表现在家庭、家族内部祖先与人的对话及沟通。新生儿拜见祖先牌位，拜见三仙娘娘，拜见所有的族人和乡亲，此时新生儿被接受为家庭成员和社会成员，新的家庭结构和社会关系在祖父的带领下，在族人、亲戚和乡邻的见证下渐渐被建立起来了，新生儿的身份也从个体走向了社会，实现了社会化。这个过程就是新生命之所以成为人的必备过程，也成就了新生儿父母、祖父母、外祖父母生命的圆满，家庭、家族命脉的接续，即便族亲和乡邻也不是被动的，而是参与到新的结构秩序的构建中来。仪式行为是社会秩序的展演，对社会结构的构筑有不可缺少的作用。①

作为生物体的"个人"是人类的单一成员。清江流域土家族的社会人是指"一个人被公认为从事某一特定目的的行为之创造者，在一社会秩序中有一定位置，而被视为是'社会中的行动者'，因此，它与个人的

---

① 王铭铭、潘忠党主编：《象征与社会：中国民间文化的探讨》，天津人民出版社 1997 年版，第 9 页。

社会角色不可分,也与社会规范以及道德不可分"①。新生儿作为活动的中心,他从生物人向社会人的转化,是"打喜"仪式功能的明确指向。也是在新生儿的孕育、生产和养护中,他的父母经历着成长与成人的苦与乐,真正完成其社会性的成年,并被社会接受和认可为"大人"。清江土家人的结婚生子更能表达成年的社会意义和强化其过渡性质。人的生物属性和社会属性决定了人的存在是二元性的。幼体的抚育既是生命生物性延续的需要,也是社会结构常态作用发挥及社会文化传承的要求。在清江流域土家族,儿子能代代相传,保持家庭、家族向纵深发展;女儿能主动联系社会,使家庭、家族横向发展,这样就能使一个家庭与整个社会联系起来,形成一个大的网络结构,人的生命价值和社会价值便在这个网络中得以实现。

家庭和民族的社会结构一方面是传统赋予的,另一方面也是在现实生活中不断被建构的,具有极强的动力性。家庭或民族新的成员诞生或出现,是一件重大的事件,它会使原来建立起来的各层级的秩序和平衡关系被打破,资源得以重新分配,权利得以重新划分,这些需要在家庭内部和民族内部去协调,以此重构新的家庭秩序和社会秩序的和谐,从而在新的人员结构和身份认同中有效运转。添丁进口不仅使家庭主体性结构发生改变,而且村落社会结构也会发生变化,"打喜"就是以仪式性方式聚合起全家、全族、全村的力量在看似混沌的反结构中重新编排家族成员的身份关系和村落社会的结构秩序。因此,"打喜"仪式是新生儿及其家人身份确立的仪式,是社会关系建立和交流的仪式,也是社会秩序重新建构和规整的仪式。更为重要的是,新生儿逐步社会化为人的生命礼仪,引导新生儿从生物意义的生命步入社会化的轨道,以此确认新生儿生命的社会价值。从这个意义上说,"打喜"仪式在展现生命成长的过程中包含了清江流域土家族"个人"是如何形成与发展的认识,包含了清江流域土家族"个人""家"与"社会"密切关系的思想。

"打喜"仪式与清江流域土家族的其他仪式有紧密联系,这种联系从"人观"的角度来看是一体的,比如新年时的祭祖、收获季节吃新米、获取生活物资的赶仗等。在清江土家人看来,人和物都有灵魂,这些不同物与人之间是平等互惠,或共享、或协商、或支配的关系。针对不同的人群,清江土家人会采取恰当的方式以体现各种不同的关系,如"打喜"

---

① Grace Gredys Harris, "Concepts of Individual, Self, and Person in Description and Analysis", *American Anthropologist*, 1989, Volume 91, Issue 3: 599 – 612.

中嘎嘎客与一般客人的区别。"打喜"仪式的举行是整个聚落人的活动在礼尚往来中建立新的人与人的关系,因此,"打喜"这一生命礼仪中"人"的观念是动态的,而非静态的。"打喜"在"混沌"之中积蓄能量,孕育结构,调整关系,这是一个新的秩序渐趋生成、旧的秩序行将结束的过渡阶段,进而最终进入新的结构当中。这个新结构已不再是"打喜"反结构之前的那个结构,它是一种新生,是关系的拓展、功能的增强和意义的扩大。"打喜"的完成,满月的临近,禁忌的解除,实现了新生儿及其母亲和家庭在生理和社会的双重层面上融入和聚合到新的正常的社会结构中。从原有结构的解构到"打喜"仪式的反结构,再到生成新的家庭和社会结构,整个过程不是突进的,而是渐进的。

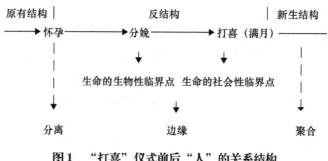

图1 "打喜"仪式前后"人"的关系结构

就清江流域土家族的"打喜"仪式而言,其"人观"涵括了文化、社会和个体三个部分。其中"打喜"作为一种文化,是交往行为者以此为基础依凭仪式中的事物和言行进行沟通,并用先前"打喜"仪式的知识作为分享的基础和做出共识性解释的前提;社会在"打喜"仪式过程中呈现出合法性的生活秩序,依靠这种生活秩序,参加"打喜"的人通过协调人际关系而创立在群体属性上的团结和凝聚;"打喜"中的个体既是习得力量的承继者,又是传统的创新者,只有当文化、社会和个体各自功能得到满足的时候,"打喜"仪式传统才能获得再生产,即"打喜"的文化传统才会延续,参与"打喜"的新生儿和所有人才会逐步社会化。

第三节 "人"的和谐生活

清江流域土家族乐观地看待生,豁达地对待死,形成了"红喜要报,白喜要赶"的乡约俗规。这种规约长久以来为清江土家人所共同认可、遵守和传续,并纽结着他们的人际交往,维系着他们的关系秩序,和谐着他们的生产生活。"打喜"仪式作为主人家操办的"红喜事",首先要求孩子的父亲在孩子出生后及时向家人及亲戚,尤其是孩子的嘎嘎"报"喜讯,并"接"嘎嘎,与之沟通,确定过"喜事"的时日,进而再去"请"亲戚、"请"朋友、"请"乡邻,大家一起欢欢喜喜地来为孩子及他所在的家庭祝福。在"打喜"仪式上,不同身份、不同关系的人们怀揣着精心准备的礼物和真挚诚恳的情意走进主人家,他们有的主事,有的做客,有的帮忙,有的来凑热闹……各自都扮演着恰如其分的"角色",承担着井然有序的"分工",彼此协调,齐心协力,支撑起了"打喜"的时空秩序,从事着"打喜"的各项活动,完成着"打喜"的仪式过程,建构着"打喜"的关系脉络。通过与亲戚、乡邻、朋友们的见面、认识和交流,作为生命个体的新生儿融入了不同关系层面的群体,成为家庭、家族、村落社会的成员,尽管此时他缺乏主动性,但是"打喜"仪式已经为他被他所与生俱来的各种社会关系圈接受和吸纳创造了条件,提供了契机,他因而获得了家庭身份、家族身份和村落社会的身份。与此同时,亲友邻里们也通过仪式活动的交往和互动,重新建构着彼此的关系,强化着相互的情感。所有这些都构成了家庭、家族和谐生活,以及村落社会和谐共处的有机组成部分。

在"打喜"的主人家,请来的支客师是仪式活动的指挥者和主导者,本家亲戚及邻里好友则是活动开展的生力军和主体力量。在嘎嘎一方,她请来至亲、朋友和邻里与她一道"做嘎嘎",他们凝聚成一个身份相对一致、角色相对统一、姿态相对近似的整体,成为主人家重点款待的贵客,也是构架"打喜"仪式的主干力量。此时,以主人家为中心的"打喜"仪式形成了覆盖家族亲友及其社会关系,以及本村和附近村落的人际交通网。在这个关系繁复而又线索明晰的文化时空中主要涵括了以下关系层面:

一、亲戚关系。亲戚关系依据关系主体的不同,可以分为两条主线:一是以"打喜"主人家为核心的骨肉血脉关系,包括孩子父亲、祖父、曾祖父等的嫡亲及叔伯兄弟姐妹所构成的家族群体;二是以孩子母亲,特别是外祖母为核心的血亲群体,以及由此延伸而出的亲戚关系,在"打喜"仪式中突出的是嘎嘎一方的女性亲属。这些亲戚自身所拥有的其他血亲联系的人也会加入到仪式活动中。

二、乡邻关系。乡邻关系主要是指"打喜"主人家及孩子嘎嘎家所在村落、其他亲友居住的村落以及周边村落中有交际往来、共同生活的乡亲邻里，这是一种地域关系的体现。俗话说："远亲不如近邻""搁得邻里好，胜过拣个宝""行要好伴，住要好邻"。乡邻这一群体在"打喜"仪式中发挥着重要作用。相似的生活经验、相近的情感诉求、相同的文化传统，使前来参与"打喜"的乡亲邻里无须多言，就能自觉胜任各种"职责"，推进着仪式活动的进行。

三、朋友关系。朋友主要是"打喜"主人家在各个方面结交到的人，尤其是随着清江土家人社会交往面的扩大，也因个人性格、谋生方式、生活范围等的变化，他们交往的朋友越来越多。朋友关系关涉的社会领域较为广泛，不过在"打喜"仪式中，更多的还是有着类似文化背景的人。

这样三种层面的关系有血缘传递下来的，有姻亲联结起来的，还有生活中生发出来的，它们在"打喜"仪式中各有定位，又互相关联，结构成以主人家为中心的社会关系体系。然而，虽然与主人家的关系有异，但是参加"打喜"的所有人都明白自己的"身份"，知晓自己的"角色"，并游刃有余地承担自己的"任务"，他们营造了喜庆而有序的仪式氛围，在"打喜"这个情境时空中结成为一个共同体，且以此为基点，相互协商，彼此磨合，进而延伸着关系，丰富着感情，完善着生活，和谐的人际关系成为幸福生活的保障。

清江土家人散居在群山之中，多依水而居，因山水的阻隔，平日里众多亲友乡邻相聚一起的机会较少，这样一来，男女婚嫁、生儿打喜、长者寿诞、老人丧葬等便成了亲戚朋友、乡亲邻里聚会交流的好时间、好场合，这些时间、场合及其间发生的人际往来对于清江流域土家族社会的聚合与团结发挥着非同寻常的功用。诚如土家族谚语云："有情饮水饱，无情吃饭饥""赶的人情千日在，不愁人情不转来""只有千里路上的人情，没有十里路上的威风"[①]。"打喜"仪式就是清江土家人生活情感集中展示的重要途径和平台。

因情送情。基于世代的生活交往，"打喜"主人家建立并拥有属于自己的人际交流圈。在这个圈子内，无论是日常往来，还是非日常的交流，他与其他人、其他家庭沟通联系，礼尚往来，积淀深厚的情谊。这种"因情送情"或源于血缘的亲情，或由于姻缘的结合，或来自朋友的支持。土家人因情而来，因情而往，以"打喜"送恭贺的方式传递人情。

① 邓贵艾、刘启明、向贤荣主编:《巴东民间谚语》，民族出版社2007年版，第94、96、188页。

欠情还情。互助合作、彼此协助是土家族乡村生活的重要法则。一些人到"打喜"主人家上情送恭贺,帮忙做事情,是因为在此之前他们家里也有过类似需要众人协作的事情,而且得到过主人家的帮助,所以,现在是他们以同样方式还人情的时候了。当然,这种"欠情还情"是一种村落生活的常态,它不是负担,不是累赘,这层关系不断巩固着乡民之间的有效联系与和睦共处。

怨情合情。人与人的交往难免产生误会,存在摩擦,有的甚至可能结成仇怨,给生活带来不和谐的因子。"打喜"仪式的举办,特别是欢乐的打花鼓子,为清江土家人舒缓紧张关系、消除矛盾怨隙提供了绝佳的时机。不论是亲人之间,还是朋友之间,抑或乡邻之间,在需要亲友邻里协助合作的"打喜"仪式上,受到主人家的"接"和"请",即便有过不快,存有意见,此时也会欣然前往,一同去祝贺,去表达,去沟通,在活动中你敬我让,分享喜悦,误会和矛盾自然也就消散而去。

清江流域土家族借助"打喜"仪式,一方面确认自我,另一方面获得亲友邻里的认可和村落社会及族群的认同。从这个意义上说,生儿打喜是清江土家人共同的生活方式和共有的文化记忆,每当这个时刻来临,他们便会依照代代传习的规范和沁入心田的模式熟练地操控与运转仪式活动,所有参与"打喜"的人都自在自如,得心应手,"打喜"已然成为他们彼此认同和相互支持的身份体现。"文化身份"是"一种共有的文化"、集体的"一个真正的自我",它反映了共同的历史经验和共有的文化符码。① "打喜"仪式中,人们加强了生活联系,释放了情绪心结,巩固了精神纽带。大家一起过"喜事","拢堆"歌舞,环环相扣,一呼百应,原本亲近的人关系得到进一步强化,日常来往的人又一次合作共享,即使不熟悉的人也能在此相识相知。因此,这个特殊的文化时空聚合着诸多不同的人、不同的关系以及联结他们的各种行为活动,历史传统与现代生活交相辉映。人们欢聚一堂,在嬉闹中表现生命,感悟人生,建强关系,增进交流,和谐生活。从更深层次上而言,"打喜"仪式是清江流域土家族和谐乡村生活关系的润滑剂,是清江土家人建立和强化亲情、友情、乡情的文化生活。

"非物质文化共享性实现的结果,对群体内部而言,会促进共同价值观的形成并增强群体的内聚力,形成一种社会学家特别重视的社会团结,

---

① [英]斯图亚特·霍尔:《文化身份与族裔散居》,见罗钢、刘象愚主编《文化研究读本》,中国社会科学出版社 2000 年版,第 209—211 页。

同时也会成为这一群体共同身份的标志。对不同群体而言,将彼此借鉴,以丰富各自的文化内容,促进其发展,并增进彼此的认同,进而有利于和谐关系的建立。"① 清江土家人通过"打喜"仪式的群体参与、群体协作和群体互助实现了对生命的礼赞,对生活的张扬,对村落族群的认同。所以,"打喜"仪式并非单纯个人的事情、家庭的事情,而是整个家族、整个聚落、整个族群的公共性事件。"人多好做事,水大好撑船""相互帮助事好办,各怀心事事难成""户户心连心,散沙变黄金""互助石成金,合作土变金""堂屋的椅子大家坐,一人唱歌众人和"②,这些形象直白的谚语俗句均是清江土家人生活实践的经验总结,也是他们群体生活的精妙写照。穷困的年代,群体协助是暖暖的情意;富裕的时期,互相帮助是深深的祝愿,它在土家人中间酝酿和传递着生存的力量和生活的信心,促使他们同舟共济,守望相助,共同创造和维护美好而和谐的生活。

第四节 "人"的观念变迁

"人的一生就像竹子,其过程并不是平直的,而是有许多'节',表示着其阶段性的特征。人生是由若干阶段组成的,人就是在具备某些条件时,通过一个个'人生之节',发育成长,走向终点的。"③

"打喜"仪式是清江流域土家族人生之"节"上不可或缺的文化系统,这种文化系统不仅指"打喜"正日子人们对新生儿的庆贺,不仅是礼物包含的情感流动,不仅是打花鼓子的歌舞艺术,还指因为这些因素互动而形成的"打喜"仪式的适应性与强大生命力,更重要的是清江土家人对"生"的重视和他们乐观豁达的生命态度。换言之,不仅打喜、哭嫁、跳丧等人生仪式在某个特殊阶段构成了清江流域土家族的一种文化形式,而且打喜、哭嫁和跳丧在仪式的谱系性中彼此具有内在的关联性、相似性,共同构成了清江流域土家族独特的生命观念体系。从这个角度上来看,我们对"打喜"的认知就不仅仅是将"打喜"仪式视为一个特殊的

---

① 刘魁立:《非物质文化遗产的共享性、本真性与人类文化多样性发展》,见张仲谋主编《非物质文化遗产传承研究》,文化艺术出版社2010年版,第8页。

② 邓贵艾、刘启明、向贤荣主编:《巴东民间谚语》,民族出版社2007年版,第97、98、100页。

③ [日] 祖父江孝男等:《文化人类学事典》,乔继堂等译,陕西人民出版社1992年版,第193页。

事件或庆典了，我们对"打喜"仪式中的"人观"变迁的认识和把握就不仅仅是"打喜"本身的事情了。

"打喜"仪式从诞生的那一刻起就从未停止过变化。尤其是近 30 年来是清江流域土家族"打喜"仪式经历剧烈变化的时期，这种变化与土家人的现代化进程密切相关。

> "打喜"的人家多。死人哒，跳撒叶儿嗬的，这里叫"跳丧""打丧鼓"，一般有点钱的人家搞哒好玩。结婚的基本很少举行仪式，现在两口子结婚，马上就要小孩，所以主要是搞"打喜"。①

由于婚姻观念的改变，加上农村人口流动性的增强，青年男女婚配的仪程变得越来越简单，为了弥补结婚时的诸多不足或者遗憾，庆祝孩子出生的"打喜"就成为最隆重的仪式了，这也意味着相结合的两夫妇真正成为一个新家庭的"家长"。清江流域土家族没有专门的成年礼，议婚和结婚资格的取得是土家族社会认可一个人是否成熟的标志，因此，长期以来清江土家人的成年礼是与婚礼黏合在一起的。因为《中华人民共和国婚姻法》规定，女子年满 20 周岁，男子年满 22 周岁才能结婚，所以，如今清江流域土家族男女的议婚年龄一般在十八九岁左右，订婚一两年后就举行婚礼。另外，现在许多年轻人自由恋爱结婚。作为婚姻的主体，他们一方面与家中长辈、亲人协商，另一方面紧跟时代，自主选择。在多种因素的作用下，土家族求亲、订婚、举行婚礼的程序日趋简化，有的人家甚至不办结婚典礼了。婚礼仪式的逐渐淡化，"打喜"仪式的日趋强化，是否预示着父母的婚礼与孩子的诞生礼在未来因为某种契合而结构成关联性的仪式呢？这在于民众的选择、社会的选择和历史的选择。

清江土家人通过语言、行为和物质等方式习得、经验和完成他们对于"人观"的认知与界定，也在时代发展和实际生活中为"打喜"仪式创造出新的形式和意义，并再创造着他们的"人观"。就"打喜"仪式本身而言，它的现代变迁主要表现在：

（1）仪式时间缩短。以前，"打喜"从商定日子、双方筹备到仪式结束基本要持续一二十天时间，正日子也有两到三天。嘎嘎和嘎嘎客一般在第一天午后到达外孙家，支客师和帮忙的族亲、乡亲热情地围绕着嘎嘎和

---

① 访谈对象：张祝洪，访谈时间：2010 年 7 月 18 日上午，访谈地点：湖北省长阳县渔峡口镇双龙村张祝洪家。

嘎嘎客，为他们服务，以陪好嘎嘎和嘎嘎客为宗旨。客人多，事务忙，坐席、醮亡人、打发送子娘娘等活动都已经是天黑以后了，深夜就打花鼓子混夜。第二天嘎嘎一行离开，有的嘎嘎客还要多玩些时日。只有嘎嘎和嘎嘎客走了，包括支客师在内的帮忙的人才算完成任务，"打喜"仪式才宣告结束。如今，不少地方"打喜"只有一天，嘎嘎客当天上午到，中午祭祖、坐席，下午打花鼓子，吃过晚饭就返回了。这种变化与清江土家人生存境况的改变和生活水平的提高有极大关系。交通的改善缩减了"山大路远"路途上耗费的时间，医疗的改进确保了生命的安全，这样与神祖的交流便重在于心意的传达，形式上的严格被打破，祭祀活动随之简化。清江土家人在遵循传统的同时，逐步学习用生命科学的知识来生养孩子，也改造着他们自己关于"人"的观念。

（2）从礼物到礼金。往常，举行"打喜"仪式的主人家收到的礼物多是鸡蛋、面条、腊肉之类的实物，嘎嘎家的礼物更是用礼盒装，用挑子挑，猪蹄子、醪糟、新生儿的衣物一样也不能少。如今，"打喜"送礼上人情送实物的越来越少，亲戚邻里基本上都是送现金，连嘎嘎家的实物礼物也减少了。"备一些吃的、用的是个意思就行，不讲究齐全，再送上礼金作为补充。"嘎嘎们都如是说："我给她（指自己的女儿）钱，她自己想吃什么都可以去买，送的其他的东西她还用不着。"这种讲求实际的做法与清江流域土家族社会的市场化发展关联密切。人们已经不完全是自给自足的家庭生产，也不完全依赖于村落熟人社会的协助，而是在物质资料充裕的现代，能够通过市场行为来满足生产和生活的需要。

（3）打花鼓子有消减的趋势。当天来当天去的"打喜"仪式安排，使得打花鼓子的时空受到压缩，即使要坐夜，观看电视节目成为许多人的选择。涌入城镇打工，再返回乡里的清江土家人似乎对各种时髦的娱乐休闲方式越来越感兴趣，这也促使电影放映、文艺表演等活动进入"打喜"现场，同时成为炫耀家庭财富和地位的一种方式。清江流域土家族生活质量的提升也使前来"做嘎嘎"和"陪嘎嘎"的客人有了休息的场地和条件，打花鼓子混夜自然慢慢减少了。

（4）部分家庭不"打喜"了。"打喜"仪式处处体现着清江流域土家族对生命的关注和对情意的重视。过去，清江土家人对生命的把握比较脆弱，需要借助祖先神灵的力量来保障个体生命的安康和民族队伍的壮大，需要通过村落群体的活动来寄托对新生儿及其家庭的祝福与祈望。今天，生物意义上的养育已不再是问题，而"情"的表达主要体现在礼物上，礼物没有规定多少，但"情"还分轻重。于是，出于缓解"情"的压力,有些孩子出生后,他的家人就放弃了"打喜"活动。"情"的压力与攀比心理有关,攀比心理越突出,压力就越大。此外,一些年青一代的土家人走出乡村成家立业,他的生活和社会关系更多是在外面的世界,所以孩子出生"打喜"也就显得没那么必要了。

尽管在历史的长河中,清江流域土家族"人"的观念随外在环境和自身生活而不断再生,不断改变,他们原有人与不同类别的人和物的各种关系,在时代文化作用下难以全盘维持,但是,清江土家人最基本的"人"的观念本身却因包括"打喜"仪式在内的生命礼仪的传续而得以保留。虽然清江流域土家族关于"人"的观念零散地呈现在不同的生活场景中,但"打喜"及其他生命礼仪的践行让人们系统地体验到土家族"人"的主要观念与认知,使他们能够在新的社会情境与身份归属中认定自己是土家人。

现如今,"打喜"仪式作为生命礼仪的存在仍然具有意义,虽然它在形式上发生了这样或那样的变化,但其精神内核一直会在清江土家人中传承下去。然而,渐渐稀少的喜庆的花鼓子不能不引发人们的叹惜,也引起政府的重视。2005年8月,恩施州政府将"花鼓子"盛行的建始县三里乡老村村一带确定为州级"民族民间文化生态保护区",代表曲目《黄四姐》多次在中央、省、州、县的电视台展播。2008年,花鼓子被纳入湖北省非物质文化遗产代表作名录,成为民族和地方的文化表征。

"打喜"仪式作为常民知识反映了清江流域土家族的文化传统,投射出个人与群体的自我需求。"打喜"的活动非经刻意排演,而是在自然行为、语言表达之情境下所体现的行为艺术与口语艺术,它不仅反映出清江土家人如何运用象征能力去存续母文化的价值观念、感情及精神,更在有意无意之际,这些行为活动和口语产品也被民族和个人作为抗拒外在力量、寻求认同的一种机杼。

诚然,我们也必须看到清江流域土家族"打喜"仪式中的"人观"和生命观与汉族诞生礼及其他民族诞生礼的"人观"和生命观有深刻的联系,但是,清江土家人原有的人生仪式中的象征意义与观念,反而能够在新的社会场景中得以合法化,它包括人的观念、人的生命观念以及人与姻亲、家族成员、聚落成员等不同类别的人之不同关系,这些观念与关系通过仪式的实践而继续被经验、体会与繁衍。

附　录

一　湖北省长阳土家族自治县渔峡口镇地图

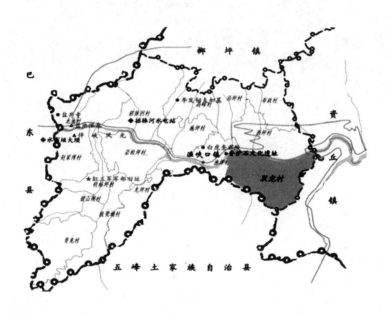

资料来源：本图由湖北省长阳县渔峡口镇人民政府办公室提供，做了相应处理。

二 湖北省恩施土家族苗族自治州建始县地图

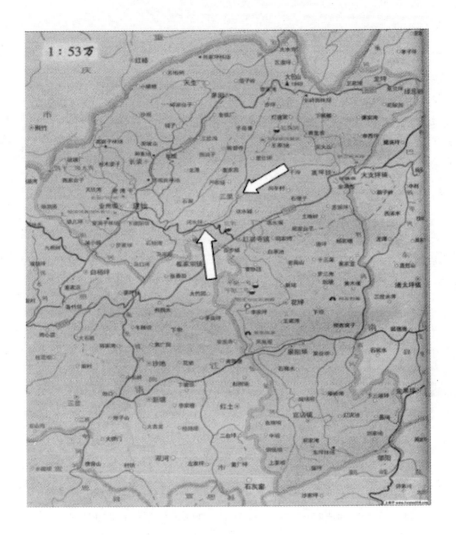

资料来源：原图来自 www. lvyou114. com/MapPhoto/2007317102311. jpg，做了相应处理。

参考文献

一　中文著作

（一）地方志

[1] 陈侃、徐大煜纂修：《咸丰县志》，民国三年（1914年）。

[2] 陈丕显主修：《长阳县志》，民国二十五年（1936年）。

[3] 陈惟模主修：《长阳县志》，清同治五年（1866年）。

[4] 崔绍元、龚绍仁纂修：《宜都县志》，清同治五年（1866年）。

[5] 多寿、罗凌汉纂修：《恩施县志》，清同治七年（1868年）刻本，民国二十六年铅印本。

[6] 何惠馨修、吴江纂：《利川县志稿》，清同治四年（1865年）刻本，民国三十二年抄本。

[7] 湖北省巴东县地方志编纂委员会编纂：《巴东县志》，湖北科学技术出版社1993年版。

[8] 湖北省长阳土家族自治县地方志编纂委员会编纂：《长阳县志》，中国城市出版社1992年版。

[9] 湖北省恩施市地方志编纂委员会编纂：《恩施市志》，武汉工业大学出版社1980年版。

[10] 湖北省鹤峰县地方志编纂委员会编纂：《鹤峰县志》，湖北人民出版社1990年版。

[11] 湖北省来凤县地方志编纂委员会编纂：《来凤县志》，湖北人民出版社1980年版。

[12] 湖北省利川市地方志编纂委员会编纂：《利川市志》，湖北科学技术出版社1980年版。

[13] 湖北省五峰土家族自治县地方志编纂委员会编纂：《五峰县志》，中国城市出版社1994年版。

[14] 湖北省咸丰县地方志编纂委员会编纂：《咸丰县志》，武汉大学出版

社 1980 年版。

[15] 湖北省宣恩县地方志编纂委员会编纂:《宣恩县志》,武汉工业大学出版社 1980 年版。

[16] 黄世崇纂修:《利川县志》,清光绪二十年(1894 年)。

[17] 吉钟颖修,洪先焘纂:《鹤峰州志》,清道光二年(1822 年)。

[18] 李拔主修:《长阳县志》,清乾隆十九年(1754 年)。

[19] 李焕春纂修:《长乐县志》,清咸丰三年(1853 年)。

[20] 李焕春等修:《长乐县志》,清同治九年(1870 年)。

[21] 李涣春原本,郭敦祐续修:《长乐县志》,清光绪元年(1875 年)。

[22] 李勖修,何远鉴,张钧纂:《来凤县志》,清同治五年(1866 年)。

[23] 廖思树,肖佩声纂修:《巴东县志》,清同治五年(1866 年)。

[24] 齐祖望纂修:《巴东县志》,清康熙二十二年(1683 年)。

[25] 沈云骏修,刘玉森纂:《归州志》,清光绪八年(1882 年)。

[26] 松林、周庆榕纂修:《增修施南府志》,清同治十年(1871 年)。

[27] 田恩远主修:《长阳县志》,清康熙十三年(1674 年)。

[28] 王峻德纂修:《鹤峰州志》,清乾隆六年(1741 年)。

[29] 王庭桢、李谦修纂修:《施南府志续编》,清光绪十年(1884 年)。

[30] 王锡修,张时纂:《归州全志》,明嘉靖二十八年(1549 年)。

[31] 王协梦修:《施南府志》,清道光十四年(1834 年)。

[32] 熊启咏纂修:《建始县志》,清同治五年(1866 年)。

[33] 袁景晖纂:《建始县志》,清道光二十一年(1841 年)。

[34] 张金澜等修:《宣恩县志》,清同治二年(1863 年)。

[35] 张梓修,张光杰纂:《咸丰县志》,清同治四年(1865 年)。

[36] 朱叔香主修:《长阳县志》,清道光二年(1822 年)。

(二)学术著作

[1] 艾训儒:《湖北清江流域土家族生态学研究》,中国农业科学技术出版社 2006 年版。

[2] 巴东县文化馆编:《巴东民间故事传说集》(内部发行),巴东县印刷厂 1982 年版。

[3] 白晓萍: 《撒叶儿嗬——清江土家跳丧》,湖北美术出版社 2006 年版。

[4] 曹毅:《土家族民间文化散论》,中央民族大学出版社 2002 年版。

[5] 长阳土家族自治县文化局编:《中国歌谣集成湖北卷·长阳土家族自治县歌谣分册》(内部发行),长阳土家族自治县文化局 1988 年版。

［6］陈长平、陈胜利主编：《中国少数民族生育文化》（上），中国人口出版社 2004 年版。

［7］陈金祥：《触摸巴土风——长阳土家族文化纵横》，香港天马图书有限公司 2003 年版。

［8］陈金祥、周立荣、李华星等：《巴土长阳》，湖北人民出版社 2003 年版。

［9］储建芳：《人神之间——云南芒市一个傣族村寨的仪式生活、经济伦理与等级秩序》，社会科学文献出版社 2005 年版。

［10］邓贵艾、刘启明、向贤荣主编：《巴东民间谚语》，民族出版社 2007 年版。

［11］邓红蕾：《道教与土家族文化》，民族出版社 2000 年版。

［12］段超：《土家族文化史》，民族出版社 2000 年版。

［13］恩施市民间文学三套集成编辑委员会编：《恩施市民间故事集》（内部发行），1988 年版。

［14］《恩施市民族志》编辑委员会编：《恩施市民族志》，民族出版社 1991 年版。

［15］费孝通：《乡土中国　生育制度》，北京大学出版社 1998 年版。

［16］高恨非、姚祖瑞、陈开沛主编：《宣恩县民族志》，中国文联出版社 2001 年版。

［17］龚发达：《土家风情》，湖北人民出版社 2003 年版。

［18］龚发达：《夷水古风》，人文出版社 1993 年版。

［19］郭于华主编：《仪式与社会变迁》，社会科学文献出版社 2005 年版。

［20］海力波：《道出真我：黑衣壮的人观与认同表征》，社会科学文献出版社 2008 年版。

［21］黄应贵主编：《人观　意义与社会》，台北"中研院"民族学研究所 1993 年版。

［22］黄宗智主编：《中国乡村研究》（第一辑），商务印书馆 2003 年版。

［23］荆学民：《社会转型与信仰重建》，山西教育出版社 1999 年版。

［24］康进编：《中国建始文化丛书·民间舞蹈》，湖北人民出版社 2006 年版。

［25］《利川市民族志》编辑委员会编纂：《利川市民族志》，四川民族出版社 1991 年版。

［26］李焰云、徐瑞春、李江风：《清江流域旅游资源研究》，湖北科学技术出版社 1998 年版。

[27] 林继富:《民间叙事传统与故事传承》,中国社会科学出版社2007年版。

[28] 林继富主编:《酉水流域土家族民俗志》,民族出版社2014年版。

[29] 刘建、张素琴、吴宏兰:《舞与神的身体对话》(上、下),民族出版社2009年版。

[30] 刘魁立:《刘魁立民俗学论集》,上海文艺出版社1998年版。

[31] 刘晓春:《仪式与象征的秩序——一个客家村落的历史、权力与记忆》,商务印书馆2003年版。

[32] 潘光旦:《潘光旦民族研究文集》,民族出版社1995年版。

[33] 彭万廷、冯万林主编:《巴楚文化源流》,湖北教育出版社2003年版。

[34] 彭兆荣:《人类学仪式的理论与实践》,民族出版社2007年版。

[35] 荣世诚:《戏曲人类学初探:仪式、剧场与社群》,广西师范大学出版社2003年版。

[36] 宋兆麟:《生育神与性巫术研究》,文物出版社1990年版。

[37] 田发刚、谭笑编:《鄂西土家族传统文化概观》,长江文艺出版社1998年版。

[38] 《土家族简史》编写组编写:《土家族简史》,湖南人民出版社1986年版。

[39] 万建中:《中国民俗通志·生养志》,山东教育出版社2005年版。

[40] 王建民:《艺术人类学新论》,民族出版社2008年版。

[41] 王建新、刘昭瑞编:《地域社会与信仰习俗:立足田野的人类学研究》,中山大学出版社2007年版。

[42] 王峻峰主编:《清江文化与现代文明》,武汉出版社2001年版。

[43] 汪民安、陈永国编:《后身体:文化、权力和生命政治学》,吉林人民出版社2004年版。

[44] 王明珂:《华夏边缘:历史记忆与族群认同》,社会科学文献出版社2006年版。

[45] 王铭铭:《文化格局与人的表述:当代西方人类学思潮评介》,天津人民出版社1997年版。

[46] 王铭铭、潘忠党主编:《象征与社会:中国民间文化的探讨》,天津人民出版社1997年版。

[47] 王善才编:《清江考古》,科学出版社2004年版。

[48] 王善才:《香炉石——我国早期巴文化遗址的发现与研究》,科学出版社2007年版。

［49］王晓丽：《中国民间的生育信仰》，社会科学文献出版社1999年版。

［50］王晓宁：《恩施自治州碑刻大观》，新华出版社2004年版。

［51］王子君、陈洪、郑子华主编：《巴土研究》，长阳民族宗教事务委员会、长阳县民族文化研究会1999年版。

［52］向柏松：《土家族民间信仰与文化》，民族出版社2001年版。

［53］向国成、王平主编：《恩施土家族苗族自治州民族志》，民族出版社2003年版。

［54］向子钧、周益顺、张兴文主编：《来凤县民族志》，民族出版社2003年版。

［55］萧国松整理：《孙家香故事集》，长江文艺出版社1997年版。

［56］萧洪恩：《土家族仪典文化哲学研究》，中央民族大学出版社2002年版。

［57］徐丹：《倾空的器皿——成年仪式与欧美文学中的成长主题》，上海三联书店2008年版。

［58］杨昌鑫：《土家族风俗志》，中央民族学院出版社1989年版。

［59］杨发兴、陈金祥编注：《彭秋潭诗注》，中国三峡出版社1997年版。

［60］杨筑慧：《中国西南民族生育文化研究》，中央民族大学出版社2006年版。

［61］袁希正主编：《建始县民族志》，湖北人民出版社2006年版。

［62］张蔚：《闹节：山东三大秧歌的仪式性与反仪式性》，中国传媒大学出版社2009年版。

［63］张尧均：《隐喻的身体——梅洛－庞蒂身体现象学研究》，中国美术学院出版社2006年版。

［64］郑振满，陈春声主编：《民间信仰与社会空间》，福建人民出版社2003年版。

［65］《中国民族民间舞蹈集成》编辑部编：《中国民族民间舞蹈集成·湖北卷》（上、下），中国ISBN中心，1995年。

［66］中国人民大学科学研究所编：《传统文化与现代化》，中国人民大学出版社1987年版。

［67］中国艺术人类学学会编：《艺术人类学的理论与田野》（上、下），上海音乐学院出版社2008年版。

［68］钟以耘、龚光美主编：《鹤峰县民族志》，民族出版社2001年版。

［69］周伟民、安治国主编：《咸丰县民族志》，湖北人民出版社2006年版。

[70] 朱狄著:《艺术的起源》,中国社会科学出版社 1982 年版。

二　外文翻译著作

[1] [美] 汉娜·阿伦特:《人的条件》,竺乾威译,上海人民出版社 1999 年版。

[2] [英] 格雷戈里·贝特森:《纳文——围绕一个新几内亚部落的一项仪式所展开的民族志实验》,李霞译,商务印书馆 2008 年版。

[3] [法] 皮埃尔·布迪厄:《艺术的法则:文学场的生成和结构》,刘晖译,中央编译出版社 2001 年版。

[4] [英] 特纳·布莱恩:《身体与社会理论》,谢明珊译,台湾国立编译馆 2010 年版。

[5] [美] 阿兰·邓迪斯:《民俗的解析》,户晓辉译,广西师范大学出版社 2005 年版。

[6] [法] 路易·迪蒙:《论个体主义:对现代意识形态的人类学观点》,谷方译,上海人民出版社 2003 年版。

[7] [法] 路易·杜蒙:《阶序人Ⅰ:卡斯特体系及其衍生现象》,王志明译,台北远流出版事业股份有限公司 2007 年版。

[8] [法] 路易·杜蒙:《阶序人Ⅱ:卡斯特体系及其衍生现象》,王志明译,台北远流出版事业股份有限公司 2007 年版。

[9] [美] C. 恩伯、M. 恩伯:《文化的变异——现代文化人类学通论》,杜彬彬译,辽宁人民出版社 1988 年版。

[10] [美] 大卫·费特曼:《民族志:步步深入》,龚建华译,重庆大学出版社 2007 年版。

[11] [日] 福田亚细男:《日本民俗学方法序说——柳田国男与民俗学》,於芳、王京、彭伟文译,学苑出版社 2010 年版。

[12] [美] 克利福德·格尔兹:《文化的解释》,纳日碧力戈等译,上海人民出版社 1999 年版。

[13] [德] 格罗塞:《艺术的起源》,蔡慕晖译,商务印书馆 1996 年版。

[14] [德] 优尔根·哈贝马斯:《交往行为理论》,曹卫东译,上海人民出版社 2004 年版。

[15] [法] 莫里斯·哈布瓦赫:《论集体记忆》,毕然,郭金华译,上海人民出版社 2002 年版。

[16] [美] 迈克尔·赫茨菲尔德:《人类学:文化和社会领域中的理论实践》,刘珩,石毅,李昌银译,华夏出版社 2009 年版。

［17］［英］安东尼·吉登斯：《社会学》，［英］西蒙·格里菲斯协助，李康译，北京大学出版社 2009 年版。

［18］［美］克利福德·吉尔兹：《地方性知识》，王海龙、张家瑄译，中央编译出版社 2000 年版。

［19］［德］恩斯特·卡西尔：《人论》，甘阳译，上海译文出版社 2005 年版。

［20］［美］保罗·康纳顿：《社会如何记忆》，纳日碧力戈译，上海人民出版社 2000 年版。

［21］［英］迈克·克朗：《文化地理学》，杨淑华、宋慧敏译，南京大学出版社 2003 年版。

［22］［英］罗伯特·莱顿：《艺术人类学》，李东晔、王红译，广西师范大学出版社 2009 年版。

［23］［英］E. 霍布斯鲍姆、T. 兰格：《传统的发明》，顾杭、庞冠群译，译林出版社 2004 年版。

［24］［英］埃德蒙·利奇：《文化与交流》，郭凡、邹和译，上海人民出版社 2000 年版。

［25］［日］柳田国男：《民间传承论与乡土生活研究法》，王晓葵、王京、何彬译，学苑出版社 2010 年版。

［26］［美］乔治·E. 马尔库斯、米开尔·M. J. 费彻尔：《作为文化批评的人类学——一个人文学科的实验时代》，王铭铭、蓝达居译，上海三联书店 1998 年版。

［27］［英］马林诺夫斯基：《巫术　科学　宗教与神话》，李安宅译，中国民间文艺出版社 1986 年版。

［28］［英］布鲁尼斯诺·马凌诺斯基：《文化论》，费孝通译，商务印书馆 1940 年版。

［29］［美］乔治·麦克林：《传统与超越》，干春松、杨凤岗译，华夏出版社 2000 年版。

［30］［法］马赛尔·毛斯：《社会学与人类学》，佘碧平译，上海译文出版社 2003 年版。

［31］［英］凯·米尔顿：《环境决定论与文化理论：对环境话语中的人类学角色的探讨》，袁同凯、周建新译，民族出版社 2007 年版。

［32］［美］戴维·莫利、［英］凯文·罗宾斯：《认同的空间》，司艳译，南京大学出版社 2001 年版。

［33］［法］马塞尔·莫斯：《礼物：古式社会中交换的形式与理由》，汲

喆译,上海人民出版社 2005 年版。

[34] [瑞士] 费尔迪南·德·索绪尔:《普通语言学教程》,高名凯译,商务印书馆 2002 年版。

[35] [英] 维克多·特纳:《象征之林——恩登布人仪式散论》,赵玉燕等译,商务印书馆 2006 年版。

[36] [英] 维克多·特纳:《仪式过程:结构与反结构》,黄剑波、柳传赟译,中国人民大学出版社 2006 年版。

[37] [法] 爱弥尔·涂尔干:《宗教生活的基本形式》,渠东等译,上海人民出版社 1999 年版。

[38] [美] 艾·威尔逊等:《论观众》,李醒等译,文化艺术出版社 1986 年版。

[39] [美] 茱莉亚·伍德:《生活中的传播》,董璐译,北京大学出版社 2009 年版。

[40] [美] 克莱德·M. 伍兹:《文化变迁》,何瑞福译,河北人民出版社 1989 年版。

[41] [美] E. 希尔斯:《论传统》,傅铿、吕乐译,上海人民出版社 1991 年版。

[42] [美] 阎云翔:《礼物的流动》,李放春、刘瑜译,上海人民出版社 1999 年版。

三　论文资料

[1] 陈兴贵:《土家族人生仪式中礼物馈赠的文化解读》,载《湖北民族学院学报》2007 年第 6 期。

[2] 方李莉:《审美价值的人类学研究》,载《广西民族学院学报》2004 年第 5 期。

[3] 洪颖:《艺术人类学行为研究的主要范畴刍论》,载《民族艺术》2007 年第 2 期。

[4] 胡锦献:《土家族传统民间舞蹈"花鼓子"初探》,载《重庆文理学院学报》2007 年第 6 期。

[5] [英] 斯图亚特·霍尔:《文化身份与族裔散居》,见罗钢、刘象愚主编《文化研究读本》,中国社会科学出版社 2000 年版。

[6] [英] 埃蒙德·R. 利奇:《关于时间的象征表示》,见史宗主编《20 世纪西方宗教人类学文选》(下卷),上海三联书店 1995 年版。

[7] [英] 埃蒙德·R. 利奇:《从概念及社会的发展看人的仪式化》,见

史宗主编《20世纪西方宗教人类学文选》（下卷），上海三联书店1995年版。

[8] 刘魁立：《非物质文化遗产的共享性、本真性与人类文化多样性发展》，见张仲谋主编《非物质文化遗产传承研究》，文化艺术出版社2010年版。

[9] 彭兆荣：《人类学仪式理论的知识谱系》，载《民俗研究》2003年第2期。

[10] 彭兆荣：《人类学仪式研究评述》，载《民族研究》2002年第2期。

[11] 乔健：《从实求美：艺术人类学的田野实践》，载《广西民族大学学报》2009年第1期。

[12] 田世高：《土家族的打喜花鼓》，载《民族音乐研究》2000年第2期。

[13] 王铭铭：《象征的秩序》，载《读书》1998年第2期。

[14] 汪晓云：《艺术发生学与艺术人类学》，载《广西民族大学学报》2009年第1期。

[15] 翁玲玲：《从外人到自己人——通过仪式的转换意义》，载《广西民族学院学报》2004年第6期。

[16] 薛艺兵：《对仪式现象的人类学解释》（上），载《广西民族研究》2003年第2期。

[17] 薛艺兵：《对仪式现象的人类学解释》（下），载《广西民族研究》2003年第3期。

[18] 张举文：《重认"过渡礼仪"模式中的"边缘礼仪"》，载《民间文化论坛》2006年第3期。

[19] 郑元者：《艺术人类学的生成及其基本含义》，载《广西民族学院学报》2006年第4期。

[20] 郑元者：《完全的艺术真理观：艺术人类学的核心理念》，载《文艺研究》2007年第10期。

[21] 周星：《艺术人类学及其在中国的可能性》，载《广西民族大学学报》2009年第1期。

四　英文文献

[1] Jeremy Coote and A. Shelton eds., *Anthropology, Art, and Aesthetic*, Oxford：Clarendon Press，1992.

[2] Arnold Van Gennep, *The Rites of Passage*, Trans. by Monika B. Vizedom

and Gabrielle L. Caffe, Introd. by Solon T. Kimball, Chicago: University of Chicago Press, 1960.

[3] A. David Napier, *Foreign Bodies: Performance, Art, and Symbolic Anthropology*, Berkeley: University of California Press, 1992.

[4] S. J. Tambiah, *A Performative Approach to Ritual*, London: The British Academy and Oxford Univ. Press, 1979.

[5] Victor Turner, *From Ritual to Theater and Back: the Human Seriousness of Play*, New York: PAJ Publications, 1982.

[6] Sheila Whiteley, Andy Bennett and Stan Hawkins ed. , *Music, Space and Place: Popular Music and Cultural Identity*, Aldershot: Ashgate Publishing Limited, 2004.

后 记

　　光阴荏苒，岁月如梭。转眼间，博士研究生毕业已将近五年了。五年来，博士学位论文的选题、研究和写作始终未曾远离我的学习、工作和生活，关于清江流域土家族"打喜"仪式的一系列问题一直萦绕在我的脑中和心间。这期间，我多次返回田野调查地区，回到清江土家人的生活中，继续展开调研和思考，希望进一步充实和完善我所做的研究工作。

　　在武汉大学本科学习时，我就对研究生活文化的民俗学产生了浓厚的兴趣。李惠芳教授的民俗学课和民间文学课讲得生动活泼，又意味隽永，深入浅出的教学吸引了众多学生，我就是其中的一员。自此，我便利用课余时间阅览了许多与民俗学相关的书籍，对中国民间文化的丰富性和多样性有了初步的了解。2001年，我进入北京师范大学，在刘铁梁教授门下进行民俗学的专业学习和训练。硕士阶段的调查和研究让我更深刻地认识到民俗学的现在性和传统性，认识到民俗学的理论建设和学科发展离不开多学科的宽阔口径。2008年，我幸运地成为中央民族大学王建民教授的弟子，开始人类学专业的研习，并从人类学的视角反思我曾经做过的民间叙事、民间信仰等方面的研究。然而，我的教育背景和知识储备决定了我必定徜徉在人类学与民俗学之间，这样，我的博士学位论文关注和研究的主题就确定为人类学和民俗学都极为关心的人生仪式了。

　　我在清江流域调查多年，陪着我的先生用双脚丈量着清江沿岸的土地，用心智感受和认知着土家人的生活，从过去到现在，从叙事传统到仪式传统。在这个过程当中，我深深地爱上了清江，我喜欢它水的纯净、山的苍翠，以及点缀在山间林中的土家人家，也与善良、质朴、真诚的土家人建立了深厚的情谊。在那里调查，看他们的生活，说他们的故事，与他们一起谈过去，看现在，想未来。土家人朴实的言行、爽朗的笑声、真挚的讲述一次又一次地感动着我，牵引着我的清江之行。每次来清江，坐在游船上，置身于清江画廊之中，顿时便忘却了城市的喧嚣，心灵也一次次得到净化和涤荡。还记得2010年春节刚过，我到双龙村做补充调查，花鼓子高手们陪我一直聊到深夜两三点才赶山路回家。第二天一早，从各井山上下来，热情的摩托车手载着我在崎岖的山道上奔驰，颠簸得我只得屏住呼吸，死死地抓住车后架，不敢放松。驾车的大哥还不时乐呵呵地与我说话，我心里紧张极了，后来才明白他是在分散我的注意力，叫我相信他没错的。迎面而来的山风有些刺骨，但我也分明地感受到这山野的清新和山里人的真情与实在。

在田野的路上，纯朴的土家人为我提供自己所知道的过去和现在，他们的友谊和睿智让我长时间无法下笔，他们对人的理解和生命的关怀让我一次又一次在结构与反结构中穿行。他们各自不同的生活，各自不同的经历，留给人们的不是感叹，不是辛酸，更多的是一种精神、一种象征。每个人都有属于自己的故事，而不同的故事、不同的人使流动着的沧桑变得丰富起来，我没有理由在写作中隐藏他们的名字，我应该给予他们足够的尊重。因此，在本书中，所有为我提供资料信息的土家乡亲都是以真实的姓名出现，也就成为我记录清江土家人生命历程的最好表达了。

选择这个研究课题与我自己的生活状况和我对清江土家人的了解有密切关系。选题、调研及写作的这段时间，正好是我孕育我的孩子的时候。在调查清江流域土家族"打喜"仪式的同时，我也在亲身经历着城市中汉族诞生礼的一切，经历着孩子出生、满月、周岁的喜悦与欢庆。在养育孩子的过程中，我深刻地认识到仪式对于孩子的重要性、对于家庭的重要性、对于社会的重要性。在这个时候，因为仪式，孩子、我和家人之间的身份关系建立起来；因为仪式，亲情、友情和乡情得到了巩固和加强；因为仪式，新的社会关系和人际往来得以建构，所有这些，让我真真切切地体验和感知到生命的意义和价值。然而，调查是艰苦的，写作也是艰苦的，多少次在照顾孩子和论文写作中穿梭纠结，最后我坚持了下来。尽管我的研究和写作有诸多不足和不尽如人意的地方，也离我当初的设计有一些距离，就是这样，也大半是在先生温暖的鼓励和思想的交流中，我不断地重新估价自己，不断地重拾用功的勇敢和坚强，才最终得以完成。

本书研究和写作的田野调查资料主要来源于湖北恩施的建始和宜昌的长阳，这是两个土家人生活密集的地区，也是"打喜"仪式保留最为完好的地区。2007 年 5 月，我第一次到建始县三里乡老村村调查"打喜"和打花鼓子，到如今已经有 9 个年头了。尽管每次在清江流域调研，都会涉及"打喜"，而真正对"打喜"仪式展开大规模调查和思考则是在博士学位论文选题以后的日子。在这些既艰难又愉快的日子里，清江土家人给我提供了无私的帮助，他们是建始的严奉江、袁希正、文世昌、颜家艳、杨会、荣先祥、叶定六、崔显桃、张申秀、吕守波、吴树光，长阳的萧国松、胡世春、张颖辉、覃发池、戴曾群、覃孔豪、田少林、田克周、覃好宽、覃亮，还有无数纯朴善良的村民为我讲述"打喜"的仪式，表演打花鼓子的歌舞。每一次下乡进村，除了感动还是感动，我没有理由不做好这篇文章，以回报他们的辛勤与智慧。

　　本书能够写作完成，我要特别感谢我的父母。孩子出世以后，他们就一直在我身边，用爱来包裹我和孩子，用爱来包裹我的家庭，使我有充裕的时间和精力完成我的研究。做了母亲之后，我才真正体会到父母的辛劳，在这里，我祝愿我的父母健康长寿！还有我的哥哥姐姐和所有的亲人，他们是我最强大的后盾和最安全的港湾，谢谢你们！

　　本书是在博士学位论文的基础上修改完成的。感谢我的导师王建民教授！感谢刘铁梁教授、潘蛟教授、苏发祥教授、潘守永教授、翁乃群教授、王铭铭教授、朱晓阳教授等诸位先生的指导和教诲！

　　感谢国家哲学社会科学基金后期资助项目的资助以及评审专家的肯定和鼓励！感谢中国社会科学出版社及责任编辑孔继萍女士为本书出版所做的工作和付出的辛劳！

　　这是一本承载着许多老师、朋友和家人心血和智慧的著作，它的出版并不意味着结束，而是新的起点的标志，循着这条美丽而艰辛的路，我将继续前行！

王　丹

2011 年 5 月 1 日初稿，2016 年 3 月 30 日修改于中央民族大学